Heinz R. Baumgart
Erinnerungen
1943 - 1957

Kein schöner Land

Von der Wolfsschanze bis Haithabu

Überblick

Auf einer endlosen Wiese mit Bach und Teichen sieht man Kinder, Fische, Störche, Frösche, Trakehner, Gänse, Enten und Hühner. Ich bin Heinzke, ein drolliger Ostpreußenjunge, sagt man. Meine Erinnerungen an diese wunderbare Welt sind voller Überraschungen. Die Tage sind zu kurz. Eine Leidenschaft zum Werkeln zeigt erste Erfolge. Selten verlasse ich mein Paradies. Ein Zufall führt mich in die Wolfsschanze. Der Krieg grummelt, wird lauter und vertreibt meine Familie. Mit Pferdewagen wollen wir entkommen. Vergeblich, die Front holt uns ein. Überfälle und Kämpfe begleiten uns. Querfeldein durch Schnee, über das Eis des Haffs, durch Wälder und über Flüsse irren wir Richtung Westen, erreichen nach drei Monaten ein pommersches Forsthaus. Zwei Jahre ernähren wir uns überwiegend von Beeren, Pilzen und Wild. 1947 erfolgt die Ausweisung in ein DDR-Lager. Papa kommt wie aus heiterem Himmel. Wir büxen mit ihm aus, werden erwischt und erreichen bald glücklich einen Bauernhof im Kreis Flensburg. Nach freundlichem Empfang setzt sich behütet begonnene Kindheit fort. Unbeschwerte Schulzeit zwischen Ostsee und Schlei ist Nährboden für Experimente eines Knaben.
Mit großer Freude begegne ich vielen Menschen, die mein Heranwachsen begleiteten, mir Chancen boten, Türen und Herzen öffneten. Euch allen gilt mein herzlicher Dank. Einige Leser können sich selbst, Verwandte, Freunde oder Bekannte entdecken.

Inhalt

veröffentlicht 2020, überarbeitet 2022
ISBN für Softcover: 9789403631349, Hardcover: 9789463989015
Erhältlich: www.Heinz_Richard_ Baumgart-Bookmundo Direct, Lieferung ohne Gebühr
und im Buchhandel oder über Amazon
Covergestaltung: Jeanette Zeuner mit Foto des Autors: Blick auf Kappeln
Diese Publikation ist in der Bibliografie der Deutschen Nationalbibliothek verzeichnet.

Kapitel 1

Falkenau, Kreis Bartenstein / Ostpreußen

1943 - 1945

Ein Knabe erkundet und erobert seine Welt. Das Schicksal verwöhnt ihn. Es hat ihn direkt ins Paradies hinein geboren. Die Erinnerung reicht zurück ins fünfte Lebensjahr.

Gleich hinter dem Haus befindet sich eine Blumenwiese mit Bach und Teichen, sumpfigen Flächen, wo Frösche vor den bloßen Füßen von acht Kindern zur Seite hüpfen. Störche bewegen sich mit staksenden Schritten. Trakehner grasen ruhig. Dann stupsen sie sich gegenseitig, umkreisen einander und scheinen mit ihren weit ausgreifenden Schritten übermütig dahinzufliegen.

Der Knabe bin ich. Ich heiße Heinz, hier nach Mundart *Heinzke* genannt. Ich bin der kleinste der Kinderschar. Meine um gut zwei Jahre ältere Schwester Ingrid geht schon zur Schule. Nach dem Unterricht behütet sie ihr *Brodake* (Bruder). Mit ihr darf ich weit über den Bach hinaus bis hin zu den Feldern. Das Wohnhaus bleibt immer in Sichtweite.

Meine erste Erinnerung ist ein kleines Spektakel. Mama ist in der Küche beschäftigt und singt. Das vermittelt mir im Wohnzimmer ein Gefühl der Geborgenheit. Mein Schaukelpferd ist eigentlich ein Schaukelstuhl mit Pferdekopf. Ich kaue auf einer Speckschwarte herum. Verlieren kann ich sie nicht, denn sie ist an einem Halsband befestigt. Das Schaukeln ist eine schöne, aber irgendwann auch monotone Beschäftigung. Ich klettere heraus und gehe in die Küche. Mama braucht keine Hilfe. Jetzt sitze ich im Flur auf der untersten Stufe der Treppe zum Dachboden. Durch die offene Tür kann ich Mama zuschauen. Die Schwarte schmeckt. Nur meine Zähne sind beschäftigt. Die Hände möchten auch etwas tun. Vor mir an der Wand stehen unsere Schuhe, Pantoffeln und *Schlorre* mit Holzsohle, in die man schnell hineinschlüpft. Kann ich mit dieser Auswahl etwas anfangen? Die Schwarte gewährt noch Zeit zum Überlegen. Da sind meine kleinen Schuhe, die von Ingrid, Mamas und die großen von Papa, auch die Reitstiefel. In die reiche ich nicht bis unten hinein. Seine Pantoffeln kann ich anziehen. Die sind riesig und schlurfen ein Ende hinter meinen Füßen über die Dielen. Mama hört das und lacht aus der Tür. Der kleine Eulenspiegel hat wieder seinen Spaß. Dort ist eine offene Kiste mit Bürsten und Lappen. Ich entdecke auch eine Schachtel. Das Öffnen erfordert Geduld und Kraft. Aber es gelingt. Meine Finger haben plötzlich schwarze Flecken. Das sieht gut aus! Ich kann die Hände ganz schwarz machen. Es ist bald vollbracht. Das muss ich Mama zeigen! Jetzt kommt der geniale Einfall. Wenn ich das Gesicht einreibe, wird Mama staunen! Ich reibe, als wenn ich mich wasche.

In Erwartung auf Mamas Freude über diese lustige Bemalung gehe ich zu ihr. „Huch, wer kommt denn da?“ Damit ist der Gesang beendet. Die Stimmung in der Küche schlägt um von Fröhlichkeit auf Ärgernis. Nicht nur Hände und Gesicht sind schwarz, auch meine Haare und Kleider. Ausziehen und waschen. Es ist eine sehr gründliche, schmerzhafte und andauernde Prozedur mit Seife und Lappen. „Ich muss auch die Bürste nehmen. Das geht so nicht weg!“ Das ist Gott sei Dank nur eine Drohung. So kann ich mir einen noch größeren Schmerz vorstellen. Am schlimmsten ist das Brennen der Seife in den Augen. Ich heule und will davonlaufen. Aber Mama hält mich fest und macht mich gründlich sauber. Als ich frisch angezogen bin, geht sie mit mir in den Flur und zeigt die schwarzen Flecken auf Dielenbrettern und Treppenstufen. „Wie schwer das abgeht, weißt du ja!“

Spielen in der Gruppe gefällt mir, besonders das Flechten von Ringen und Kränzen aus Gänseblümchen. Beobachten von Holzstöckchen in selbst erzeugten Wellen, beladen eines schwimmenden Bretts mit Steinchen und vergebliches Greifen nach winzigen Fischen, faszinieren mich. Wenn die großen Jungs *Pogges* (Frösche) in die Hände nehmen, verschwinde ich zu irgendeinem ruhigen Plätzchen und baue aus Zweigen Fantasiehäuser in Fantasiegärten.

Der Holzschuppen mit vielen akkurat an einer Wand hängenden Werkzeugen ist ein Ort der Andacht. Wie wird das gebraucht? Einige Apparate können mir nichts verbergen. Die Form verrät ihre Bestimmung. Erste Herausforderung ist eine abgebrochene Deichsel des Plattenwagens, ein Prachtexemplar mit Gummireifen. In der Lenkergabel der Vorderachse baumelt nur noch ein Stummel. Alles gelingt. Ausbauen des Bolzens, gerades Absägen der Bruchstelle, Bohren und Zusammenbau bilden eine spannende Reihe von Erfolgen. Ich bin zufrieden und habe meinen Wagen wieder komplett. Die verkürzte Deichsel ist für mich keine Beeinträchtigung, eher eine Erinnerung an meine gelungene Arbeit.

Eine blanke *Bex* (Konservendose) taucht in der Küche auf. Wann ist sie endlich leer? Sie glänzt so schön. Könnte daraus nicht ein Eimerchen entstehen? Endlich, Mama übergibt das saubere Prachtstück. Es fehlt nur ein Henkel. In das harte Blech müssen passende Löcher. Mit dem Bohrer wird es nichts. Aber mit einem Nagel und Hammerschlägen gelingt es. Die größte Anstrengung dabei ist das Fixieren der Dose. Auch Kinder haben nur zwei Hände. Eine brauche ich zum Halten des Nagels und eine zum Hämmern. Die Hobelbank erlaubt es, die Dose einzuklemmen. Die Zunge bewegt sich synchron zum Wackeln des Nagels. Als endlich alles zielgenau stimmt, erstarrt sie. Wumm, der erste Hammerschlag hat immerhin soviel bewirkt, dass am Rand der Dose eine Vertiefung zu sehen ist. Mit beharrlichem Wiederholen der Prozedur entstehen die gewünschten Löcher. Das Abkneifen zur passenden Länge von einem langen Draht und Anbringen als Bügel sind kein Problem. Dies *Emmake* (Eimerchen) ist lange für alle das begehrte Objekt. Als Eula, ein Mädchen kaum älter als ich, damit fortlaufen will, bezahlt sie das mit einem Biss in die Schulter. Der darauffolgende *Motzkopp* (Klaps) und Mamas Unmut sind ein hoher Preis für die Verteidigung meines Juwels. Man darf anderen nicht wehtun. Auch das muss ein Kind begreifen.

Ich schaue gern beim Arbeiten zu. Manchmal habe ich Glück und darf helfen Es tut gut, wenn man das, was Erwachsene machen, auch kann und gelobt wird. Opa, Mamas Papa, kommt mit zwei Onkeln. Sie haben mir einen robusten Kastenwagen mitgebracht, der mit einem Strick gezogen werden soll. Auch Flachsband haben sie dabei. Man braucht es im Selbstbinder zum Garbenbinden bei der Ernte. Der Strick für den neuen Wagen soll entstehen. Es wird geflochten, immer wieder glatt gezogen und gestrichen. Ich bekomme Band und versuche es auch. Bald klappt es einigermaßen. Mein Strick wächst und wird so lang wie das viel dickere Original. Alle sind zufrieden. Jetzt kommt die Krönung. Ich darf erleben, wie man eine Peitschenschnur anfertigt, oben dick und immer dünner werdend. Am Ende entsteht ein herausschauendes Büschel hinter einem Knoten. Auch den Peitschenstock hat man mitgebracht. Und dann knallt *de Pitsch!* Beide Onkels können das. Natürlich darf ich auch die Peitsche schwingen. „Sei nicht traurig *Heinzke*, wenn du groß bist, kannst du das auch!" Ach ja, es gibt kleine und große Kinder. Die Großen waren auch einmal klein. Und alle wollen Erwachsene werden!

Mama kündigt an, dass zugeschnitten wird. Es geht los. Papier, Kleiderstoff, eine Schere sind da und eine junge russische Frau. Sie dient auf dem Hof der Herrschaft, eine Gefangene, sagt man. Papier wird mit Nadeln auf dem Stoff befestigt, der ausgebreitet auf dem Tisch liegt. Mama schneidet um das Papier herum in den Stoff. Ein Teil und noch weitere werden so herausgeschnitten. „Fertig!" „Was wurde denn zugeschnitten?" „Der Stoff wurde zugeschnitten!" „Mama, ich weiß doch schon lange, wie man etwas aufschneidet. Ich will sehen, wie man etwas zuschneidet. Es muss eine große Kunst sein, etwas Offenes zuzuschneiden!" Mir wird das Zuschneiden auf Deutsch und auch auf Russisch erklärt. Ich begreife es trotzdem nicht. Auch das Lachen von Mama und der freundlichen Russin verstehe ich nicht. Irgendwann werde ich die Kunst des Zuschneidens lernen.

Oft, ja zu oft, gibt es abends *Klunkasop* (heiße Milch mit Mehlklunkern). Die mag ich nicht. Mama weiß, dass genau diese Suppe groß und stark macht. Immer, wenn ich einen *Klunka* im Mund habe, glaube ich das auch. Dass es so unangenehm schmeckt, wenn man groß und stark werden will, ist schwer einzusehen. Ich möchte wissen, wie groß und wie stark ich über diese Hürde werden kann. Wie Nero sagt Mama. Ich stelle mir vor, noch größer und stärker zu werden als Rudi. „Du wirst so groß und stark wie Nero!" Mit diesem Versprechen erreicht es Mama, immer wieder noch einen Löffel zu verabreichen. Sie schafft es aber nicht, dass ich die Suppe selber löffele. Warum kann man die *Klunkas* nicht im Teller lassen? Es gibt zunehmend Fragen, die nur Erwachsene beantworten können. Das restlose Aufessen verspricht gutes Wetter, sagt Mama. Ich staune über den Zusammenhang. Mama erklärt: „Wenn du die Suppe aufgegessen hast und es morgen früh regnet, gehe ich raus und schiebe mit der langen Stange die Wolken zur Seite." Die lange Stange bleibt Mamas Geheimnis.
Außer der klunkerigen Suppe mag ich auch keinen Eidotter, obwohl die Eier immer hart gekocht sind. Das Weiße genieße ich. Das Gelbe verstecke ich hinter der Feuerholzkiste. Es bleibt nicht lange mein Geheimnis. Im Gegensatz zur Milchsuppe muss ich das Gelbe nicht essen. Ich darf es zurücklassen. Ingrid und Mama essen es gern.

Auch das Beten zur guten Nacht ist für Mama eine Sache der Geduld. „Ich bin klein, mein Herz ist rein..." Das soll ich nachsprechen. Es klingt so: „Ich bin klein, der Wolf ist groß" und wiederholt sich. Mama sagt, wenn ich in den Himmel möchte, muss ich richtig beten. „Im Himmel sind doch nur Mädchen!" „Da sind Mädchen und Jungs." „Nein, die Engelchen auf den Bildern haben keinen *Schnups.*" Dieser Einwand ist schwer zu widerlegen, denn auf dem Bild über dem Bett von Mama und Papa verstecken Schleifen genau die Stellen, wo das zu sehen wäre. „Jungs mögen keine

Schleifen und haben kürzere Haare.“ „Im Himmel ist das anders,“ sagt Mama. „Ich bin klein, der Wolf ist groß!“

Ich laufe ins Haus, um Milch zu trinken. Die steht immer bereit. „Klatsch!“, höre ich. Und bald wieder „Klatsch!“ Woher kommt das Geräusch? Vom Fenster! Davor steht der Esstisch. Auf einem Schneidbrett liegt ein langer Fisch. Der ist doch tot und rührt sich nicht. „Klatsch!“ Und er rührt sich doch! Mama erklärt: „Der Hecht ist tot. Das sind seine Nerven.“

Reiten bleibt lange ein Traum. Die Pferde sind unerreichbar hoch. Doch eines Tages habe ich einen Einfall. Auf der Laderampe stehend, rufe ich die Pferde. Eines hat Mitleid mit dem kleinen Mann und stellt sich passend hin. Das kluge Tier hat begriffen, was da kommen soll. Der Rücken ist immer noch hoch, aber doch zu erklimmen. Sehr breit ist er. Bevor die Beinchen in Reitstellung sind, rutsche ich über das glatte Fell und lande im Gras. Nichts schmerzt und hält vom zweiten Versuch ab. Auch die verlorene Pudelmütze nicht, die über die üppigen Haare gezogen ist und immer dazu gehört, egal wie heiß es ist. Was folgt, sieht nicht besser aus und endet ebenfalls im Gras. Bevor jemand da ist, um Unheil zu verhindern, geht die Stute nach erfolgreichem Versuch gemächlich mit ihrem Bündel auf dem Rücken davon. Sie hat den größten Anteil am glücklichen Ausgang des Abenteuers.

Besuche bei Oma sind wunderbar. Es gibt immer *Stretzel,* weiches helles Brot mit Rosinen. Nach dem gemeinsamen Kuchenverzehr setzt sich Oma ans Spinnrad. Aus dem flauschigen Wollbüschel zieht sie gleichmäßige dünne Fäden. Gleichzeitig hält sie das große Riemenrad mit dem rechten Fuß in Bewegung, macht das so ganz nebenbei während der Unterhaltung. Ich sitze an diesem Wunderapparat auf den Dielen und schaue konzentriert auf die unterschiedlichen Bewegungen. Da ist das Brett, das mit Omas Fuß an einem Ende auf und ab wippt. Eine Leiste hält die Kurbel des Riemenrades in Bewegung. Ein runder Lederriemen, dick wie ein Bleistift, treibt die kleine, oben angeordnete Spule zu flotter Drehung. Nachdem ich alles genau beobachtet und begriffen habe, wie ein Teil das andere bewegt, gehe ich die Treppe hinunter nach draußen.
Und da ist ein Schmied. Hämmer und verschiedene Zangen hängen aufgereiht neben dem Amboss. Unterschiedlich dicke Eisenstangen lehnen in der Ecke. Das Feuer wird nach Bedarf durch regelmäßiges Ziehen an einem Strick angefacht. Der Schmied nimmt einen dünnen Stab und schwupp di wupp ist eine Spitze entstanden. Und es folgt noch eine Zauberei. Ein kurzes Zischen ist zu hören, als das kleine Wunderwerk ins Wasser getaucht wird. Aus dem Stab ist ein Nagel entstanden und noch einer und noch einer. Alle haben dicke Köpfe. Es ist faszinierend, dem geschickten Arbeiten zuzuschauen und noch wunderbarer, als ein Nagel in meiner Hosentasche verschwindet.
Der Schmied ist ebenfalls für das Läuten der Vesperglocke zuständig. Er hebt mich hoch, damit ich das Seil reiche und auch ziehen kann.

Nachdem Oma zu uns gezogen ist, gibt es jeden Sonntag ihren *Strezel*. Und auch das Spinnrad hat sie im Zimmer stehen. Ich bekomme jetzt noch mehr vom Geheimnis der Spinnerei mit. Nachdem die gewaschene Wolle trocken ist, wird sie gekämmt. Eigentlich müsste es heißen, dass sie gebürstet wird. Denn zwei Bretter, Bratpfannen ähnlich, nur quadratisch anstatt rund, sind mit unendlich vielen Drahtstoppeln besetzt. Dazwischen wird die knubbelige Wolle durch fleißiges

Kämmen immer glatter und lockerer, bis es möglich ist, saubere Fäden zum Spinnen herauszuzupfen.
Oma kann auch stricken. Da sind Sommer-Söckchen mit andersfarbigen Ringen am Rand. Die ziehe ich gern an. Es entstehen aber auch lange Strümpfe für den Winter. Die ziehe ich nicht allein an. „Huh“, rufe ich, wenn Mama sie mir mit überzeugender Erklärung, dass man nicht frieren darf, anzieht. Ich stehe steif da. Jede Bewegung löst eine neue Gänsehaut aus. Warum muss ich so leiden? Aber ich bin nicht allein. Auch Ingrid leidet. Sie zieht sich diese Folterstrümpfe selber an, obwohl auch ihr das schreckliche Kratzen eine Plage ist. Ich will gern größer werden. Aber dann muss ich die Strümpfe selber anziehen. Und Oma strickt auch Pullover! Das beutet doppelte Qual!
Sie hat Kaninchen mitgebracht, die in kleinen Ställen neben dem Holzschuppen wohnen. Manchmal erhalten sie von mir eine kleine Mohrrübe, die durch die Masche passt.
Auch Hühner und Schweine sind zu versorgen. Damit habe ich nichts zu tun. Ich erinnere mich an das Zerstoßen von Rüben mit einem S-förmigen Eisen an langer Stange. Das war für unsere Schweine.
Eine andere Arbeit ist das Buttern. Nachdem in der Küche Rahm von der Milch abgeschöpft ist, wird der ins schlanke Butterfass gefüllt. Danach stecke ich den Stampfer mit langem Stiel hinein, Deckel drauf und dann Stampfen, Stampfen und immer wieder Stampfen. Mama muss mich bald ablösen. So viel Zeit habe ich nicht.
Wenn Mama unsere beiden Kühe melkt, schaue ich zu. Immer gibt es frische warme Milch. Schaue ich deswegen zu? Nein, jeder läuft zwischendurch zur Mama.

Mit allen Tieren lebe ich in friedlicher Gemeinschaft. Nur der Ganter ist mein Feind. Wenn er mich sieht, kommt er gerannt und zischt mich wütend an. Das wird erst besser, als Rudi mich endlich einmal rettet, ihn am Hals ergreift und ihn um sich herumwirbelt. Der Ganter landet beleidigt und entfernt sich laut schreiend.

Auch im Winter ist es schön. Wir Kinder sind beinahe immer draußen. Ein Hügel am Löschteich wird viele Male täglich bestiegen. Je öfter wir das gemacht haben, desto fester und glatter wird der Schnee. Die Länge unserer Rodelbahn wächst auf diese Weise immer weiter. Das macht durstig. Zu Hause gibt es reichlich Milch.
Am Morgen, wenn es hell geworden ist, können Ingrid und ich nicht aus dem Schlafzimmerfenster hinausschauen. Wunderbar rankende Eisblumen versperren die Sicht. Ingrid reicht mit dem Mund an die Scheibe und bläst geduldig immer wieder und erzeugt so ein langsam größer werdendes Guckloch. Wenn ich hüpfe, kann ich einen Augenblick hinausschauen.

Papa kommt und hat im Rucksack Konserven mitgebracht, Kirschen und Pflaumen. Ich sitze auf dem Fußboden und angle mit einem Löffel immer noch eine Pflaume aus der Dose. Jede ist ein wunderbarer Genuss. Auch der Saft ist köstlich. Eine ganze Dose für mich allein! Alle staunen, dass *Heinzke* so viel schafft.

Wir sind in Groß Schwansfeld bei Tante und Onkel. Ich bin beinahe die ganze Zeit im Stall bei den Schafen mit langen Hälsen. Der Heimweg ist besonders schön. Der Mond scheint aus einem großen Hof. Wir kommen an Bäumen vorbei. Der Mond begleitet uns auf der anderen Seite der Baumkronen. Ich sitze vor Ingrid und kann die Glocke reichen. Ab und an klingele ich. Alle sind damit einverstanden. Mama und Papa unterhalten sich vorn. Beide ziehen am Strick den Schlitten. Der Schnee knirscht unter ihren Stiefeln. Zu Hause trampeln wir kräftig vor der Haustür damit er abfällt.

„Papa ist wieder an der Front", sagt Mama, als ich ihn vermisse.

Der Schnee ist längst verschwunden. Die Schuhe bleiben im Flur. Wiesen locken mit Gänseblümchen. Ich höre, dass morgen Muttertag ist. Was bedeutet das? Man bringt seiner Mama Blumen oder malt etwas Schönes. Malen kenne ich nicht. Also werde ich von den lila Blumen auf der sumpfigen Wiese pflücken.
Durch diesen weichen Bereich, wo sie wachsen, gehe ich gern. Bis an die Knöchel sind die Füße nass. An einer Stelle, wo die Blumen dicht beieinander stehen, gehe ich in die Hocke. Nur die schönsten wähle ich aus und stecke die Stiele in mein Eimerchen, bis viele Blüten aneinander liegen und wie ein lilafarbener Pilz herausschauen. Die Knie und der Hosenboden sind nass geworden. Das ist ganz selbstverständlich wie beim Spielen im Bach. Oft muss ich etwas sofort zu erledigen, dass mir keine Zeit bleibt, mich vorher auszuziehen.
Mama ist überrascht, als sie die Blumen erhält, obwohl sie mich sah, als ich mit meiner Ernte angelaufen kam und sie hinter dem Haus versteckte. Sie freut sich und ich auch. Denn die Blumen werden in eine Vase getan mit frischem Wasser. Und ich habe mein *Emmake* wieder!

Zu Pfingsten werden kleine Birken das ganze Haus entlang eingegraben. Ein schönes Bild. Ich darf sie gießen. Aus einem großen Eimer schöpfe ich mit meinem *Emmake* immer wieder Wasser und laufe von Birke zu Birke. Sie sind einige Tage schön. Trotz meinem Fleiß welkt das Laub. Sie haben keine Wurzeln, sagt Mama.

Wir Kinder spielen oft am und im Bach und dahinter wo flache Teiche sind. Die Pferde toben übermütig und auch der Ganter verteidigt seine Gänseschar. Immer wieder ist der Bach wunderbar zum Spielen. Ich kann Holzstückchen und Halmen beim Davonschwimmen zuschauen und sie befreien, wenn sie hängen bleiben. Es sind Schiffe, die weit fortfahren, aus dem Bach in einen Fluss und von dort ins Meer. Störche landen immer wieder auf unserer Wiese und fliegen mit Fröschen zur Kirche. Zwischen den Zinnen beider Giebel sind über zehn Nester. Das weiß ich von Mama. Abends, wenn wir noch draußen sitzen, hören wir das Klappern der Störche von der Kirche und von der anderen Seite das Froschkonzert unserer Teiche.

Die Zeit der Junikäfer ist spannend. Die braunen, brummend fliegenden Käfer versuchen wir mit Rhabarberblättern herunterzuschlagen. Wenn wir einen erwischen, lassen wir ihn unters Hemd krabbeln.

Weit entfernt ist ein Wald mit dunklen Tannen. Am hineinführenden Weg wachsen Erdbeeren. Sie duften und schmecken. Wir Kinder müssen immer wieder dort nachschauen, ob welche nachgewachsen sind. Rudi weiß, dass hinter dem Wald vor einem Hof ein Birnbaum steht. Wenn wir schon so weit sind, können wir ja mal schauen. Wir sind zu laut und werden bemerkt. Der Bauer droht mit der Sense und beschimpft uns schreiend. Wir rennen los. Dabei stelle ich fest, dass meine Beine kürzer sind als die der anderen Kinder. Den Letzten beißen die Hunde gilt nur, wenn Hunde da sind. Die schreiende Sense wird leiser. Die verscheucht nur und verfolgt uns nicht.

Eine andere Ernte hat Erfolg. Hinter dem langen Pferdestall habe ich mich noch nie durch die Büsche gezwängt. Heute soll es sein. Der Duft würde uns, bevor wir da sind, verraten, ob die Beeren reif sind. Ich folge Ingrid. Buh, das riecht wie unser Klo. „Weiter, komm weiter!“ Und tatsächlich. Das erste Mal im Leben rieche ich Himbeeren. Sie sind schön groß und lassen sich leicht pflücken. Es ist auch sehr bequem, zwischen Sträuchern zu stehen und die Beeren direkt vor dem Gesicht zu haben. Ingrid und ich schwelgen mit Mund und Nase. Ein schlechtes Gewissen bleibt als unguter Nachgeschmack. Mama sagt, der da oben würde alles sehen. Hat er das auch mitbekommen? „Ich bin klein, mein Herz ist rein, soll niemand drin wohnen als Jesus allein.“

Papa ist von der Front zurück.
Sein Gespann zieht einen Kastenwagen zum Acker. Papa sitzt auf einem der vier Pferde. Ich bin hinter dem vorderen Schott, habe beide Hände oben, kann nur hinüberschauen, wenn ich auf Zehen stehe. Papa ruft, ich solle mich gut festhalten. Jetzt beginnt eine wilde Jagd. Ich höre übermütiges Wiehern. Schon tun Nase und Kinn weh. Das hat einen guten Lerneffekt. Ich halte etwas Abstand, schaue nur ab und zu ängstlich über die Kante. Das wilde Auf und Ab von Papa und den Pferden mit fliegenden Hufen über der Erde ist aufregend. Auch mein Blick nach unten in den Wagen flößt mir Furcht ein. Das eingesteckte Vorderteil hüpft immer wieder hoch. Könnte es aus der Führung springen? Nach einer Ewigkeit ist meine Angstpartie endlich vorbei. Ich klage nicht, bin tapfer. Sicherlich war das recht harmlos, denn Papa strahlt. Für ihn und bestimmt auch für seine Trakehner war es eine große Freude. Nach langer Zeit konnten Mensch und Tiere endlich wieder beisammen sein und es mit dieser Ausgelassenheit übermütig genießen. Ein Rausch der Freude. „Das Glück der Erde liegt auf dem Rücken der Pferde“, sagen Erwachsene. Auf dem Weg zum Hof im Schritttempo ist es nach dem Spektakel richtig schön. Ich genieße das leichte Holpern des Wagens und kann die vertraute Umgebung von oben betrachten. Papa spricht mit seinen Pferden und mir.

Wir sind bei einem Fotografen. Papa in Uniform, Mama mit weißer Bluse, dunklem Rock, feinen Strümpfen und schicken Schuhen, Ingrid trägt ein geblümtes Kleid mit weißen Rüschen. Und sie hat eine riesige Schleife im Haar, kess auf der linken Seite. Ich trage einen Pullover und eine passende gestrickte kurze Hose. Wir werden um Mama verteilt, die auf einem Stuhl sitzt. Papa steht seitlich hinter Mama, Ingrid an Mamas rechter Seite. Ich soll links neben Mama und vor Papa stehen. Der Fotograf ist vor uns und korrigiert immer wieder unsere Position. Endlich ist es geschafft. Der Mann tritt zurück. Jetzt sehe ich den Fotokasten auf einem dreibeinigen Bock. Mein Interesse bewegt mich dorthin. „Nein, nein, schön wieder an deinen Platz“. Dorthin werde ich zurückgeschoben und neu justiert. Das wiederholt sich mehrmals. Die Stimme wird lauter und befehlend. Ich muss gehorchen, spüre ich. Diese Erkenntnis und Papas feste Hand auf meiner Schulter stimmen den Herrn Fotografen wieder friedlich. Jetzt gilt für alle „Bitte recht freundlich“. Es gelingt schließlich nach einigem Üben und Lob für Stillstehen.
Der Fotograf ist nach erfolgreichem Kampf auch mit mir zufrieden. Ich schaue seinen schwarzen Kasten respektvoll an, ohne ihn zu berühren.

Papa hat ganz nah am Haus, wo niemand hinschauen kann, ein tiefes Loch für ein großes Fass gegraben. In Tücher gewickeltes Porzellan wird vorsichtig Schicht für Schicht hineingelegt. Danach wird der Deckel geschlossen und die Grube zugeschaufelt. Ich sehe es zufällig. „Das darfst du niemandem erzählen!“ Das habe ich auch nicht. Und gefragt habe ich auch nichts.

Papa hat seinen Karabiner mit, ja Karabiner und nicht eine Flinte. Ein Junge muss das wissen. Papa zeigt mir, wie man sich selbst erschießen könnte, wenn man in den Lauf schaut und bei entsichertem Zustand den Kolben hart auf den Boden stößt.

Papa verlässt uns wieder. Er muss in den Krieg und schießen.

Die Begleitung der hoch bepackten Leiterwagen vom Feld zum Hof ist ein schönes Erlebnis. Ingrid und ich erklimmen die sogenannte *Schlacka*, ein hinten herausragendes Bodenbrett. Wir sitzen darauf und fahren mit bis zur Scheune. Dort verstecken wir uns. Mama und andere Frauen hören wir sorgenvoll über uns reden. „Die Kinderchen haben sich lange nicht sehen lassen. Sie spielen vielleicht am Bach. *Ingelke* ist schon eine große *Marjell* und kümmert sich um *Heinzke.“*

Ganz in der Nähe ist die Schule. Dort gibt es auch einen Kindergarten. Ich erinnere mich nur an das Schlimmste. Die große Kindergruppe ist mir fremd. Alle liegen auf Matratzen, die auf dem Fußboden verteilt sind. Ich soll schlafen, mitten am Tag schlafen! Dabei ist so viel zu tun! Und dann soll ich den Mund halten, nicht klagen, sondern endlich schlafen! Dass ich, anstatt zu schlafen, in meinem normalen Leben sogar meine Arbeit unterbreche und ganz schnell mal Pipi mache, ist hier nicht im Plan. Ich bin still, kann nicht schlafen oder doch? Mein erster Kindergartentag ist auch mein letzter Kindergartentag. Diese kleine Episode endet mit einem traurigen Heimweg. An der einen Hand zieht Ingrid energisch. Und an der anderen Hand baumelt meine nasse Hose.

Eines Tages hat Rudi Zeit für mich. Der große starke Rudi kümmert sich um den kleinen *Heinzke!* Das ist ein unglaubliches Ereignis. Was können wir miteinander anfangen? Rudi weiß etwas Tolles. Er holt die offene Kinderkarre seiner Schwester. Ich passe noch hinein. Rudi schiebt mich. Es ist ein schönes Spiel. Ich stelle mir vor, ein kleines Kind zu sein, so eins wie Rudis Schwesterchen, das Laufen lernt. „Ja, du bist ganz klein“, meint Rudi. Ich frage ihn, ob es stimmt, dass die Kinderchen nicht vom Klapperstorch gebracht werden. „Nein, die Störche legen Eier und brüten kleine Störche aus und keine Kinder“. „Als dein Schwesterchen kam, klapperte der Storch auf eurem Dach“, erinnere ich mich. „Bei uns sitzt sehr oft ein Storch auf dem Dach und ruht sich aus!“ Da hat er wohl recht. Es kann sein, dass die großen Kinder klüger sind und mehr wissen. Aber ich sitze hier ganz klein in der Schese und muss noch an den Klapperstorch glauben. Rudi ist schon auf den Hauptweg eingebogen, auf dem die schweren Pferdegespanne zu den Äckern fahren. Es wird zunehmend matschig. Ein langes *Patschloch* (Pfütze) kommt wie gerufen. Da werden die Räder wieder sauber. Das gefällt uns beiden. Also umkehren und noch einmal hindurch. Rudi wird schneller. Es spritzt jetzt nicht nur ein wenig wie eben, nein, der Dreck kommt hoch bis auf meine Hose. Und wieder wendet Rudi. Jetzt rüttelt es und spritzt noch mehr. Ich beginne ängstlich zu schreien. Rudi lacht lauter als ich schreien kann. „Hör auf, hör auf, hör endlich auf!“ Rudi hat Erbarmen und bringt mich nach Hause. Er will Mama alles zu erklären. Seine Logik wird nicht akzeptiert. Mama schimpft. Rudi sieht gar nicht mehr so groß aus, als er sich gebückt davon macht. Mich trifft es härter. Nach dem Ausziehen klatscht meine Hose links und rechts und wieder links an meinen Kopf. Und ich bin tapfer. Ohne zu weinen, hole ich artig mit Mama die Zinkwanne aus dem Keller.

Rudi spielt mit einem faustgroßen Ball, der vom harten Boden hoch prallt. Er schaut nach oben und fängt den fallenden Ball. Ich darf das auch. Es wird nichts. Der Ball springt nicht über meinen Kopf, sondern zur Seite. Und dann steigt er nicht hoch genug und ich kann ihn nicht fangen. „Du musst üben", sagt Rudi, „mach dir auch einen Ball." „Wie geht das?" „Pflücke Schafhaare vom Zaun, mache sie nass und knete immer wieder, bis du einen schönen runden Ball hast."
Emsig und ausdauernd sammle ich vom weit entfernten Stacheldraht kleine zottelige Büschel und tauche meine Ernte in mein *Emmake* das randvoll mit Wasser gefüllt ist. Die Wolle scheint zu schrumpfen. Also sammele ich weiter, bis am Zaun nichts mehr zu finden ist.
Die nasse Kugel ist jetzt Gott sei Dank groß genug. Ich knete, drücke und knete, mache nass und wieder nass und knete und drücke. Wenn es monoton wird, beflügelt mich der Gedanke an Rudis schönen springenden Ball. Mama ruft zum Essen. Die Vollendung dieser Arbeit muss ich auf morgen vertagen.
Ich kann beruhigt einschlafen. Mein Knäuel ist im *Emmake*. Morgen wird der Ball bald fertig sein. Dann werde ich üben und Rudi zeigen, wie gut ich ihn fangen kann. Der Tag beginnt mit einem Teller Milchsuppe in der Küche und einem Butterbrot in der Hand draußen. Als der letzte Bissen im Mund ist, habe ich auch schon mein Wollknäuel in den Händen. Ich knete, drücke und knete, mache nass und wieder nass und knete und drücke. Die Vision eines schönen Balls taucht immer wieder auf. Kneten, drücken, nass machen, kneten und drücken begleiten den Wunsch nach einem springenden Ball. Mein Produkt bleibt weich, platscht auf den Boden und lässt sich wieder zur Kugel formen. Es muss ein Geheimnis geben, das Rudi nicht verraten hat. Oma wird wissen, wie ich es machen muss. Eine große Enttäuschung folgt und auch Unterricht. „Das geht gar nicht", sagt Oma, „das ist *Schabernack*". Oma erklärt, dass man jemanden hereinlegen kann, um sich selbst darüber zu freuen. Sie gibt mir den Rat, Rudi die Freude zu nehmen. Das geschieht auch. „Ich habe keine Wolle gefunden und Oma sagt, das geht nicht". „Was hast du denn gestern lange geknetet und gedrückt?" *Schabernack* ist und bleibt *Schabernack!*

Ganz allein bin ich bis an den Bach gegangen. Über die Brücke darf ich nicht. Ich werde im Bach spielen. Rechts hinter dem Zaun brüllt eine Kuh. Was ist das? Schnell laufe nach Hause. „Mama, da ist eine Kuh mit zwei Köpfen!" Meine Aufregung lockt Mama aus dem Haus. „Sieh dort!" Mama begreift und ist auch schon bei Nachbar Guske. Er und Mama helfen der Kuh, die dann zufrieden ihr Kälbchen leckt.

Mama ist meistens nicht im Haus, sondern unterwegs an verschiedenen Orten. Es hängt davon ab, ob geerntet und eingefahren oder gedroschen wird. Die meiste Zeit folgt sie der Versorgung unserer Tiere: Hühner, Gänse, Enten, Schweine und Kühe. Im Gemüsegarten kann man nicht nur ernten, man muss auch säen.
Mama besucht ab und zu die Bäuerin im großen Wohnhaus an der Straße. Wenn sie dort zu besonderen Anlässen hilft, kann ich mitgehen und mit Gudrun spielen. Sie ist etwa so groß wie ich. Ihre Spielwelt ist ganz anders als meine. Sie bleibt im Haus mit vielen Spielsachen oder geht in den Garten ohne Teich oder Bach. Dort laufen keine Pferde und landen keine Störche. In den Ställen ist sie auch nicht anzutreffen. Dort kenne ich mich besser aus als sie. Was mir am meisten gefällt, ist ihre Sandkiste. Darin sehe ich sie auch nicht. Als ich ihr einmal meine Sand- Baukunst zeigen will, hat sie ein sauberes Kleid an. Damit buddelt man nicht. Sie zeigt mir, wo die Franzosen wohnen. Es sind Männer, die gerne nach Hause möchten, aber nicht dürfen, weil sie Gefangene sind und auf dem Hof arbeiten müssen. Ein Herr Romeau

ist immer lustig. Den mag sie gerne und auch die junge Russin, die ihrer Mutter hilft und uns besucht. Gudrun kommt niemals in meine große Welt.

Ingrid und ich gehen manchmal zum Einkaufen ans Ende des Dorfes. Es ist kaum einen Kilometer weit bis zu Frau Meier. Aber die größte Wegstrecke führt die Straße entlang. Wir wissen, dass Autos sehr gefährlich sind und gehen auf dem Seitenstreifen. Zum Glück ist das Geschäft auf unserer Seite. Wir müssen also nicht über die gefährliche Straße, wo jeden Tag mehrere Autos entlangfahren. Ich hatte einmal Glück und konnte eins vorbeifahren sehen. Ein wahres Erlebnis! Ich wunderte mich, dass es so groß schnell und laut ist!
Wir holen Hefe. Dass sie gut schmeckt, wissen wir schon. Es scheint von Mama voreilig gewesen zu sein, uns zu Hause naschen zu lassen. Probieren ist also erlaubt. Abwechselnd pulen unsere Finger Krümel ab. Aber dann wird Ingrid energisch zu mir und auch zu sich selbst. Jetzt ist Schluss! Mama kann nichts zurücklegen wie sonst. Der kleine Rest, der zu Hause ankommt, wird aufgebraucht. Wir müssen wieder einkaufen.

Es gibt auch Überraschungen durch Besuch von Verwandten oder Freunden. Ich bin schon im Bett und höre, wie Mama sich mit Tante Martha unterhält. Die Türe ist nur angelehnt. Ich klettere über das Gitter. Vorsichtig vergrößere ich den Türspalt. Jetzt kann ich nicht nur zuhören, sondern auch sehen. Eine Schachtel liegt auf dem Tisch! Wenn ich jetzt wie ein artiger Junge zu Mama gehe und nach der Schachtel frage, kann der artige Junge damit rechnen, dass er schlafen soll. Auf allen vieren schleiche ich leise ins Wohnzimmer und krieche unter den Tisch. „Wir müssen leiser sprechen, damit die Kinder nicht wach werden“, sagt Tante Martha. Eigentlich wollte ich nicht endlos lauschen, nur schnell die Schachtel ergattern. So verlasse ich mein Versteck als braves Hündchen. Dass Tante Martha das niedlich findet, weiß ich. Schon kann ich zum Thema kommen: „Was hast du mitgebracht?“ „Eine Birne für die Lampe.“ Als Mama die ausgepackte Birne zeigt, habe ich auch schon die leere Schachtel in den Händen, sitze bei Tante Martha auf dem Schoss und bin beschäftigt. „Die kannst du mit ins Bett nehmen“, sagt Mama nach einer Weile. Die Türe darf offenbleiben.

Wenn wir Verwandte oder Bekannte in Nachbarorten besuchen, ist es eine lange Wanderung. Hat Mama allein etwas zu erledigen, fährt sie mit dem Fahrrad und nimmt mich manches Mal auf dem Gepäckträger mit. Dabei habe ich auch einmal Eis im spitzen Tütchen bekommen. Für Ingrid könnten wir keins mitnehmen, sagt Mama. Aber ich kann davon erzählen.
Wir besuchen auch einen Friedhof. Es könnte in Bartenstein sein. Mama zeigt mir das Grab eines kleinen Jungen. Ein blankes Metallkreuz reicht mir bis unter das Knie. Mama zeigt auf den Namen und sagt: „Hier schläft Udo“. Ich höre und sehe drei Buchstaben. UDO ist das erste Wort, das ich lesen lerne. Kinder können sterben? „Mama, nur alte Leute sterben.“ „Alle Leute können sterben, auch Kinder!“ Das werde ich nicht vergessen. Es ist ein furchtbarer Schreck.

Es fängt an zu tröpfeln. Auch Donner ist zu hören. Bald sehen wir einen Blitz. Nix wie ins Haus! Es dauert nicht lange, bis unser Wohnzimmer voller Leute ist. Sie waren mit der Ernte beschäftigt und stellen sich unter. Inzwischen regnet es heftig bei Blitz und Donner. Es wird erzählt und gelacht. Alle lachen gleichzeitig! Dann erzählt wieder jemand. Und es wird wieder gelacht. Diese lustige Art der Geselligkeit erlebte ich noch nie. Man lacht also nicht nur aus Schadenfreude nach einem *Schabernack,* sondern auch nach lustigem Erzählen.

Die Scheune brennt! Qualm steigt auf und erreicht uns. Flammen kommen aus dem Giebel, tanzen auf dem Dach und tragen bald brennende Strohbüschel in die Luft. Oma hat Bedenken, dass unser Haus Feuer fängt und will mit ihrem Bettzeug fortlaufen. Aber lieber nicht. Draußen regnet es Ruß. Das ist nichts für die Wäsche. Es ist spannend. Männer rollen Schläuche aus zwischen Teich und Hofplatz und stellen Pumpen auf. Dann hängen sie gegenüberstehend an Hebeln, reißen diese runter bis an die Knie, immer wieder. Auf dem Hof richtet man das Wasser nicht nur ins Feuer, sondern auch auf das große Wohnhaus und die Ställe. Das Feuer wird immer heftiger. Ein langes, spannendes Abenteuer! Ich beobachte aus der Nähe, laufe aber nicht zwischen die fleißigen Männer. Die brennende Scheune hält mich mit ihrer Hitze auf Abstand. Als das Dach einzubrechen beginnt, renne ich schnell nach Hause und schaue hinüber.
Zwei Tage später kann ich zwischen verkohlten Balkenresten eckig gebogene Nägel finden, beinahe so lang wie meine Arme.

Diese Katastrophe ist ein Zeichen von gestörter Ordnung. Unsere Umgebung verändert sich. Flüchtlinge sind auf dem Hof untergebracht. Ihre Kinder spielten in der Scheune mit Streichhölzern. Sie sind wahrscheinlich nicht von einem Hof geflüchtet. Jedes Kind hier weiß, wie man sich in einer Scheune verhält.

Flugzeuge fliegen knatternd über unsere Wiesen. Wir verfolgen sie mit unseren Blicken. Einige haben sogar zwei Flügel übereinander. Das sind Doppeldecker, die anderen heißen Fieseler Storch. Das müssen wir Jungs uns merken.

Vor dem Wald entsteht ein Holzhaus. Soldaten ziehen ein. Sie haben unbekannte Dinge dabei, die neugierig machen, Autos und Waffen. Sie kommen oft auf den Hof. Ich bin dann gern bei ihnen, wohl häufiger als alle anderen. Da sind viele Apparate aus Eisen zu sehen. Aus blankem Eisen, ganz anders als die Geräte auf dem Hof. Das Auto ohne Dach gefällt mir besonders. Da kann ich Lenkrad, Hebel und eine Scheibe unter Glas sehen, schöner als der Wecker. Der Fahrer öffnet manches Mal eine Klappe und fasst in das geheimnisvolle Gewirr. Wenn der besonders freundliche Offizier hinzukommt und mit Schwung über die Seitenwand hinten einsteigt, kann es sich lohnen, schnell hinzulaufen. Er hebt mich Neugierigen zu sich und lässt den Fahrer eine kleine Runde machen.

Eines Tages sagt er, dass es ein großartiges Ziel gibt. Die Mutter soll Bescheid wissen, denn wir verlassen den Hof, sogar das Dorf. Es wird dauern bis zur Heimkehr. Zwei Soldaten sind vorne im Auto, hinten neben dem Offizier sitze ich kleiner Gast. Wir brausen im Schatten der Alleebäume die Landstraße entlang. Danach sind links und rechts große Häuser, viele Häuser sind in Rastenburg. Und dann sind wir wieder zwischen Alleebäumen. Vor einem Wald tauchen Soldaten auf. Das Auto hält. Ich begreife nicht, warum da so gehampelt wird und verstehe auch nichts. Wir fahren weiter und sind im Wald. Das Auto hält schon wieder. Der Offizier nimmt seine glänzende Aktentasche, steigt wie ein Storch aus dem Kübel-Auto. Ich sehe hohe Tannen und lange grüne Wände. Bald kommt der Offizier zurück und weiter geht es. Wieder folgt Soldatengehampel, als würden Kinder spielen. Zuletzt recken alle einen Arm. Wir verlassen den Wald. Ich sehe Flugzeuge. Sind das die Doppeldecker, die schon mehrmals über uns hinweg flogen? Zwei sind es unter einem Dach das sich im Wald versteckt. Das erzähle ich zu Hause. Mein Gott, was der da spinnt. Träumt der Eulenspiegel schon am Tag? Wer wusste denn etwas von der Wolfsschanze in unserer Nähe und von Hitlers Notflugplatz mit Hangar?

Ich darf auf einer Soldatenbeerdigung ganz in der Nähe dabei sein. Neben der offenen Grube stehen an beiden Seiten Soldaten und schießen schräg nach oben. Wie kann man das nur machen? Die Kugeln kommen wieder runter und können jemanden treffen! Ein Soldat beruhigt mich. „Das sind Holzkugeln, die in kleinste Stückchen zerplatzen". Eine Patrone wurde in den weichen Boden getreten. Ich pule sie frei und stecke sie ein. Das Pulver zünden wir später an. Mit einem kurzen Zischen ist es weg. Genauso spannend wie bei „echten Patronen", sagen die großen Jungs.

Ein Pferd ist über den Brunnen gelaufen. Einige Planken sind gebrochen. Männer kommen und graben den Holzkasten oben frei. Er ist so groß wie Mamas und Papas Bett. Man findet auch morsches Holz an den Seiten bis weit in die Erde. Alles wird ausgebaut. Ich schaue zu aus sicherem Abstand. Ja nicht hineinfallen. Die Gefahr wird mir auch jetzt wieder erklärt wie schon vorher von Mama und Nachbarn. Neue Teile entstehen. Sägen, Bohren, Hobeln und Hämmern kann ich erleben und das genaue Einbauen. Dann ist der Brunnen wieder fertig, schaut so weit aus der Erde heraus, dass ich mich bequem hinaufsetzen kann. In dem großen Planken-Deckel ist eine Klappe. Zum Wasserholen wird sie geöffnet. Mit einem Eimer am Strick kann geschöpft und hochgezogen werden. Der Brunnen ist jetzt schön hell. Das alte morsche und dunkle Holz wird aufgeladen. Mama und andere Frauen haben auf diesen Moment gewartet. Jetzt können alle wieder bequem Wasser holen. Nur dafür wird die Klappe geöffnet. Wir Kinder dürfen das nicht.

Es wird kälter. Bald haben wir wieder Frost mit schönen Blumen an den Fenstern. Weihnachten sind wir abends in der Kirche. Wir sitzen in einer der vorderen Reihen. Sehen kann ich nichts. Denn die geschlossenen Rückenlehnen sind hoch. Das Sprechen des Pastors und den Gesang begreifen wohl nur Erwachsene. Die ganze Zeit rutsche ich herum, fühle mich eingesperrt. Dann ist Bescherung. Wie wohl schon immer, steht unser Weihnachtsbaum auf einem Stück Baumstamm, der oben ein Loch hat. Wir Kinder können bequem zu unseren Geschenken. Ich brauche mich nur etwas zu bücken. Ein Doppeldecker wartet auf mich. Er hat schöne große Propeller und Räder. So kann ich den Flieger schiebend starten und dann durch die Luft brausen lassen. Gut, dass der Baum in der Schlafzimmerecke steht und im Wohnzimmer viel Platz ist. Die Türe bleibt immer offen. Der große Kachelofen heizt beide Räume. Er reicht durch die Wand bis ins Schlafzimmer, wo mein Bett steht. Die Feuertüre und ein Warmhaltefach darüber befinden sind im Wohnzimmer.

Im Bett kann es schon mal langweilig sein. Dann mache ich mit Spucke meinen Zeigefinger nass und tupfe an die Wand. Ein dunklerer Punkt entsteht. So kann ich mit Geduld schöne Muster entwerfen. Praktisch ist, dass bald alles wieder verschwindet und eine neue Aktion stattfinden kann. Darüber hängt ein Bild. Das hat Papa bekommen, weil er die Mitte der Zielscheibe getroffen hat.

Ein anderer Zeitvertreib hat keine selbstheilende Wirkung. Am Tischtuch im Wohnzimmer sind schöne Fransen. Wenn man an einer ganz bestimmten Stelle zupft, bewegt sich auch der Faden daneben. Wenn ich langsam weiterziehe, kommt ein Fädchen nach dem anderen aus seiner Schlinge. Alles hängt aneinander. Bald wickle ich den langen Faden um einen Finger und rolle ihn sorgfältig als Ring herunter. Die Beute verschwindet in der *Fupp* (Hosentasche). Diese Beschäftigung ist ein Genuss vom Zupfen bis zur *Fupp*. Das mache ich nicht nur einmal. Es ist so schön verführerisch. Irgendwann fällt das auf und hat ein Verbot zur Folge. Ich sitze dann doch wieder da unten und schaue. Ich habe alle Fransen nebeneinander gezogen, stelle ich fest. Diese breite Lücke fällt auf. Ich könnte an anderer Stelle Fädchen ziehen. Das macht wohl nichts. So ein Winter hat immer Tage, wo es heftig schneit und weht. Dann bleibe ich im Haus. Und so ziehe ich immer wieder Fädchen an anderen Stellen.

Im Herbst wird es früh dunkel. Heute ist der Himmel hell erleuchtet. Schon Tage hörte man Grollen und Donnern. Der Krieg nähert sich unserem Kinderparadies. Wir warten auf Schnee und nicht auf Krieg. Alle Fenster sind verdunkelt. Mama hört Radio. Sie hat es ganz leise gestellt. Ich darf hinausgehen und soll ans Fenster klopfen, wenn jemand kommt. Die leuchtenden Tannenbäume hoch oben zu sehen ist ein Wunder. Das gleißende Licht scheint weit hinten über dem Wald noch heller zu sein als hier. Vor dem Wolf, der nachts draußen lauert, fürchte ich mich jetzt nicht. Es ist, als wäre Tag. Hoffentlich gelingt es, ihn in seinem Versteck aufzuscheuchen und zu erschießen. Den vielen Soldaten, die jetzt hier sind, kann er unmöglich entkommen. Ich bin alleine draußen habe keine Angst. Vom Himmel fallen schöne blanke Hülsen. Einige haben farbige Streifen. Ich lege sie zu meinen Schätzen im Schuppen. Auch breite silberne knisternde Bänder fallen vom Himmel. Die kann ich bestimmt irgendwann gebrauchen.

„Mama, was ist das?" Große grüne Dosen stehen im Flur. „Das sind Gasmasken. Die braucht man, wenn im Krieg die Luft giftig ist." Das kann ich nicht begreifen. „Ich zeige, wie das gemacht wird." Mama nimmt den Deckel von einer Dose und zieht ein schlenkerndes Ding heraus, ein sonderbares Gebilde. Nach einigem Fummeln hat sie das Ding vor dem Gesicht. „Siehst du?" Die Stimme kann nicht von Mama sein. Der komische Apparat spricht. Ich habe Angst und schreie. Mama befreit sich. „Was ist denn?" Sie spricht wieder selbst. Mama meint, ich sollte die Gasmaske auch anprobieren. „Wenn der Krieg kommt, müssen wir alle eine Maske tragen." Schon als Mama die Maske zum Hineinschlüpfen hinhält, bin ich auf der Treppe zum Dachboden. Nein, keine Maske und kein Krieg, niemals!

Dann wird ein Schwein geschlachtet. Mit einem Strick ums Bein wird es von mehreren Frauen aus unserem Stall gegen seinen Willen hinter unser Haus gezerrt. Der Nachbar braucht mehrere Zielübungen, bis alles gut passt. Der schwere *Posseukel* (Holzhammer mit langem Stiel) trifft auf die Stirn. Dem Schwein knicken die Beine weg. Schon läuft nach dem Stich mit dem Messer das Blut in eine Schüssel. Es ist das erste Beenden eines Lebens, das ich mitbekomme. Ich sehe es nicht nur. Ich fühle es auch.
Die Nachbarn schlachten ebenfalls. Es herrscht hektische Eile unter Erwachsenen wie nie zuvor.

Dröhnen und Röhren kommen immer näher. Wenige Tage nach meinem Geburtstag brechen wir auf (am 16. Januar 1945 wurde ich sechs Jahre alt). Meine Schwester Ingrid, zwei Nachbarkinder und ich schauen hinten aus dem Wagen zurück, als dieser sich vom Haus entfernt. Vor der Tür, die einen Spalt offensteht, sitzt unsere bunte Katze *Muschke* und schaut uns verständnislos hinterher. Vorn sitzen Mama, Oma und Nachbarn. Vier Trakehner ziehen uns. Es ist Papas Gespann.

So verlassen wir unsere Wohnhäuser. Der Kastenwagen wurde im Herbst für die Kartoffelernte gebraucht. Als Papa das letzte Mal zu Hause war, hat er gemeinsam mit Nachbarn in einer Scheune Dachteile gezimmert für unsere eventuelle Flucht. Das spitze Bretterdach ist jetzt über uns aufgebaut. Als Schutz vor Nässe erhielt es einen Linoleum-Überzug. An den Wagenseiten hängen Milchkannen mit Vorräten von geschlachteten Schweinen.

Mama hat sich erschreckt. Sie wollte mit dem Brotmesser das Kabel an einem Lichtschalter durchschneiden und erhielt einen Schlag. Die dreisten Soldaten sollen kein elektrisches Licht haben.

Draußen liegt friedlich etwas Schnee. Mein Lieblingshäuschen war der Holzschuppen mit Hobelbank und vielen wunderbaren Werkzeugen. Dort ist jetzt nur noch ein Trümmerhaufen zu sehen. Einem Panzer hat ihn zerstört, weil Soldaten freie Sicht brauchen, wenn der Feind kommt, erklärt Oma. Auch ihre Kaninchenställe sind plattgewalzt. Die Soldaten machen, was sie wollen. Wir müssen uns fügen. Ich hatte gedacht, dass sie uns in der Heimat beschützen. Mein Leben macht eine Kehrtwende. Der Kopf spürt, dass uns eine unheimliche Macht vertreibt.

Wir fahren am Hof mit seinen zwei Stallgebäuden, der abgebrannten Scheune und dem großen Wohnhaus vorbei, erreichen die Straße und verlassen unseren Wohnort Falkenau.

Rückschau

Am 13. August 2012 sehe ich mein Geburtshaus wieder. Es sieht ganz neu aus, ist wunderbar restauriert. Mit einer jungen Frau aus dem Nachbarhaus gelingt eine Verständigung mithilfe eines iPhone-Übersetzungsprogramms. Ihre Oma habe das Haus schon 1945 erworben. Jetzt lebt ihr Bruder dort. Die Modernisierung hat ihr Mann ausgeführt. Der arbeitet in Süddeutschland und restauriert alte Häuser. Ich könne jetzt leider nicht hinein, denn der Bruder ist in Urlaub am Meer.
Vor etwa 10 Jahren fand man unser vergrabenes Porzellan in einwandfreiem Zustand. Ihre Mutter hat Freude daran und benutzt es.
Mein Geburtshaus ist in guten Händen. Weit und breit sehe ich kein zweites so schönes Haus. Es ist wie neu geboren, scheint noch an der Nabelschnur zu hängen. Die Ableitung des Regenfallrohres erfolgt provisorisch über einen dicken gelben Schlauch, der über satten Rasen führt. Das Haus leuchtet in frischem Ocker und ist weithin sichtbar.
Die Bewohner leben dort in der 3. Generation. Es ist ihre Heimat! Ein etwa zehnjähriger Knabe fährt allein ziellos mit einem Mountainbike herum.

Ich hatte niemals eine Reise nach Ostpreußen geplant, wollte meine Erinnerungen nicht zerstören. Dank Drängen meines Sohnes Gunter sah ich dann die kümmerlichen Reste meiner Kinderwelt. Sie hat sich der modernen Landwirtschaft ergeben müssen. Der Bach verschwand in einem unterirdischen Rohr, die Teiche wurden aufgefüllt. Auch der Rodel-Hügel verschwand im Löschteich, wo er wohl ursprünglich entnommen wurde. Alles zu seiner Zeit. Ich hatte mein Kinderparadies. Es ist jetzt unter einem riesigen Acker vergraben.

Einen Tag später, am 14. August, besichtigen wir die Wolfsschanze. Am Eingang kaufe ich einen Reiseführer des Führerhauptquartiers. Im Lageplan entdecke ich den Reserveflugplatz an der Ostseite der Schanze. Im Text heißt es: „Gleich hinter dem Wald in Richtung Angerburg gab es noch einen Reserveflugplatz.“ Endlich habe ich Gewissheit, dass ich in der Wolfsschanze war. Von Rastenburg kommend, sind wir nach einem Halt ins West-Tor hineingefahren. Während Fahrer und Beifahrer mit mir im Auto warteten, verschwand der Offizier und tauchte bald wieder auf. Durch das Ost-Tor verließen wir das Gelände. Nach einem kurzen Waldweg bogen wir auf einer Wiese nach rechts und fuhren am Wald entlang. Dort sah ich die beiden Doppeldecker-Flugzeuge. Das erklärt auch mehrmaliges Anhalten mit dem für mich merkwürdigen Hampeln der Wachsoldaten. Den Hitler-Gruß kannte ich nicht.

Mein Vater hat am Geburtstag meiner Schwester Ingrid, am 23. September 1945, nach seiner Gefangenschaft, im Stillen Kämmerlein fern der Heimat und im Ungewissen, wie es um seine Familie steht, Erlebnisse, Orte und Termine vom ersten bis zum letzten Kriegstag aufgeschrieben. Daher weiß ich, dass er während der Zeit meiner kindlichen Erinnerung im Januar und Oktober 1943 zu Hause war. Erstaunlich ist sein Weitblick. Schon 15 Monate vor unserer Flucht wurden Vorbereitungen getroffen!
Das Familienfoto, über dessen Entstehen hier berichtet wird und auch Dokumente, zurückreichend bis in die Zeit, als Vaters Familie einen landwirtschaftlichen Besitz in Wolhynien, Ukraine (damals Zarenreich) hatte, haben Mutter und Oma retten können. Mein Vater war fünf Jahre alt, als Oma mit ihren drei Söhnen über ein Rückwanderprogramm von Wolhynien nach Ostpreußen kam. Es gab kein Zurück. Das Gebiet ihrer Heimat wurde Polen zugesprochen. Auch meine Heimat ist jetzt ein Teil von Polen.

Kapitel 2

Flucht von Ostpreußen nach Pommern

Januar - April 1945

In unserem Wagen wohnen wir wie im Nest. Daunendecken über und unter uns und dazu kuschelige Kissen vermitteln Ingrid, Christel, Bruno und mir ganz hinten ein Gefühl von Geborgenheit. Vorn sitzen Mama, Oma und unsere Nachbarn Guske, das sind Mutter und Opa von Christel und Bruno. Herr Guske lenkt die vier Pferde, deren Rücken und Ohren sich mit jedem Schritt synchron auf und ab bewegen. Die Pferde eines Nachbarwagens sind direkt hinter uns Kindern.

Je weiter wir uns von Falkenau entfernen, desto mehr Fahrzeuge kommen hinzu und drängen sich zwischen die Wagen der schon endlosen Kolonne. Frost und etwas Schnee vermitteln ein friedliches Winterbild. Nur das ständige Donnern will gar nicht dazu passen.

Am Abend treffen sich viele Wagen auf einem großen Platz. Schon bevor wir ankommen, hören wir Musik. Laut schallt es aus dem Lautsprecher: „Es geht alles vorüber, es geht alles vorbei. Nach jedem Dezember folgt wieder ein Mai".

Nach etwa zwei Tagen fahren wir in einen Hof zwischen Scheune und Stall. Die Pferde müssen Futter und Wasser bekommen. Vielleicht kann man in der Küche etwas Warmes zubereiten. Als unser Wagen anhält, sehe ich braune Männer mit Gewehren auf uns zukommen, dahinter ein Meer brauner Pelzmützen. So viele Menschen sah ich noch nie! „Das sind die Russen", höre ich. Es wird eng auf dem Wagen. „Uri, Uri!", ist immer wieder zu hören zwischen dem Schreien von Kindern und Frauen. Die Soldaten klettern zu uns mit ihren Karabinern, wühlen und springen hinunter, andere folgen ihrem Beispiel. Wir Kinder werden von den starken Männern zur Seite gedrückt und begreifen nichts. Ein unbekanntes Ungeheuer kriecht in uns hinein, Angst! Mama und Oma sind vorn auf dem Wagen. Für Ingrid und mich sind sie unerreichbar. Wir können nicht zu ihnen, weil immer Soldaten da sind. Ich sehe, wie Mama einem Russen eine kleine Uhr reicht. Wir Kinder fühlen uns allein, ganz einsam und verlassen unter fremden bösen Menschen. Gibt es ein Geheimnis, das uns diese Attacken unversehrt überstehen lässt? Ja, das gibt es. Die junge Russin, die zu Hause mit Mama genäht und gesungen hat, ist da und ruft Unverständliches. Sie steht hinter unserem Wagen und ruft ankommenden Soldaten immer wieder etwas entgegen. Wohl für unser Verständnis hören wir dazwischen: „Gute Menschen". Das hilft uns diese Nacht.

Am Morgen geht es weiter. Um uns herum sind nur noch fremde Leute. Wir sehen viele Dinge am Straßenrand. Fortgeworfen, weil unnütz in dieser Situation. Auch Handwägelchen, die man nicht mehr ziehen wollte. Ein alter Herr und wohl seine Frau liegen friedlich beieinander unter einer Daunendecke auf der Erde. „Das ist doch viel zu kalt!" „Die sind eingeschlafen", sagt Mama. Dann werden die Russen weniger, aber die Bilder am Wegesrand nicht besser. Nach einigen Tagen erleben wir wieder russische Soldaten mit ihren ständigen Rufen: „Uri, Uri!"

Unser Hengst zieht vorneweg neben einem anderen und vor zwei weiteren Pferden unseren Wagen. Ein Huf ist verletzt. Der Arme humpelt und leidet. Unser Nachbar kümmert sich gemeinsam mit Mama und Oma um ihn. Am Abend kommt man zu der Erkenntnis, dass es keine Hilfe für ihn gibt. Er soll erlöst werden. Dann ziehen nur noch drei Pferde unseren Wagen.

Der Stahlreifen eines Rades ist locker. Er hat die Aufgabe, die einzelnen Holzsegmente fest zu umschließen. Jetzt liegt er nicht mehr ringsum bündig auf der Felge. Das Problem wird Gott sei Dank entdeckt, bevor das Rad bricht. Als wir an eine Schmiede kommen, sind wir heilfroh, dass dort gearbeitet wird. Ein alter Schmied hilft einigen Flüchtlingen. Es erscheint uns wie ein Wunder, denn überall, wo wir auch hinkommen, ist alles verlassen oder auf der Flucht. Es ist also tatsächlich ein Wunder! Der gute Mann schaut und weiß zu helfen. Er richtet das Rad und treibt einen Keil zwischen zwei Felgen-Segmente. Er erklärt mir, was da passiert. Der Stahlreifen sitzt jetzt fest auf dem Holz. Es ging recht schnell. Mama sagt zum Schmied, er sei ein Engel. Das begreife ich nicht. Ich denke darüber nach. Ein alter Mann ist ein Engel?
Eines Abends heißt es: Alle in die Scheune. Da seid ihr sicher. Am Morgen sehe ich ein Loch im Dach unseres Wagens. Das gleiche Bild zeigt sich auch auf der anderen Seite. Ich erkenne, dass es eine Kugel war. Unser Wagen ist leider nicht unverwundbar. Kannen, die Mama außen seitlich angehängt hatte, sind noch da, eine große Erleichterung. Sie enthalten Schmalz und Fleisch. Oma holt unseren Volksempfänger vom Wagen um Platz für die kostbaren Kannen zu schaffen. Ingrid und ich haben es jetzt leichter, hinten auf den Wagen zu klettern. Das Radio dient als Treppenstufe. Zunächst wollen wir nicht glauben, dass wir es wirklich dürfen. Ich stöbere so um den Wagen herum. Meine Kreise werden größer. Da liegt ein Haufen Karabiner und auch Munition. Ich bin inzwischen sachkundig. Es sind deutsche Patronen, denn sie haben unten eine umlaufende Nut. Russische haben einen hervorstehenden Boden. Aber das sind jetzt keine Spielzeuge für mich. Eine geborstene Flasche weckt mein Interesse. Der Inhalt ist noch da, ist aber gefroren und zerstückelt. Ich kann einen Knubbel heraus pulen und lecke daran. Es schmeckt prima! Mama und Oma erlauben den Genuss. Ingrid und ich kosten das erste Mal im Leben Wein! „Mama das Radio!", rufe ich beim Fortfahren. „Das brauchen wir nicht mehr", ist die Antwort. Langsam wird die bislang unbekannte Rückseite des schönen Apparates kleiner. Es geht weiter immer in Richtung Hoffnung. Auch wir Kinder wissen jetzt, wie sich Hoffnung anfühlt.

Eines Tages bekommen Ingrid und ich eine warme Tasse im Wagen gereicht. Ein sehr süßes Getränk. Es schmeckt uns wunderbar. Wir können nachfordern. Irgendwo hat Mama heißen Kakao bereiten können. Ja, wir erleben auch richtigen Luxus, erst Wein und jetzt unglaublich süßen Kakao! Dass Kinder so etwas nur im Krieg bekommen, ist uns nicht bewusst.

Wir kommen ans Haff. Vor dem Eis sind deutsche Soldaten. Da müssen wir rauf und dürfen nicht an der Küste entlangfahren. Ich sehe Balken und Bretter. Sie überbrücken eingebrochene Stellen am Ufer. Die schier endlose Eisfläche bietet ein ganz neues Bild. Sie ist übersät von vielen dunklen Flecken. Die auf das Eis fahrenden Wagen starten in einer Linie, fächern sich dann auf, zerstreuen sich

Wir verharren in einem Feld von fortgeworfenen Sachen. Es wird beraten, was jetzt geboten ist. Der Wagen könnte zu schwer sein. Das Dach, aus soliden Brettern gezimmert und mit Linoleum wasserdicht überzogen, wird mühsam entfernt. Weitere Gegenstände fliegen in den Schnee.
Unsere Pferde haben Stollen und kommen voran. Vorsicht ist geboten. Oma geht voraus und gibt die Richtung an. Die eingebrochenen und stecken gebliebener Flüchtlingswagen sind ein immer wiederkehrendes Warnzeichen. Man mag nicht hinschauen. Die dunklen Flecken sind fortgeworfener Hausrat. Flugzeuge knattern über uns hinweg. Wir wissen nicht, ob Freund oder Feind. Zeitweise gehen wir alle neben dem Wagen. Immer wieder ist Wasser auf dem Eis. Es ist sehr glatt. Ja nicht hinfallen und nass werden! Das erste Pferd führt unser Nachbar am Halfter. Mama und die Nachbarin kümmern sich um uns vier Kinder.

Am Abend sind wir schadlos auf der Nehrung angekommen. Das schützende Wagendach fehlt uns. Kein Haus ist weit und breit zu sehen. Wir sind auf den Wald angewiesen und entscheiden uns dort für ein Plätzchen. Ein Feuer zum Wärmen und Kochen lodert zwischen uns. Ich spüre die Wärme im Gesicht und an den Händen. Das tut gut nach der kalten Reise über das Eis.

Hüüüüüüüüüüü Wuums, hüüüüüüüüü wuums, hüüüüüüüüü wuums hören wir und zucken erschreckt zusammen. Das hüüüüüüü kommt auf uns zu, fliegt über uns hinweg. Das Wuums ist nicht weit von uns entfernt. Immer wieder dieses hüüüüüüü wuums. Das Feuer wird auseinandergezogen und zertreten. Und dann los, so schnell es geht. Wir finden unseren Wagen. Wo wir nach dem eiligen Aufbruch halten, weiß ich nicht. Wir schlafen das erste Mal ohne Wagendach. Am folgenden Tag fahren wir auf der Nehrung weiter und sehen prächtige Häuser. Es ist Kahlberg. Die Hoffnung, auf der Nehrung weiterzufahren, ist dahin. Große Enttäuschung! Die Weiterfahrt wird uns von deutschen Soldaten verwehrt. Wir müssen wieder auf das Eis!

Wir kommen an vielen eingebrochenen Treckwagen vorbei und erreichen ohne Schaden das Ufer. Heute sehen wir viele Tote, schön aufgereiht und bis auf die Füße zugedeckt.

Ein eisiger heftiger heulender Sturm treibt Schnee vor sich her. Was Mama und Oma alles getan haben, um Pferde und uns vor diesem Inferno zu schützen, weiß ich nicht. Uns fehlt das Wagendach. Am Ende finden wir zu viert stehend und hockend Schutz in einer winzigen Fischerhütte. Unser Bettzeug wärmt nur spärlich, denn der mit Schnee vermischte Sturm pfeift durch Ritzen und kriecht unter die Daunen. Wir wärmen uns diese lange Nacht gegenseitig. Ich werde immer wieder zum Hände reiben und Füße stampfen geweckt. Ingrid und ich dürfen zeitweise auf dicken Glaskugeln sitzen. Wir überstehen diesen Kampf ohne Erfrierungen.

Gräber deutscher Soldaten sehen wir oft. Wir erkennen sie an Stahlhelmen, die über flachen Hügeln auf einem Pflock hängen. Ob dort Flüchtlinge liegen, wenn der Helm fehlt?

Russische Soldaten sehen wir immer öfter und deutsche gar nicht. Wir fahren auch nachts in der Hoffnung, unbemerkt weiter nach Westen voranzukommen. Es wird immer schwieriger. Unsere Pferde werden von Russen ausgespannt. Was nun? Wir schauen uns um. Das tun auch die kleinen Panje-Pferdchen, die durch unsere Trakehner ersetzt wurden. Sie sind wie alles noch Lebende erschöpft und hungrig.

In einer Nacht rutscht unser Wagen eine kleine Böschung hinunter. Zwischen den Speichen des Hinterrades steckt ein Zaunpfahl. Mama versucht ihn mit der Axt abzuschlagen. Unser Nachbar will helfen. Er ist ein alter Mann. Tagsüber versteckt er sich, um nicht erschossen zu werden. Das Klopfen ruft einen russischen Soldaten heran. Nein, keine Geräusche! Der Feind ist nah und könnte schießen. Andere Wagen fahren an uns vorbei. Nur wenn auch wir vorankommen, haben wir Hoffnung auf ein Ende dieses bösen Traums. Der Soldat befreit unseren Wagen. Ist dieser Russe auch ein Engel? Ja! Es geht weiter. Die Pferdchen strengen sich an. Auch sie hoffen, dass es vorne besser wird.

Wir fahren bei klarem Himmel über einen riesigen Acker. Weit und breit ist nichts zu sehen, ein gutes Gefühl. Kein Wald und keine Häuser, wo versteckte Gefahr lauern könnte. Ein schwaches Brummen wird schnell lauter. Kommen von hinten Flieger? Ja, flach über uns tauchen sie auf, dröhnen und knattern, werden kleiner unter blauem Himmel. Mit wiederholtem Knattern verschwinden sie. Jetzt herrscht unfassbare friedliche Stille. Als wäre der erschreckende Höllenlärm ein Traum.

Da vorn taucht auf der Schneefläche etwas Dunkles auf, wird beim Näherfahren größer. Bald erkennen wir einen Treckwagen. Er hält. Wir weichen aus und fahren vorbei. Es sind mehrere Wagen hintereinander. Nichts bewegt sich, kein Pferd und kein Mensch. Weiter nur weiter! Da vorne, wo wir hinwollen, sind die Flugzeuge am Horizont verschwunden. Ist dort Frieden?

Irgendwann steigen wir eine Treppe hinauf und übernachten in einem heißen Raum, der uns gründlich wärmt. Das war eine Schnapsbrennerei, höre ich später. Am nächsten Tag sind wir in einem Saal gemeinsam mit vielen weiteren Flüchtlingen. Eine alte vornehme Dame, ich erkenne das an der besonderen Kleidung, ist sehr freundlich bemüht, allen zu helfen. Es sind aber auch russische Soldaten da, die jeden kritisch anschauen. Wen oder was suchen sie? Vielleicht als Frauen getarnte deutsche Soldaten?

Wir müssen über einen kleinen Fluss. Die Brücke wurde gesprengt. Ein russischer Panzer und viele Baumstämme ersetzen das Original. Wir fahren über eine russische Brücke! Dahinter geht es bergauf. Es ist sehr glatt, eisglatt. Wir kommen langsam voran. Neben uns fährt ein Panzer. Das seit dem Haff fehlende Wagendach erlaubt uns auf Augenhöhe die sitzenden Soldaten zu betrachten. Ich interessiere mich für das ratternde Ungetüm, spüre keine Furcht trotz der Gewehre neben mir. Meine Neugier ist das stärkste Empfinden. Der Panzer ist plötzlich langsamer als wir. Er gleitet mit seinen Ketten über das Eis und kommt nicht weiter. Ein Soldat springt hinunter, nimmt einer Flüchtlingsfrau, die hinter unserem Wagen geht, das Fahrrad weg und wirft es vor die rechte Panzerkette. Und siehe da: Der Panzer bewegt sich. Als das plattgewalzte Rad hinten herauskommt, trägt der Soldat es wieder nach vorn usw. Das kann ich unmittelbar hinter uns beobachten. Dabei schlenkert der Panzer. Mein Gott der könnte unseren Wagen die Böschung hinunterschieben oder zermalmen. Als die Steigung geschafft ist, holt uns der Panzer ein. Jetzt ist er ohne Fahrradhilfe schneller als wir. Er überholt ohne Schlenker und dann kommen auch noch weitere. Jeder könnte unsere Reise beenden. Das Schicksal meint es gut und beschert uns auch dieses Wunder. Die Russen schonen uns. Auch sie wollen nach Westen. Wir erhoffen uns hinter dem Horizont Frieden, Frieden mit Panzern?

Bald treffen wir auf verlassene Treckwagen. Auch einzelne Pferde stehen müde dazwischen. Die Flüchtlinge haben aus irgendeinem Grund ihre Gespanne verlassen. Da wir kein Dach über dem Kopf haben, suchen Mama und Oma einen soliden Wagen aus. Der ist kleiner und leichter. Und so kommt es, dass wir ab jetzt mit zwei Gespannen unterwegs sind. Auch Familie Guske fand einen Wagen.

Es kommen auch wieder Tage ohne russische Soldaten. Wir sind in einer Ortschaft. Um ein Backhaus herrscht emsiges Treiben. Frauen kümmern sich um Feuer im Ofen. Wir Kinder sind neugierig und beobachten das Herausziehen der Glut und anschließendes Brotbacken. Es ist ein Fest der Erwartung. Frisches gebackenes Brot sollte man nicht gleich essen, sagt Mama.
Dann ruhen wir nachts aus in irgendeinem Haus und freuen uns auf den kommenden Tag mit frischem Brot. Ein Dröhnen erschüttert uns und ein lauter Knall hallt nach. Dann ist es so still wie vorher. Was war das? Hinauslaufen ist nicht sinnvoll, eher gefährlich. Die Lösung aller Probleme heißt Geduld haben und immer wieder Hoffnung. Wir hoffen alle auf ein friedliches Ende dieser unfreiwilligen Reise.
Am Morgen stromern wir Kinder draußen herum. Das machen wir immer, während Mama und Oma unsere Bettsachen für die Weiterfahrt einpacken, die Pferde versorgen und anspannen. Was ist denn das? Dieses riesige Loch neben dem Backhaus war gestern noch nicht. „Das ist der Bombeneinschlag, der uns in der Nacht erschreckte“, erfahren wir aus der Unterhaltung der Frauen, die neben uns hinunterschauen.

Es geht weiter. Am Tag und auch in der Nacht. Ich werde wach. Es ist dunkel. Licht blendet mich. Es ist eine Lampe, die sich bewegt, sich entfernt. Es ist anders als sonst, denn unser Wagen fährt nicht. Die Hufeisen der Pferde sind nicht zu hören und auch kein Räderrumpeln. Warum bewegt sich das Licht und wird kleiner? Es ruckelt einige Mal. Die Lampe ist jetzt nicht mehr zu sehen. Ich höre Stimmen und Hufe klappern. Unser Wagen fährt wieder. Es ist also alles in Ordnung. Ich ziehe die Decke über den Kopf und schlafe weiter.
(Diese sehr deutliche Erinnerung habe ich nicht mit Oma oder Mama geklärt. War das die Querung der Weichsel mit einer Fähre bei Schöneberg, wo viele Treckwagen übersetzten?)

Weiter immer weiter, wenn es möglich ist. Der Schnee ist geschmolzen. Es ist Mitte April. Drei Monate sind wir schon unterwegs. Die Panjepferdchen sind unsere Freunde und Leidensgenossen. Sie sind ausgehungert und haben es schwer, den Wagen zu ziehen. Auch wir Kinder spüren die Sinnlosigkeit des ewigen Umherirrens zwischen Vorankommen und Futtersuche. Wir sind immer nur unter Flüchtlingen und russischen Soldaten. Das scheint unabänderlich. Wir denken zurück an unsere verzweifelte Fahrt. Die Flucht muss ein Ende haben, bald! Wir kommen kaum voran. Die Pferde können nicht mehr. Sie brauchen Ruhe und vor allem Futter. Auch an diesem Wagen bereitet ein Rad Sorge. Der Stahlreifen pendelt locker auf der Felge.

Die Entscheidung zur Aufgabe der nicht gelungenen Flucht schleicht sich heran, als wir auf der Försterei Charlottenhof bei Krien im Kreis Stolp ankommen und ausspannen. Die Pferdchen dürfen selbst nach Futter im Freien suchen. Vielleicht finden sie frisches Gas. Es ist das erste Mal, dass sie nicht angeleint werden.

Wir drängen uns zwischen viele andere Flüchtlinge in ein gemütliches Haus. Auf dem Dachboden finden wir Platz für uns vier. Jeder kann ausgestreckt schlafen. Morgen werde ich die Pferdchen suchen und die Umgebung erkunden.

Rückschau

Solange Ingrid und ich auf unserem Wagen saßen, Mama und Oma da waren, erlebten wir Kinder unsere Umgebung aus vermeintlich sicherer Distanz. Das Gefühl der Geborgenheit begleitete uns und schützte vor begründeter Angst. Was Mama und Oma alles vollbrachten, kann ich erst nach Jahren erahnen. Mit mentaler Vitalität und immensem körperlichem Einsatz bewältigten sie die Flucht. Äußerlich unbeschadet konnten wir in Pommern auf gnädigen Verlauf unseres weiteren Schicksals hoffen.
Ich möchte noch eine Empfindung mitteilen. Russische Soldaten waren nicht nur bedrohlich und plünderten. Sie nahmen zeitweise Rücksicht. Einmal half man unserem Wagen aus dem Graben. Neben Waffen war auch „Mütterchen Russland" an der Front mit Herz und Menschlichkeit.
Dankbar erinnere ich mich an unseren Schutzengel, die junge russische Dame, die als Gefangene auf dem Hof in der Hauswirtschaft half. Als die Rote Armee unseren Treck überrollte, war sie für uns da. (Seite 17) Wie gern hätten wir sie umarmt und herzlich gedankt.
Diese Erinnerungen sind die erzählbare Oberfläche von drei unendlich langen und schrecklichen Monaten.

Kapitel 3

Charlottenhof im Kreis Stolp / Pommern

April 1945 - Mai 1947

Wo sind die Nachbarkinder Eula und Rudi geblieben? Warum kommen die Russen immer wieder auf den Wagen? Das Eis wird halten. Im Schnee liegen Stollen, gleich hinter der Hausecke. Niemand hat sie vor mir gefunden. Mit beiden Händen nehme ich die kalten Eisenteile und renne zu Mama. „Die sind bestimmt passend für die Hufeisen der Pferde", sage ich aufgeregt. Sie steht nicht vor mir, sagt von der Seite: *„Heinzke du dräumst!"* Ich bin verwirrt. Wo sind denn die kalten Eisenteile? Die hatte ich soeben in den Händen. Mama klärt mich auf. Ich habe geträumt. Ich denke darüber nach, wie das möglich sein kann. Von einem auf den anderen Moment ist alles ganz anders.
Durch ein kleines Dachfensterchen fällt Morgenlicht. Ich sehe eine Maus auf einem Balken laufen. „Mama ist die Maus da hinten auch geträumt?" *„Nee"*, sagt Ingrid neben mir, *„deu send werklich da!"*
Wir sind in Charlottenhof in Pommern. Auf dem Dachboden schlafen Mama, Oma, Ingrid und ich und viele andere Flüchtlinge.

Und dann finde ich unsere Pferdchen nicht. Ich laufe herum, rufe vergeblich nach ihnen und komme an einen See. Dahinter ist ein Tannenwald. Das Bild ist so schön! Ich gehe einen Abhang hinauf. Zwischen zwei riesigen Scheunen etwas zurückliegend sehe ich ein stattliches Haus, imponierender als alle Häuser in Falkenau. Eine breite Treppe führt zum Eingang. Darüber schaut mich ein Hirschkopf mit prächtigem Geweih an. Hier wohnt die Herrschaft. Da darf ich nur hinein, wenn ich dazu aufgefordert werde. Schön ist es hier. Aber kein einziges Pferd weit und breit.

Obwohl das schöne Forsthaus und das zweite kleine Haus, in dem wir Unterschlupf fanden, einsam im Wald liegen, haben viele Menschen hergefunden. Wo man auch hinschaut. Überall sind Flüchtlinge.

Ich spüre einen Wechsel. Wir bleiben hier. Ich denke nicht nach vorn, wo die Hoffnung wartet. Ich denke an zu Hause und all das Verworrene. Von der Front gleich nach Verlassen der Heimat eingeholt, sind unsere Pferde mehrmals von russischen Soldaten ausgespannt worden. Wir hatten Glück, ausgehungerten und erschöpften Ersatz zu finden. Abwechselnd von russischen und deutschen Soldaten umgeben, fuhren wir über Land, wurden immer wieder von auf unseren Wagen steigende Russen geplündert. Es ging vorbei an Soldatengräbern mit Stahlhelmen und toten Flüchtlingen, ausgebrannten Autos und Motorrädern und liegen gebliebenen Flüchtlingswagen. Auch durch verlassene und ausgeplünderte Dörfer, wo kaum Futter für die Pferde aufzutreiben war, führte unser Weg nach Westen durch die weite Landschaft. Das brüchige, zerschossene Eis des Haffs war eine nicht

endende Angst. Bei immer wieder aufflammenden Kämpfen verloren die Wagen ihren Zusammenhalt. Die widerstandsfähigen Pferde litten wie Menschen und kamen auch um.
Wie viele Wunder sind geschehen, dass ich mit Schwester Ingrid, Mama und Oma, gezogen von zwei kleinen Russenpferdchen nach drei langen Monaten hier ankommen konnten? Die Flucht ist eigentlich zu Ende. Es geht nicht weiter. Die Pferde können nicht mehr. Sie brauchen Ruhe und vor allem Futter. Und ich habe eine andere lockende Umgebung zu erforschen.

Wieder in unserem Haus angekommen, finde ich meine Familie nicht am Schlafplatz. Niemand ist auf dem Dachboden. Unten in der Küche ist es warm. Frauen drängen sich um einen großen Herd. Mama ist nicht darunter. Die Tür zu einem großen Raum ist offen. Ich höre Mama und gehe hinein. Meine Familie ist vollzählig, sitzt an einem Tisch. Darauf ein gesticktes schickes Deckchen und ein Schmuckkästchen mit Schneckenhäuschen rundherum. Alles ist so schön hier. Mama und Oma unterhalten sich. Die Hausbewohner scheinen ganz plötzlich fortgezogen zu sein. Dass man so schöne Dinge zurücklässt, ist kaum zu erklären, denke ich. Oder Erwachsene sehen das anders. Wir haben auch kein feines Tischtuch auf die Flucht mitgenommen. Dass ich die Pferdchen nicht gefunden habe, macht nichts, denn wir wollen zunächst hierbleiben, um uns zu erholen.
Schon bin ich wieder draußen. Das interessanteste ist ein riesiger Schweinestall mit einem Freigehege ganz in der Nähe. Viele, sehr viele Schweine sind hier und wühlen mit ihren Schnauzen in der Erde. Wir Kinder wollen auf dem Zaun sitzen und ihnen zuschauen. Dazu kommt es nicht, denn schon nähern sich offene Mäuler mit starken Zähnen. Die Schweine sind hungrig. Ich verbringe an jedem der nächsten Tage eine lange Zeit am Zaun. Die großen Kartoffelmieten sind als Schweinefutter vorgesehen. Es sind Wildschweine, die hier gezüchtet werden, weiß ich irgendwann später.

Wir Flüchtlinge wollen uns nicht nur ausruhen. Wir wollen uns auch satt essen. Es scheint hier ganz einfach zu sein. Wir füttern die Schweine und nehmen uns auch von den Kartoffeln. Nach Bedarf schlachten wir ein Schwein nach dem anderen. Das würde in Friedenszeiten auch lange für uns alle reichen. Und hier herrscht Frieden. Der Krieg war hinter dem Wald.
Das erste Schwein soll geschlachtet werden. Es beginnt mit dem Einfangen. Was einfach klingt, stellt sich als recht schwierig heraus. Einige entschlossene Frauen klettern über den Zaun. Was sie vorhaben, wissen alle. Was sie erreichen, sehen alle. Die Schweine scheinen über diese Abwechslung glücklich zu sein. Sie sausen hin und her. Wenn die Frauen eins packen wollen, springt es davon. Immer mehr klettern über den Zaun. Den Spaß wollen sie auch mitmachen. Man hört das Lachen, Kreischen und Quieken vieler Frauen und Schweine. Der wesentliche Unterschied zwischen Frauen und Schweinen besteht darin, dass die Frauen immer wieder hinfallen. Sie werden umgerannt oder umgerissen, wenn sie einen Schwanz oder ein Ohr packen. Jede Frau versucht, ein Schwein zu greifen.
Die Ausdauer der Tiere ist deutlich größer als die der Frauen. Das fröhliche Lachen klingt ab. Es gibt eine Pause mit Diskussion. Eine Strategie wird beschlossen. Man treibt einige Schweine in eine Ecke und lässt immer noch eins entwischen bis auf ein einziges. Das hat viele Gegnerinnen. Jetzt werden auch Knüppel eingesetzt.

Dem Schwein wird der Bauch geöffnet. Mamas Küchenmesser ist das Beste von allen. Es leistet gute Dienste. Ein Haufen aus Reisig und darüber dickes Brennholz liefert ein loderndes Feuer. Als sich Bratenduft verbreitet, sind wir wie verzaubert und voller Erwartung. Ingrid und ich bekommen zu unserer Überraschung und Freude die ersten Leckerbissen. Mama hat dank ihres Messers die ehrenvolle Aufgabe der Verteilung erobern können. Sie schneidet uns ein Stück vom Ohr ab. Oh, ist das heiß. Oma hilft mir, nimmt das Fleisch und pustet. Ingrid kann das allein. Der Begriff Leibgericht fällt mir ein. Das Ohr duftet nach Rauch und schmeckt auch danach. Die innere Knorpelschicht mag ich besonders gern. Das Festessen nimmt seinen Lauf. Mama versorgt einige Frauen mit Fleisch. Die Hitze zwingt sie, das Messer weiter zu reichen. Jeder kann sich dort etwas abschneiden, wo es schon gar ist. Alle sind zufrieden und werden satt. So kann es bleiben!

Wir Kinder bilden schon in den ersten Tagen eine Gruppe und erkunden gemeinsam die Umgebung. An einem flachen Hügel entdecken wir eine versenkt liegende schmale Tür, nicht weit entfernt vom Wohnhaus. Ein dicker Riegel sichert den geheimnisvollen Eingang. Er lässt sich nicht bewegen. Herbert, der größte unserer Gruppe, hämmert mit einem Stein. Jetzt müsste sich die Tür öffnen lassen, aber es klappt nicht. Auch unser Drücken und Wackeln hilft nicht. Herbert lacht. „Ihr müsst ziehen!“ Er schaut als erster in den jetzt offenen Zugang. Und schon ist er einige Stufen hinunter und im Dämmerlicht verschwunden. Wir anderen steigen vorsichtig hinterher. Der Raum zeigt sich erst, nachdem sich die Augen an das spärliche Licht gewöhnt haben. Wir sind in einem Kellergewölbe. Ringsum an den Wänden befinden sich Regale mit Einmachgläsern, Glas an Glas, mehrere Reihen übereinander, ein wahres Schlaraffenland! So viele Beeren und Früchte! Wir sind nur wenige und verabreden, dieses Geheimnis zu bewahren. Irgendwie gelingt es, ein Glas zu öffnen. Dann wird es schon schwieriger, denn wir haben keinen Löffel. Aber man kann auch die Hand nehmen und sie ablecken. Bald sind wir nach dem Genuss einiger Gläser zufrieden und verschließen sorgfältig die Tür.
Am Tag darauf staune ich. Die Reihen der Gläser haben einige Lücken. Ein Teil des Schatzes ist verschwunden. Meine Hoffnung auf endlos langen heimlichen Genuss ist dahin. Die Gläser scheinen vor mir zu flüchten.

Aber ich habe eine andere große Freude. Ich entdeckte etwas ganz Besonderes. Auf dem Dachboden in der Nähe meiner Schlafstelle öffne ich eine Zigarrenschachtel. Den Inhalt habe ich schon früher gesehen. Es sind Batterien und Birnchen. Irgendwie erzeugen diese verschiedenen Teile in einer Taschenlampe Licht. Wie kann man das auch ohne Lampe schaffen? Ob es Zufall ist oder noch verstecktes technisches Gespür, ist eigentlich wurscht. Nach allerlei Fummeln leuchtet das Birnchen kurz auf. Mein kindlicher Forschungsdrang entdeckt nach weiterem Probieren einen eindeutigen Zusammenhang. Bei gleichzeitiger Berührung von Birnchen-Metalltropfen mit der Kappe der Batterie einerseits und dem Mantel mit dem Birnchen-Gewinde andererseits, brennt das Birnchen. Ich bin bald so perfekt, dass ich bei Dunkelheit beide Teile passend zusammenbringe. Eigentlich müsste ich jetzt der gefragte Lichtspender sein. Diese Dienstleistung wird nur wenig abgerufen. Man lässt mir meinen Spaß oder schickt mich raus, um nach irgendetwas nachzuschauen. Dabei habe ich draußen in der Dunkelheit große Angst! Der kleine Kopf begreift, dass mein schönes Licht andere zu Hänselei anregt.

Herbert ist mein Freund geworden. So große Jungs meide ich eigentlich. Sie sind stark und ruppig. Aber Herbert werkelt gern und weiß viele Dinge. So ist es logisch, dass unser Wagenrad mit dem lockeren Reifen zur Sprache kommt. Wir stehen davor. Herbert weiß Rat. Auch Oma meint, dass es im Wasser liegen sollte, damit das Holz sich vollsaugt und ausdehnt. Also in den See damit. Nach schwerer Arbeit liegt es an einer Stelle, wo das Wasser flach ist. Ich kann es immer sehen, wenn ich hingehe. Dieser kleine Sandstrand wird mein liebster Platz. Ich kann mich hinsetzen und über den See schauen, sehe seine ganze Fläche und die Bewegungen des Wassers. Meistens ist es ruhig und liegt da wie ein Spiegel. Die Seerosen schauen weiß herüber. Wenn ein Fisch springt, breiten sich größer werdende Ringe auf dem Wasser aus. Der Weg zwischen Uferbirken und Kiefernwald lockt irgendwann zum kleinen Ausflug. Langsam gehe ich bis zum Ende des Sees. Vorsichtig achte ich darauf, ob sich etwas bewegt oder raschelt. Und dann laufe ich ganz schnell zurück zum Lieblingsplatz, wo ich alles überschauen kann.

Eines Tages höre ich in unserer großen Kinderschar: „Wir spielen die Russen kommen!" Alle wissen, was gemeint ist. Natürlich sind die Jungs Russen und die Mädchen deutsche Frauen. Ich entferne mich aus der Gruppe mit einem blonden Mädchen, etwa in meinem Alter. Auf dem Abhang zum See finden wir eine Kuhle und sind allein ganz friedlich, nicht Russe und deutsche Frau, sondern kleiner Adam und kleine Eva.
Abends kommt das Verhör. Mit vielen anderen Flüchtlingen liegen wir dicht aneinander auf dem Dachboden. Mama fragt mich nach dem Russenspiel, wiederholt lauter. Ich werde nicht wach. Soll ich denn sagen, ich war ein friedlicher, guter Russe oder ich war Adam? Was die anderen spielten, weiß ich sowieso nicht. Mama ist ohne Antwort zufrieden.

Wir wohnen bald unten im großen Zimmer. Eine Ecke ist frei geworden, denn einige ziehen weiter. Die schönen Deckchen und Schatullen sind inzwischen fort. Wir Kinder können solche Sachen gut gebrauchen. Spielsachen hat kaum jemand auf die Flucht mitgenommen.
Draußen können wir ein kleines Karussell und eine Wippe benutzen. Der Bolzen des Karussells ist krumm und locker. Herbert hebelt mit einer Stange das Drehbrett hoch und zieht so den Bolzen heraus. Alles wird vorbereitet. Endlich hat der Herd die nötige Glut. Hinein mit dem Bolzen! Nach einer Weile nimmt Herbert ihn mit einer Zange hinaus. *„Is a rout denn is a gout, is a blau denn is a flau"*, sagt er erklärend. Er ist noch blau. Also wieder hinein. Bald ist der Bolzen schon eher gelb als rot und wird auf einem Stein gerade geklopft. Herbert ist noch nicht zufrieden. Wieder in die Glut und klopfen. Dann raus zum Spielplatz. Durch das Loch des Drehbrettes nagelt Herbert den Bolzen in den eingegrabenen Stamm. Unser Karussell ist wie neu! Gleich nebenan dreht sich an einem Baum schon bei schwachem Wind ein Propeller. Herbert hat ihn selbst gebaut. Man muss eine Leiste an beiden Enden nur richtig beschneiden und ein Loch in die Mitte bohren.

Unser Nachbar, der mit uns auf die Flucht ging, taucht wieder auf. Ich habe ihn lange nicht gesehen. Er hat sich vor den Russen verstecken müssen. Als alte Frau soll er sich verkleidet haben.

Wir Kinder sind wieder draußen. „Die Russen sind da!", höre ich. So schnell es geht, renne ich zum Wohnhaus. Da sind sie in ihren braunen Uniformen. Schnell rein zu Mama! Am Eingang zum großen Zimmer schlenkere ich um Beine herum. Mehrere starke Soldaten drängeln sich durch die Tür und schieben mich ungewollt hinein. Genau vor mir schlägt einer mit dem Gewehrkolben auf den kahlen Kopf unseres alten Nachbarn. Der fällt sofort um. Angstgeschrei und russisches Fluchen, das ich längst auswendig kann, ohne die Bedeutung zu ahnen, erschrecken mich. Frauen drängen sich zusammen. Mein Kinderverstand sortiert das Geschehen nicht. Aber

Mama und Ingrid sind da. Das ist beruhigend in diesem Tumult. Frauen weichen aus der Zimmerecke zurück und verstummen. Eine laut klagende und flehende Stimme übertönt alles. Der Blick auf eine weiße Gestalt wird frei. Sie kniet vor ihrem Bett und betet laut, sehr laut. Alles konzentriert sich auf diese engelhafte Erscheinung. Auch ich schaue und bin davon wie gefangen. Nur langsam weicht meine Lähmung. Kann das sein? Ja, das ist wirklich meine Oma! Dann sehe ich, wie sich zwei Frauen um den Verletzten kümmern. Sie haben ihn auf einen Stuhl gesetzt und stützen ihn. Die Russen sind verschwunden! Das Wunder ist nicht zu fassen. Die lärmenden Männer haben Omas Flehen erhört! Mütterchen Russland schickte uns Soldaten mit russischer Seele. Jetzt erinnert nur noch der niedergeschlagene alte Herr an den Spuk.

Die Wildschweine im Gehege sind deutlich weniger geworden. Soldaten haben einige erschossen und mitgenommen. Der schwere Zaun wurde an einer Stelle eingerissen. So können die hungrigen Tiere in die Freiheit entkommen und in der Natur Nahrung suchen. An der langen, an einer Seite offenen Miete finden sie Kartoffeln und wühlen sich auch zusätzliche Löcher. Sie werden satt, ziehen sich zurück und kommen mit einbrechender Dunkelheit wieder.
Unsere große Flüchtlingsschar hat keine anerkannte Führung. Wir sind ein zusammengewürfelter Haufen, der sich noch nicht geordnet hat. Jeder denkt an das eigene Wohl. So verpassen wir die Chance, den Rest der Schweine einzusperren und mit dem reichlich vorhandenen Vorrat an Kartoffeln zu füttern. Bald sind alle Tiere frei und bedienen sich an beiden Mieten.
Für mich hat es einen Vorteil. Der macht mich nicht satt. Aber ich habe Spaß. Dank der ausgebüxten Wildschweine kann ich jetzt in den knorrigen, weit ausladenden Kiefern des Geheges herumklettern. Es ist eine Wonne im Gegensatz zu den hohen schlanken Tannen, wo man sich ständig an Nadeln sticht. Ich klettere gern auf Bäume. Diese Leidenschaft haben nur wenige. So bin ich oft abseits der Kinderschar und beschäftige mich auf meine Weise.
Aber Eva findet mich. Ich merke, dass sie mich sucht und gern bei mir ist, aber nicht hinterher klettert. Mir gefällt ihre Anwesenheit. Zu erzählen ist da nichts. Wir sind uns naturgegeben einig. Sie ist einfach da, nicht wie ein Schatten, eher wie ein Licht.

Wir Kinder treffen uns jeden Tag draußen. Wenn es regnet, sind wir in einer der beiden Scheunen, die leer sind. Wir haben genug Platz zum herumtoben. Ich spaziere gern auf breiten Balken über den Köpfen der anderen. Ingrid ruft dann, ich soll herunterkommen. Na ja, sie ist ein Mädchen! Meine stille Begleitung läuft auch nicht auf Balken.
Eine Überraschung ist das Durcheinander in einer Ecke. In einer breiten Grube liegt zerbrochenes Porzellan. Es war versteckt. Jemand hat alles durchwühlt. Das waren sehr schöne Sachen und so viel. Für mich ist nichts dabei. Dieses Durcheinander von Scherben mag ich gar nicht.

Mama geht mit mir in das inzwischen verlassene Gehege, wo ich gern klettere. Sie hat dort einen großen Steintopf mit Schmalz vergraben. Ich passe auf und würde Mama warnen, falls jemand käme. Sie öffnet den Deckel und schält mit einem Löffel etwas vom Inhalt heraus. Der kostbare Vorrat darf nicht bekannt werden.

Eines Tages sehe ich einen Reiter auf unser Wohnhaus zukommen. Je mehr er sich nähert, desto besser gefällt er mir. Er reitet langsam vorbei in aufrechter Haltung. Die vorn sehr hohe Mütze verleiht ihm einen Respekt einflößenden Ausdruck. Das fuchsfarbene Pferd und die hellbraune Uniform, mit bunten Orden geschmückt, passen zueinander. Die Stiefel glänzen und die Sporen blinken. Der Griff seines Säbels leuchtet silbern. Der stattliche Reiter sieht interessiert herüber und reitet vorbei, ohne etwas von uns zu wollen. Ich schaue ihm hinterher und bewundere ihn. Mama hat ihn auch gesehen. „Das war ein Kosak. Der macht einen Ausritt“, sagt sie zur Erklärung.

Ich erschrecke, wenn Flugzeuge plötzlich da sind und flach über den See fliegen. Ich habe Angst und beruhige mich erst, wenn sie fort sind.

Wir Kinder erkunden zunächst die nähere Umgebung. Bald werden unsere Kreise größer. Wir entdecken eine Waldwiese und einige Pferde. Sie erholen sich dort ungestört, bis wir Kinder auftauchen. Ein Pferd gestattet, dass wir uns gegenseitig auf seinen Rücken helfen. So sitzen wir manches Mal zu dritt hoch zu Ross. Die anderen zwei oder drei Pferde weichen uns aus und verschwinden bald. Vielleicht ist eine Familie mit ihnen weitergezogen.
Es ist ein wunderbarer Tag. Die Sonne scheint. Wir spielen wieder auf der Wiese. Ich sitze zwischen Kindern auf dem Pferd. Ein Mädchen kommt angelaufen und ruft: „Der Krieg ist zu Ende!" Ich rutsche vom Pferd und falle, rappele mich auf, laufe, hüpfe und springe. Es kann nicht schnell genug gehen. Die bloßen Füße wirbeln den schmalen, abschüssigen Weg entlang. "Mama, der Krieg ist vorbei, wir haben jetzt Frieden, immer Frieden!"
Dieser leicht ansteigende Weg vom Haus des Dienstpersonals zum Wald bleibt für mich ein Symbol für Frieden. Wenn ich oben losrenne, wiederholt sich dieses Glücksgefühl. Jetzt ist Frieden! Rechts stehen einige kleine Tannen. Daneben wachsen dicht gedrängt Lupinen. Die blauen kerzenartigen Blütenstände erscheinen mir wie eine Botschaft.

Draußen befindet sich ein Backofen, so einer, wie wir ihn auf der Flucht gesehen und benutzt haben. Das Gewölbe erlaubt uns Kindern, zu dritt hineinzuschlüpfen. Der Boden liegt etwa einen knappen Meter über der Umgebung.
Eines Tages wird Brot gebacken. Nachdem das Feuer niederbrannte und die Glut das Gemäuer aufgeheizt hatte, wurde der Ofen mit einer langen Hacke gesäubert. Für Ingrid und mich formt Mama je ein kleines „Kunkelchen“. Wir warten ungeduldig, aber gern. Eine so lange Vorfreude hat auch ihren Reiz. Am schlimmsten ist das Warten während des Abkühlens. Der Duft ist nah und verführerisch. Endlich dürfen wir ein wenig knabbern. Aus dem wenig wird zunehmend mehr, bis Mama Bauchschmerzen ankündigt. Wenn wir immer mehr davon essen, würde uns das nicht bekommen.
Am folgenden Tag ist der Ofen noch warm und nicht zu heiß zum Hineinkriechen. Auch das ist eine Freude, obwohl wir in diesem Frühling nicht mehr frieren.

Im herrschaftlichen Haus mit Geweih über der Tür wird Platz für uns. Wir ziehen in ein Zimmer mit vielen schönen, auf lackierten Holztafeln befestigten Gehörnen von Hirschen und Rehen. Auch Keilerzähne, einen Ring bildend, sind paarweise zu bewundern. Alle Wände sind so dekoriert. Von der Decke hängt ein kreisförmiges Geflecht aus Geweihen mit Kerzen. Ich kann immer wieder schauen und staunen. Auch die Möbel gefallen mir. Der riesige Tisch verführt mich zum Krabbeln wie zu Hause.
Das ist jetzt unser Wohnzimmer. Unser Schlafzimmer erreichen wir über einen angrenzenden sehr großen Raum. In diesem Saal steht ein gewaltiger Kachelofen.

Geweihe, Zähne und Deckenleuchter sind noch beeindruckender als in unserem Zimmer. Von hier gelangt man in eine Diele mit Eingang zur Küche und einer Treppe, die nach oben führt. Durch eine Doppelflügeltüre geht es zur Eingangstreppe. Nicht weit davor steht eine Pumpe, ein ausgehöhlter Baumstamm mit langem Holzschwengel. Der Wasserauslauf ist aus Eisen. Das hier ist eine völlig andere Möglichkeit des Wasserholens als aus dem Schöpfbrunnen in Falkenau. Vom ersten Anschauen empfinde ich ein freundschaftliches Gefühl zu dem stattlichen Objekt. Gleich hinter der Pumpe liegt ein großer eingezäunter Gemüsegarten, links davon das Häuschen mit herzförmigem Loch in der Tür. Vor dem Giebel der linken Scheune befindet sich ein Schuppen mit Brennholzvorrat. Vor der rechten Scheune ist ein Hühnerstall angebaut. Nur ich kann durch das Hühnerloch hinein. Die Hühner sind nicht zu Hause, aber ein technisches Wunderwerk in edlem Holzkasten. Oma sagt, es sei ein kostbarer Morseapparat den man versteckt hat. Am abgeschlossenen Hühnerstall vorbei führt ein Fußweg zu unserem ersten Wohnhaus.
Ich stehe gern auf dem Podest des Eingangs oberhalb der Treppe und schaue zwischen den Scheunen hindurch auf den See und den dahinter liegenden Wald. Über mir hängt der Hirschkopf mit mächtigem Geweih. Der ist schon eher mein Freund als ein beeindruckendes Objekt.
Von unserem Wohnzimmer kann man auf der anderen Seite des Hauses direkt hinausgehen. Eine schmale Wiese wird rechts durch eine mannshohe Bodenerhebung und links von einem eingezäunten Obstgarten mit Gemüsebeeten begrenzt. Dahinter sind junge Bäumchen in Form kleiner Lauben gepflanzt. Hinter dieser Wiese beginnt dichter Tannenwald. Wie eine Verlängerung führt ein mit Gras bewachsener breiter Weg tief in den Wald. Kommt man zurück, sieht man an der Tür einen Namen. Ingrid kann ihn lesen: SASS. Diese vier Buchstaben sind aus Geweih geschnitzt und einzeln befestigt. Ich stehe davor und bewundere diese schöne Schrift. Es mag das erste handwerkliche Kunstwerk sein, das ich genau betrachten und ehrfurchtsvoll berühren kann.
Wir genießen einen neuen Luxus. Im Haus ist ein Wasserhahn! Man kann ihn aufdrehen und Wasser holen. Es ist ganz einfach, weil man das Gefäß in einem Becken abstellen kann. Wenn ich den Hahn nur wenig öffne, kann ich beobachten, wie das Wasser herunterläuft und ruhig in die ansteigende Oberfläche eindringt. Je langsamer es läuft, desto länger kann ich den Vorgang genießen.

Diese überschaubare Umgebung vermittelt mir Geborgenheit und weckt mein Verlangen, alles genau zu erforschen. Wir richten uns ein und sind erleichtert, denn der Krieg ist zu Ende. Es wird nicht mehr geschossen und bombardiert. Hoffnung auf Heimkehr keimt in unseren Herzen.

Ich vermisse meine stille Begleitung. Eva ist nicht mehr da! Was nie geschah, geschieht jetzt. Ich suche sie! Wie selbstverständlich folgte sie mir, wenn ich die Kindergruppe verließ, um Neues zu entdecken oder zu probieren. Ihre Nähe habe ich als Selbstverständlichkeit empfunden. Habe ich sie geduldet? Habe ich sie gemocht? Ich kenne ihren Namen nicht, sehe in Gedanken ihre blauen Augen von blonder Üppigkeit eingerahmt. Erst jetzt weiß ich, wie angenehm ihre Nähe war. Sie fehlt!

Mehrere Lastwagen kommen lärmend näher und halten direkt vor dem Forsthaus. Russen stürmen herein und tragen die Möbel hinaus und laden sie auf. Auf einmal sind die Räume leer. Ich bin traurig. Warum macht man so etwas? Die Möbel gehören zum Haus! Unser Wohnen mehr oder weniger auf dem Fußboden ist ab jetzt nicht komfortabel.

Und wieder kommt ein Lastauto. Russen steigen auf eine mitgebrachte Leiter. Sie wollen den stattlichen Hirschkopf abnehmen. „Was machen die denn da? Das geht so nicht, denn die Schraube geht durch die Mauer!“, denke ich. Ich flitze die Treppe hinauf und zwänge mich hinter die Wäschemangel. Sie ist wie ein Wagen gebaut, so groß wie ein Doppelbett mit einem Kasten voller Feldsteine. Ich beobachte das Ruckeln der dicken Schraubenmutter. Das Fluchen der Russen kenne ich auswendig. Wie oft habe ich das gehört. Nachdem es still geworden ist und das Ruckeln aufhörte, gehe ich die Treppe hinunter. Die Russen sind schon im Auto und fahren los. Der Hirschkopf ist noch an seinem Platz. Ohne Schaden hat er die Attacke überstanden. Er hat seinen Kopf zur Seite geneigt und schaut mich an. Jetzt sind wir wahre Freunde. Ich habe das Geheimnis seiner Befestigung nicht verraten.

Es gibt eine heimliche Schatzkammer. Wer sie entdeckte, weiß ich nicht. Draußen sieht man ein zugemauertes Fenster. Es fällt nicht gleich auf, weil Fensterrahmen und Flügel mit Sprossen aufgemalt sind. Hat man das entdeckt und will sehen, wie es von innen aussieht, könnte man sich täuschen und einbilden, da sei nur eine glatte Wand neben der Hintertüre. Aber die ist zu schmal für so ein Fenster. Aha, hinter dem gewaltigen Schrank, den die Soldaten wohl wegen der Größe nicht mitnehmen konnten, liegt ein Geheimnis. Mit vereinten Kräften können wir das Monstrum an einer Seite von der Wand abziehen. Da ist eine Türe! Also wird der Schrank weiter gerückt. Mit einer Petroleumlampe ausgerüstet gehen wir in den geheimnisvollen Raum. Was ist das? Oma weiß, dass in den vielen kleinen Schachteln verschiedene Samen aufbewahrt werden. Es sind auch Klappern zum Lärmmachen für die Treibjagd da. Zwei lange Bretter mit Riemen und Schnallen sind Skier, sagt Oma. Damit kann man über Schnee gleiten. Um voranzukommen, benutzt man die beiden Stöcke mit geflochtenen Ringen unten und Schlaufen am anderen Ende. Unter vielen kleinen Gegenständen entdecke ich ein silberfarbenes Taschenmesser und ein winziges ovales mit Ranken verziertes Glöckchen. Alles soll so bleiben, wie es ist, beschließen Mama und Oma. Es tut nicht weh. Denn die schönen Sachen sind ganz in der Nähe. Wir haben einen verborgenen Schatz!

Ingrid erkennt eine auf dem Grund des Sees liegende Frau. Es spricht sich schnell herum. Die Erwachsenen bereiten ein Grab ganz in der Nähe und legen die Tote hinein. Alle Flüchtlinge treffen sich zu Gebet und Gesang. Einheimische sind nicht mehr da. Niemand weiß, wer hier die letzte Ruhe findet, vielleicht war es die Frau des Schweinezüchters aus dem kleinen Haus? „Sie wollte ertrinken.“ Wieso will jemand ertrinken? Ich erinnere mich an meinen Schrecken im sehr langen Schweinestall, ganz in der Nähe des kleinen Hauses. Gibt es einen Zusammenhang? Die Fläche des Dachbodens ist mit Stroh bedeckt, bald einen Meter hoch. Ein süßlicher, durchdringender Geruch will mich zurückweisen. Aber mein Drang für Entdeckungen schickt mich über das Stroh. Die Gedanken sind auf der Flucht von Falkenau hierher. Kenne ich diesen stechenden scharfen Geruch? Die Antwort ist Panik. Nichts Schreckliches sehen! Nur weg hier!

Wildschweine fressen abends an den Kartoffelmieten. Vielleicht waren sie vorher im Gehege und wissen, dass es ihr Vorrat ist. Uns Flüchtlingen ist klar, dass wir auf diese Nahrungsquelle angewiesen sind. Das Vertreiben mit Lärm hilft nur, solange es praktiziert wird. Ein Hund läuft auch zwischen uns herum. Ob er hier ein Frauchen hat, weiß ich nicht. Im Vergleich mit Schäferhunden ist er nur eine halbe Portion. Sein Mut scheint das fehlende Kampfgewicht auszugleichen, als er den kommenden

Wildschweinen entgegenläuft und böse bellt. Sein Problem ist, dass sich die Borstenviecher nicht beeindrucken lassen. So schnell unser Held in den Kampf zog, ist er auch zurück. Also müssen wir wieder Lärm erzeugen. Aber die Nächte sind lang, und wer hat Lust, bis zum nächsten Tag draußen zu bleiben?

Schweinefleisch wäre eine Bereicherung des eintönigen Speiseplans. Eine Fallgrube wird ausgehoben und mit Zweigen abgedeckt. Darauf werden Kartoffeln verteilt. Der morgendliche Kontrollgang ist eine Enttäuschung. Die Kartoffeln sind fort. Die Zweige liegen beinahe ordentlich wie vorher. Dass die Schweine so schlau und geschickt sind, konnten wir nicht ahnen. Wieder werden Köder-Kartoffeln ausgelegt. Der Erfolg bleibt aus. Das Vergrößern der Grube wäre zu viel Arbeit für zweifelhaften Ausgang. Ob alle Schweine so schlau sind? Vielleicht kommt ein dummes Schwein und stürzt in die Grube? Dumme Schweine schmecken bestimmt genauso gut wie kluge. Unsere Hoffnung sinkt von Nacht zu Nacht. Zuverlässiger Schutz gegen Kartoffelraub ist nicht in Sicht.

Unser Wasserhahn ist immer noch schön, aber er liefert kein Wasser. Was kann man machen? Niemand weiß, woher das Wasser kommt. Bisher war es ein wunderbares Geschenk, das uns in den Schoß fiel. Wir können jetzt den Hahn ganz öffnen und dreimal um das Haus laufen. Es fällt niemandem eine Lösung des Problems ein. Aber eine Ursache wird vermutet. Es hat lange nicht geregnet. Wo auch immer die Quelle sein mag, sie ist versiegt.
Ach ja, da gibt es die große Pumpe. Als ich vor Wochen erfolglos Wasser zu pumpen versuchte, war ein kluger Mensch in der Nähe und sagte: „Du musst den Schwengel von ganz oben runterziehen“. Aber ganz oben war da, wo ich nicht hinreichte! Jetzt soll uns diese Pumpe das Wasserholen vom See ersparen. Es wird eine Enttäuschung. Auch wenn der Schwengel von ganz oben heruntergezogen wird, kommt kein Wasser, sondern nur ein grunzendes Geräusch. Vom See wird Wasser gebracht und oben hineingegossen. Das hat Erfolg. Aber nicht wie gewünscht. Das Wasser kommt oben heraus und läuft am senkrechten Stamm hinunter. Wie soll man es auffangen? Warum kommt es nicht aus dem eisernen Rohr, wo man einen Eimer anhängen kann? *„Heinzke, wat hest du anjestellt? Du wöerscht aner Pomp!“* Mein Gewissen ist rein: *„Nuscht Mama!“*
Es wird mir nicht geglaubt. Ich weiß nicht, wie ich mich wehren kann. Wenn kein Wasser aus dem Auslauf kommt, muss man das untersuchen! Ich greife hinein und bleibe schon gleich mit der Hand im engen Rohr stecken. So wird das nichts. Ich finde einen Zweig. Damit hole ich nach und nach allerlei Gemisch aus Moos und Gras heraus. Dazwischen sind Schalen von Vogeleiern. Die Pumpe arbeitet jetzt ganz normal, nachdem das Vogelnest entfernt ist. Ich bin rehabilitiert. Leider bin ich für diese Pumpe zu klein, um selber Wasser zu fördern.

Oma produziert Waschlauge. Asche aus dem Ofen wird mit Wasser vermischt. Klares Wasser sorgt nach dem Absetzen der Asche für weiße Wäsche.

Das erste Weihnachtsfest nach unserer Flucht naht. Im großen Raum sind mehrere Tannen aufgestellt. Der Schmuck ist spärlich. Ich habe eine Idee. Es wäre wunderbar, wenn wir das kleine silberne Glöckchen aus der Schatzkammer anhängen und auch läuten würden! *„Na jo, wejen Wienachte derf dat sen"* (wegen Weihnachten darf es sein). Der Schrank wird bewegt und ich ergreife das Glöckchen. Das blanke Taschenmesser ist schnell in meiner Hosentasche. *„Na jo, Wienachte!"*

Mehrere Flüchtlinge singen gemeinsam mit uns Weihnachtslieder. Die Ofentür ist offen. Das Feuer spendet flackerndes Licht. Ich darf das Glöckchen läuten. Das zarte Klingeln nach jedem Lied ist eine Freude für alle. Und dann umfasse ich in meiner Hosentasche das Messer und freue mich über das heimliche Geschenk. Aber das Gewissen meldet sich. Geklaut hast du es! Von Mal zu Mal wird dieser Vorwurf eindringlicher. Es ist eine Pein. Ich verrate Oma mein quälendes Geheimnis. Sie meint, ich wäre beinahe sieben Jahre alt und groß genug für ein Taschenmesser. Na ja, wir feiern Weihnachten. Da sollen Kinder ein Geschenk bekommen. Jetzt erfüllt mich eine große Freude. Mehr könnte ich mir zu Weihnachten nicht wünschen.

Wir wohnen und schlafen nun schon etliche Wochen ungestört im Forsthaus. Mit Russen rechnen wir nicht mehr. Nachdem man unsere geliebten Möbel abtransportiert hatte, ist hier nichts zu holen, denn auch die stattlichen Geweihe wurden mitgenommen.
Das ist jetzt vorbei. Poltern an der Tür, russisches Fluchen. Und schon höre ich die Stiefel näherkommen. Im Haus ist es dunkel. Ich höre nur Schreien und Flehen und bewege mich nicht. Die als Jungfer bezeichnete Dame versucht die Attacken abzuwehren. Ihre Empfehlung anderer Frauen hilft nichts. Irgendwann ist der Spuk vorbei. Niemand weiß, wie viele Russen hier waren.

Der Krieg ist nicht wirklich vorbei. Wir fühlen uns nicht mehr sicher im Haus. An der Eingangstüre entdecken wir stabile Eisenwinkel. In einer Ecke finden wir einen Eichenbalken, der genau hineinpasst. Diese Sicherung mit Vorlege-Balken ist sehr stabil und wohl kaum mit vereinten Kräften zu durchbrechen. Da wir im Wald Pilze und Beeren finden und die Kartoffeln noch reichlich sind sowie auch Brennholz, wollen wir bleiben. Im Dorf ist die Not größer als hier.
Es wird auch über schlimme Krankheiten gesprochen. Typhus, Scharlach, Diphtherie und Krätze. Solange wir uns von anderen fernhalten, stecken wir uns nicht an. Es gibt keine ärztliche Versorgung und keine Medizin.

Der nächste Überfall endet glimpflich. Während die Russen vergeblich an der Türe poltern und wie immer denselben Fluch schreien, verschwinden wir mit unseren Daunendecken durch ein Giebelfenster. Als die Angreifer zum Hintereingang gehen, haben wir uns bereits in der Tannenschonung versteckt und bibbern.
Das wiederholt sich auch im Winter. Es ist bitterkalt. Wir fürchten, dass unsere Spuren im Schnee gefunden werden könnten. Ein glücklicher Umstand war das emsige Herumlaufen von uns Kindern am Tage. Die neuen Spuren waren nicht zu erkennen. Ein so glücklicher Zufall wird sich kaum wiederholen. Bei Tageslicht finden wir unser zertretenes Brot. Ich beginne etwas zu erahnen, Hass, Rache? Wie verhielten sich unsere Soldaten in Russland? Hier ist die Gefahr zu groß.

Im nahe gelegenen Dorf Krien gab es noch keine Überfälle. Mama kennt dort eine Frau, die uns Unterschlupf gewährt. Wir schlafen einige Wochen bei gastfreundlichen Flüchtlingen. Eines Tages kommt ein russischer Soldat ins Haus. Er ist sehr fröhlich und ruft mehrmals „Hitler kaputt!" Bald wird er müde, packt mich und legt sich mit mir aufs Bett. Seine Stiefel hat er noch an. Richtige Furcht empfinde ich nicht. Das Verhalten könnte in seiner Erinnerung zu suchen sein. Vielleicht hat er einen Sohn in meinem Alter? Ich kann mich frei wühlen während er einschläft.

Inzwischen ist ein junges polnisches Ehepaar im Schloss eingezogen. Man baut eine Verwaltung auf. Wir erhalten einen Zettel, der russischen Soldaten Überfälle verbietet. In schöner Schrift leuchtet er an der Tür des Forsthauses, sorgfältig mit vier Reißbrettstiften befestigt. Das sieht sehr bedeutungsvoll aus. Als wir eines Tages „heimkehren“, sind davon nur noch angebrannte Ecken übrig.

Überraschend holen Russen alle Frauen ab, einfach so, auch Mama und Oma. Es ist am 20. April 1946. Alle sind erschrocken. Wir Kinder leiden furchtbar unter der Ungewissheit. Am Abend kommen Mama und Oma zurück. Sie wurden zur Arbeit verpflichtet. Jeden Tag müssen sie los! Sie bauen Schienen von Gleisanlagen ab. Ingrid und ich sind uns tagsüber selbst überlassen. Das Schicksal hilft oder vielleicht Oma? Nach einer Verletzung am Schienbein kann sich um uns kümmern. Die Zeit heilt vieles. Irgendwann gibt es keine russischen Soldaten mehr.

Bald wird unter Aufsicht der polnischen Verwaltung eine neue Schonung angelegt. Kleine, noch von Deutschen gezüchtete Sprösslinge, entnimmt man langen Reihen und pflanzt sie an anderer Stelle mit großem Abstand wieder ein. Ingrid und ich gehen dort einige Male hin. An ein Ereignis kann ich mich noch gut erinnern. Es gibt Suppe. Ich stehe in der Warteschlange, sehe wie jeder eine Kelle in sein Gefäß erhält. Im großen Topf entdecke ich einen kleinen feuerroten Schnipsel. Noch zwei sind vor mir, dann nur Ingrid. Und das Wunder geschieht. Ich habe das rote kleine Gebilde im Teller! Ich bewundere die winzige krumme feuerrote Möhre. „Das beste zuletzt“, denke ich und genieße die Kartoffelsuppe. Das rote Ding wird zunehmend verführerisch. Eigentlich möchte ich fragen, ob das fremde Etwas gegessen werden kann. Blicke in meiner Umgebung sind darauf gerichtet. Ich deute das als Aufforderung, sie jetzt gleich an meinem Genuss als Zuschauer teilhaben zu lassen. Ich kann nicht warten und meinem Grundsatz folgen. So etwas Vielversprechendes soll man ganz langsam auf der Zunge zergehen lassen. Im ersten Moment denke ich, das ist jetzt eine weitere Kampfmethode des Krieges, die noch keiner kennt. Die zarte siebenjährige Zunge erlebt eine Peperoni-Attacke! Ich will das aushalten, aber schaffe es nicht. Das Brennen wird heftiger und unerträglich. Alle Blicke sind jetzt wieder auf das kleine rote Ding in meinem Teller gerichtet. Ich löffele Suppe und noch einen Löffel. Das höllische Brennen wird eher intensiver. Mama kann mir nicht helfen. Eine fremde Frau kennt dieses heimtückische Gewürz. Sie tröstet mich. „Es wird noch anhalten und nur langsam nachlassen. Verbrennen kann man sich nicht!“ Schwups fliegt das tückische Ding mit einem kühnen Löffelschwung in die Glut unterm Suppenkessel. „Jetzt brennt es dir auch!“ Bald ist mein Teller leer. Hunger treibt es ein, sagt man.

Der zweite Schreck ist der Tod eines Flüchtlingskindes in der Nähe der neuen Schonung. Man weiß, dass ein böser Mann mit einer Keule sein Unwesen treibt. So enden unsere Ausflüge zu Mama und Suppe.

In der Werkzeugkiste unseres Treckwagens finde ich eine unbekannte Eisenkugel. Bei genauer Betrachtung denke ich, dass das Ding irgendwie geöffnet werden könnte. Ich fummele und schaffe es nicht. Herbert wird helfen. Der staunt, als ich damit komme. „Das ist eine Handgranate! Wo hast du die gefunden?“ Das gefährliche Objekt könnte schon da gewesen sein, als wir uns für einen verlassenen Wagen entschieden, weil unser Treckwagen seit dem Haff kein Dach hatte. Der sensationelle Fund spricht sich schnell herum. Aus der Diskussion resultiert eine Erkenntnis. Um die Gefahr zu beseitigen, müsste die Granate gezündet werden. Ein gleichzeitiger Nutzeffekt wäre optimal. Der Plan steht. Eine größere Gruppe findet sich am See ein, genau dort, wo Ingrid die Tote entdeckte. Ein Backtrog wird

herangeschleppt. Oma hält mir beide Ohren zu. Wir stehen hinter der dicksten Birke und schauen auf den Mann am Ufer mit der Granate. Auch die anderen Zuschauer sind in sicherer Entfernung. Der mutige Herr ruft „Achtung!“ Er fummelt an der Kugel und wirft sie weit in den See. Nach wenigen Sekunden bildet sich ein Wasserberg und spritzt auseinander. Ich höre beinahe nichts, denn Oma schützt meine Ohren gründlich. Alle warten auf großen Fischsegen. Tatsächlich kommt ein Kleiner an die Oberfläche und einige Winzige. Herbert schaukelt mit dem Backtrog los und holt den Fisch. Der ist kaum größer als ein Hering. Die magere Ausbeute wird beklagt. Die Erkenntnis, dass die Granate nicht mehr gefährlich ist und ich beim Fummeln nicht zu Schaden kam, tröstet darüber hinweg.
In einer Scheune haben die großen Jungs eine Kettenschaukel gebaut. Lang hängt sie vom Balken herunter. Ingrid setzt sich auf das Brett und schaukelt schön gemütlich. Ein Junge gibt ihr einen Schubs. So schwingt Ingrid etwas weiter. Und dann folgt noch ein Schubs. Ingrid schwingt weit durch die Scheune. Und noch ein Schubs und immer noch einer. Ingrid schreit. Ihr Schreien wird lauter, immer lauter. Ich schreie auch, schreie so laut ich kann und hämmere dem großen Jungen mit meinen Fäusten in den Rücken. „Aufhören, aufhören“! Endlich wendet er sich ab. Ich habe furchtbare Angst ausgestanden. Ich bin vor Angst erschöpft.

Ein riesiger gelber Hund taucht auf. Er ist zutraulich und gern bei uns Kindern. Alle Erwachsenen sagen: „Gebt ihm nichts, der frisst viel“. So verhalten wir uns auch. Eines Tages ist unser Freund verschwunden.

Herbert hat Angelhaken gefunden. Er möchte Fische fangen. Das erzähle ich Oma. Sie hat Wachs- und Pechstein auf die Flucht mitgenommen. Damit kann eine Schnur vor Aufweichen geschützt werden. Herbert zaubert aus einem Stück Blech einen Blinker. Was der alles weiß und was er kann! Eigentlich müsste ich längst in die Schule gehen. Aber hier lerne ich auch!
Herbert hat Erfolg. Schon kurz nach dem Beginn seines Auswerfens und Heranholen des Blinkers beißt ein Hecht an. Beide kämpfen, Herbert gewinnt und zieht die Beute ans Ufer. Der Fisch ist für Oma! Das wurde so vereinbart. Nachdem Herbert ihn mit einem Knüppel getötet hat, darf ich ihn tragen. Er ist etwa so lang wie mein Arm. Herbert zeigt mir das Anfassen. Daumen und Mittelfinger in je ein Auge und dann los! Mein Arm wird bald länger vom Gewicht. Aber ich schaffe es bis in die Küche. Herbert angelt oft und macht auch noch etwas Beute, als kein Hecht mehr beißt. Mit Regenwürmern ködert er andere Fische. Wir bekommen stets einen Anteil.

Wir finden zufällig einen einsamen Frischling im Schützengraben, ein besonderer Leckerbissen. Auch ein Rehkitz wird zufällig entdeckt. Da es wegen seines Naturtriebs nicht flüchtet, haben die Frauen leichtes Spiel. Seine Angstschreie erschrecken mich. Wenn unsere Not nicht so groß wäre, würden wir dem Tier nichts antun.
Unsere Ernährung ist dennoch kläglich. Es kommt vor, dass wir sehnlich auf eine gute Mahlzeit hoffen. Ich leide keinen Hunger, weil ich immer etwas vorhabe. Ich fühle mich oft gestört, wenn Mama zum Essen ruft. Nur wenn ich etwas Köstliches rieche, habe ich Zeit.

Ein Schäferhund treibt sich herum. Er hat kein Zutrauen zu Menschen, sucht dennoch unsere Nähe. Es ist merkwürdig, aber auch ein bisschen unheimlich. Das geht einige Tage so und spricht sich herum. Ein bewaffneter Mann kommt. Ob er bestellt wurde? Er hat Interesse an dem Hund, der sich auch jetzt abseits hält. Der

Mann schießt. Warum hüpft der Hund und jault? Wir denken, dass er erschossen werden soll. Nein, der Mann zielt auf die Beine! Wie kann man so etwas tun? Das ist furchtbar! Nachdem der Hund sich liegend quält und winselt, wird er endlich erlöst.

Die Zeit der Pilze und Blaubeeren ist ein Genuss. Oma hat einen Riecher für Steinpilze. Pfifferlinge findet jeder von uns. Wir kennen eine Stelle am Rande eines Birkenwäldchens in der Nähe des Forsthauses. Zu den vorherrschenden Fichten und Tannen bieten die Birken einen hellen Kontrast. Ich bin gerne hier. Die weißen Stämme und das helle Licht unter dem Laub gefallen mir.
Wenn wir das Moos anschauen, erkennen wir Pfifferlinge, die den grünen Teppich von unten hochdrücken. Mit unseren Fingern schlitzen wir das Moos auf, schieben eine Hand unter das Grün und heben es an. *„Jeeleierkes"*, (gelbe kleine Eier) sagt Mama. Die gelben Köpfe schauen uns an. Sie stehen dicht beieinander, wirken zart und wollen behutsam gepflückt werden. Das wissen wir und machen es auch. Es sind goldene Wochen. Die Pilze sind leicht zu finden und reichlich. Wenn wir genug im Korb haben, hören wir mit dem Pflücken auf. Das Zubereiten ist kein Problem. Ohne irgendwelche Würze erreichen sie in der Pfanne einen himmlischen Geschmack. Wir essen uns satt.
In lichten Fichtenwäldern finden wir reichlich Blaubeeren. Auch davon werden wir satt. Von den Händen bis zum Klo ist alles blau!
Beim Beerensammeln entdecke ich Ameisenstraßen. Die Kraft der grazilen Tierchen ist bewundernswert. Allerlei kleine Insekten, aber auch dicke Käfer zerren einzelne Ameisen mit Ausdauer immer noch ein Stückchen weiter. Kiefernadeln zum Ausbessern ihres Wohnhaufens transportieren sie zu zweit. Ihnen kommen flott Geschwister entgegen, die ausziehen, um selbst auch Beute heimzubringen.

Im Gemüsegarten entdecke ich einen am Boden sitzenden Vogel, ein Rotkehlchen. Es fliegt nicht davon, sondern flattert auf einen Zweig, kann sich nicht halten und plumpst herunter. Ich kann das zierliche Tierchen greifen. Vorsichtig halte ich das zitternde Häufchen in der Höhle zwischen meinen Händen. Heta, Herberts Schwester, ist auch da. „Ich hole den Käfig, halte den Vogel. Ich bin gleich wieder da." Und schon bin ich fort und wieder da. Den Vogelbauer habe ich vorsorglich versteckt. Als ich ihn sah, hatte ich den spontanen Wunsch, ein Vögelchen darin zu halten. Jetzt ist es so weit, der Vogel sitzt im Käfig. Ich stecke eine Forke in den Boden und wackele am Stiel. So beschaffe ich mit Herbert Regenwürmer zum Angeln. Es klappt wie immer. Einige Würmer kringeln sich aus dem Boden. Zwei ganz kleine legen wir dem Vögelchen vor den Schnabel. Unser geduldiges Warten wird nicht belohnt. Immer wieder müssen wir die Würmer am Fortkriechen hindern. Der Käfig soll im Zimmer stehen. Also gehe ich hinein. Mama weiß, dass Singvögel keine Würmer fressen. Kleine Körner und Insekten wären richtig.
Für die Würmer ist es eine gute Nachricht. Sie sind schnell ins Gras gesetzt. Körner können wir nicht finden. Nach längerem Herumkriechen fangen wir einen Käfer. Das Interesse an ihm ist nicht größer als an Würmern. Der Käfer ist auch schnell aus dem Käfig gekrabbelt. Wir müssen ihn töten. So, jetzt liegt er vor dem Vogel, der wie eine Glucke auf dem Boden zu schlafen scheint. Mama meint, dass er Wasser braucht. Es ist sehr trockenes Wetter. Also kommt Wasser in den vorhandenen Napf. Jetzt hat mein Vögelchen alles, was es braucht. Ich kann wieder im Garten nach Stachelbeeren suchen.
Am Abend schläft das Vögelchen immer noch. Mit dem ersten Tageslicht kommt Enttäuschung und Trauer. Mein Vogel liegt auf der Seite. Er atmet nicht mehr. Wir

Kinder bestatten ihn würdevoll in einem Nest, das wir über ihm schließen. Dann füllen wir Erde in die Grube. Auf dem Grabhügel leuchtet bald ein Gänseblümchen.

Wir treiben uns auch auf der anderen Seite des Sees herum. Dort hat sich ein dickes schwimmendes Polster gebildet, das wie eine riesige Halbinsel in den See hineingewachsen ist. Es schaukelt sanft, wenn man darauf geht. Auch kleine Bäumchen wachsen dort. Es gibt Stellen, wo Wasser zu sehen ist. Also immer schön aufpassen. Dort liegt eine Schlange in der Sonne! Aufgerollt sieht sie eher aus wie ein dicker Fleck. Herbert stellt fest: „Das ist eine gefährliche Kreuzotter. Die ist giftig. Seht euch das Kreuz an auf dem Kopf." Das ist jetzt ein Problem. Das Tier ist gefährlich und ich soll nahe heran, um das Kreuz zu erkennen. Ich bleibe weit entfernt und mache einen langen Hals. Ich erkenne nichts Genaues, bestätige aber das erkannte Kreuz. Jagdfieber erfasst Herbert. In der Nähe schneidet er ein Bäumchen ab und entfernt alle Zweige. Er ergreift das dünne Ende und schlägt zur Probe waagerecht in die Luft.
Die Schlange schläft noch. Wumms, Wumms, Wumms! Nach dem ersten Wumms bäumt sie sich auf. Nach dem dritten Wumms liegt sie zuckend da. Aber Herbert schlägt nach einer kleinen Pause noch einige Mal auf das inzwischen reglose Tier. Das Abenteuer ist überstanden. Ich traue mich heran. Mit dem Bäumchen hat Herbert den Kopf des Tieres nach oben gezogen. Jetzt erkenne ich das Kreuz und auch die gemusterte Linie auf dem Rücken.

Herbert erzählt, dass er von dieser schwimmenden Halbinsel aus geangelt hat. Dabei ist ein Hecht unter das Polster geflüchtet. Es hat lange gedauert, bis er endlich seine erschöpfte Beute bergen konnte. Er will hier nicht wieder angeln.

Mama hat einen Kessel mit Lederkleidung in der Böschung weit hinter dem Forsthaus vergraben. Ein Busch verdeckt die Stelle. Ich bin Wachposten und schaue zwischen Zweigen hindurch während Mama gräbt. Es sind Sachen von Papa und seinen Brüdern, den Onkeln Albert und Richard. Ganz selten entnimmt sie ein Teil während ich aufpasse. Sie geht damit zu der neuen Schlossherrin. Auch Tischtücher und Bettwäsche von zu Hause finden diesen Weg. Dafür bekommt Mama nach und nach Butter und Brot. Wenn sie damit heimkommt, ist es ein Fest. Auf der Butter formt sie schöne Muster oder ein Blümchen. Die gelbe Pracht liegt verführerisch auf dem Tisch. Wir sitzen und erfreuen uns am Anblick. Mama nimmt zum Bestreichen nur wenig von den Seiten. So bleibt die Butter dekorativer Mittelpunkt.

Ein grauer Hund gesellt sich zu uns. Sein Fell ist fest und dicht. Er reicht Mama gerade mal bis ans Knie. Uns allen gefällt er. Oma denkt an einen zusätzlichen Esser. Die Entscheidung fällt am Abend. Er wird nicht ausgesperrt, sondern darf im Haus übernachten. Er wird mein Fiffi. Für Ingrid ist es Senta. Auf diese Weise haben wir beide unseren Hund. Er gehört zu uns wie eh und je.

Ich habe Bauchschmerzen. Oma weiß, was zu tun ist. Sie hat selbst schon einige Mal Wermut-Tee getrunken. Wermut wächst an Äckern und ist leicht zu finden. Schon der Geruch beim Kochen ist mir zuwider. Oma füllt einen *Dopp* beinahe bis zum Überlaufen. Sie weiß, dass diese Medizin nur dann hilft, wenn ich austrinke. Wir haben alle eine solche große weiße Tasse mit blauer Blumengirlande. Die sind noch von Falkenau. Ich schätze das schöne Muster. Nach diesem Ereignis erinnert mich der *Dopp* immer wieder an den intensiven bitteren Geschmack. Die Bauchschmerzen wurden endgültig besiegt.

Es ist jetzt kälter geworden. Der riesige Ofen soll uns wärmen. Brennholz ist reichlich vorhanden. Wir müssen es nur aus dem Schuppen holen. Einiges davon ist kienhaltig. Mir gelingt es, Splitterholz mit dem Beil vom dicken Scheit abzuspalten. Wir verwenden die dünnen Teile zum Anzünden. Die harzigen Hände sind schwer zu reinigen. Trotzdem bemühe ich mich, denn ohne sie bekommen wir die dicken Scheite nicht angezündet. Das Hineintragen ist eine schwere Arbeit. Ich schaffe immer nur zwei Scheite. Sie sind so kurz wie meine Arme, aber dick und schwer.

Oma näht mir einen *„Juppat"*. Sie nimmt Maß und sagt, der würde etwas größer, damit ich ihn lange tragen kann, weil ich noch wachse. Eine feste graue Decke wird dafür geopfert. Das Ergebnis ist schick und praktisch. Mama sagt: „Ein Stich wie der andere". Es ist eine lange Jacke mit aufgesetzten Taschen, in denen ich die Hände wärmen kann. Hinten ist ein Rigel, der mir sehr gefällt. Dieser *Juppat* hält mich warm und bietet auch Schutz vor piksenden Tannenzweigen. Irgendwoher erhalte ich eine Russen-Mütze. Sie ist aus Fell. Das braune Leder ist außen und die flauschige Seite innen. Mitten auf dem Kopf befindet sich ein runder lederner Knopf. Die üppigen Ohrenklappen lassen sich hochschlagen. Aber zuerst mussten meine langen und dichten Haare geschnitten werden, damit der Kopf in die Mütze passt. So ausgerüstet bin ich mutiger und habe weniger Angst im Wald. Aber das habe ich auch Fiffi zu danken. Er kommt gern mit.

Es gibt noch ein Geheimnis. Mama zeigt mir Schmuck von Opa. Gemeint ist der Mann von der Oma, die auch hier ist. Papas Vater lebte mit seiner Familie auf einem eigenen Hof in Wolhynien, das damals zum russischen Zarenreich gehörte. Opa kam nicht aus dem Ersten Weltkrieg zurück. Er kämpfte in der Kaukasus-Armee für Russland gegen die Türkei. Oma siedelte deshalb mit ihren drei Söhnen nach Kriegsende um nach Ostpreußen. Papa war fünf Jahre alt. Den Schmuck hat sie bis hierher gerettet. Mama hat die Aufgabe, diesen Schatz zu behüten. Sie versteckte ihn unter einer Fensterbank. Dort befindet sich ein herausziehbares Gefäß, in dem sich Kondenswasser sammelt, das von den Scheiben herunter sickert. Mama zieht den Blechkasten heraus und greift nach links in den Hohlraum der doppelten Wand. Sie hält jetzt den Schatz in der Hand und breitet ihn auf einer Decke aus. Es ist ein schweres Gehänge aus Silber, das auf dem Bauch getragen wird. Glieder mit Futter das Korken ähnelt, erlauben das Verschieben einzelner Teile. Dazu gehört eine goldene Uhr in einem Gehäuse, welches zum Gehänge passt. Ich darf jetzt in den Hohlraum greifen und die Nische ertasten, wo der Schatz wieder verborgen wird. Mama sagt, Oma möchte, dass ich diese Teile sehe und anfasse. Ich soll genau hinschauen. Das mache ich sehr gern.

Der Weg nach Krien ist uns schon lange vertraut. Er führt durch Wald an einen Fluss, der mit einer Mauer aufgestaut wurde. Dort baute man eine Wasserturbine für die Stromversorgung. Eine provisorische Brücke ersetzt die gesprengte. Wir besuchen manches Mal eine Frau, die hier schon immer gewohnt hat. Ihr Mann ist noch verschollen. Er hat früher dieses Elektrizitätswerk betreut. Die Frau hat Tabletten. Wer gesundheitliche Sorgen hat, geht zu ihr. Nachdem sie mich das erste Mal sah, hat sie Mama Pillen für mich gegeben. „Das sind Vitamine für den Kleinen", hat sie gesagt. Mehrmals erhielt ich Nachschub. Dann geht es weiter zu unserer Nachbarsfamilie aus Falkenau. Auch sie sind alle bis hier gekommen und fanden nach kurzer Zeit in Charlottenhof ein Quartier in Krien. Das Wohnhaus gehört zum Gebäudekomplex des Schlosses. Da kann man schön herumstöbern und mit den

beiden Kindern, Bruno und Christel, spielen. Eines Tages entdecken wir ganz dicke Bücher. Sie sind nur auf wenigen Seiten beschrieben. Das erweckt mein Interesse. Wir packen drei Stück auf einen Schlitten und nehmen sie mit ins Forsthaus.
Ich beginne Zahlen zu üben. Ingrid ist meine Lehrerin. Die Reihenfolge ist eine wahre Herausforderung. Der logische Aufbau erlaubt es, endlos bis hundert zu schreiben, ohne Fehler!

Auch ein anderer Zeitvertreib ist im Winter nützlich. Ingrid und ich stricken. Nach dem Üben wird es ernst. Kleine Puppen entstehen. Sie sollen schön aussehen.
Draußen versuchen wir es mit Skiern. Die holen wir aus dem versteckten Raum hinter dem großen Schrank. Ingrid und ich kommen damit nicht zurecht. Die Dinger gehen ihren eigenen Weg entweder über Kreuz oder so, dass die Beine auseinandergezogen werden. Das liegt nicht nur an der schwer beherrschbaren Länge. Auch unsere Schuhe finden in den Schlaufen keinen Halt. Die Skier bleiben bei Herbert. Aber ihn sehe ich niemals damit, obwohl sein erster Versuch einigermaßen aussah. Dann gibt es einen Sitzschlitten mit schmalen Eisenkufen. Man kann darauf wie auf einem Stuhl sitzen und sich schieben lassen. Das wird aber nichts, weil die Kufen im Schnee bis auf die Erde einsinken. Dieser Luxusartikel ist für den Gebrauch auf Eis gebaut, weiß Oma. Aber Eis ist nichts für uns. Das haben wir in schlechter Erinnerung. Ein ganz normaler Schlitten, etwas kleiner als der in Falkenau, ist zum Glück auch noch da, aber ohne Klingel.
Der Winter ist hart. Wir möchten gern Fleisch. Es läuft überall im Wald herum. Wie können wir es fangen? Fallen stellen! Das Ergebnis ist entmutigend. Die Hasen sind nicht da, wo die Fallen stehen. Einen einzigen erwischen wir. Der entkommt beinahe. Sein in der Falle steckendes Vorderbein hatte er angenagt. Er wollte sich befreien. Das Leben ist nicht nur für uns Menschen grausam! Auch wir sind grausam!

Das Fangen mit Schlingen wird diskutiert. Dabei gewinnt meine Familie nützliche Informationen aus dem benachbarten Henriettenthal. Das Verhaltensmuster des Fallenstellens findet auch hier Anwendung. Jeder unternimmt seine eigene heimliche Jagd.
Wir benötigen nur noch Draht, ein kleines Abenteuer für mich. Mit einer Kneifzange bewaffnet, erklimme ich einen Telegrafenmast mithilfe einer Fuß-Schlaufe. Ich lernte von Herbert, wie man mit einem Gürtel oder Tau eine passende Schlaufe herstellt. Beide Füße stehen fest auf dem Boden, soweit auseinander, dass der Mast dazwischen passt. Das Tau wird als Schlaufe passend geknotet. Der Mast wird umarmt und gleichzeitig klemmt man ihn auch zwischen die Füße. Wenn es einen festen Halt gibt, kann es losgehen. Dann Füße lockern und hochziehen und wieder einklemmen und den Körper hochdrücken und dabei möglichst hoch greifen. So kann ich wie an einer Leiter aufsteigen. Das Trennen von Draht habe ich an einem Zaun geübt. Das abgetrennte Ende liegt nun auf dem Boden. Nichts wie runter und zum nächsten Mast laufen. Dort durchtrenne ich den Draht ohne Aufstieg. Er lässt sich gut aufrollen und erlaubt auch das Biegen von Ösen und Befestigen an einem Baum ohne Werkzeug. Meine Ausbeute reicht für viele Schlingen. Mama und Oma verschwinden dann mit mehreren Drahtenden im Wald. Dass ich nicht in diese Expedition einbezogen werde, gefällt mir nicht. Aber jemand muss mit unserem Hund zu Hause bleiben. Fiffi darf nicht dort seine Duftspuren hinterlassen, wo das Wild gefangen werden soll. Auf diese Weise erlebe ich auch nicht die elenden Bilder der gefangenen Tiere.
Oma hat den richtigen Spürsinn für Orte und Anordnung der Schlingen. Es gibt Tage, an denen schwere Bündel aus dem Wald in unserer Küche landen. Eine Ecke des

Wohnraumes wird mit einer aufgehängten Decke gegen Blicke von draußen abgeschirmt. Gekochtes Hirschfleisch vom dicken Knochen abbeißen wird meine Leidenschaft. Wir kommen mit selten gefangenen Hirschen und Mamas Tauschgeschäften im Schloss über den Winter. Inzwischen bewohnen wir das Erdgeschoss allein und halten uns überwiegend im Saal mit dem großen Ofen auf.

In der Nähe des Dorfes bleibe ich mit dem Fuß in einer kleinen Schlinge hängen. Diese dichte Schonung ist für die Bewohner gut zu erreichen. Man muss sich durch Zweige drängen. Hier gibt es keine von trabenden Hirschen entstandenen Laufwege. Man will Hasen und Kaninchen fangen. Wir gehen in das Dickicht in der Hoffnung, von der List anderer Leute zu profitieren. Nicht alle Schlingen werden täglich geprüft. Schade wäre, wenn ein gefangenes Tier Beute von Fuchs und Hunden wird, während wir hungern.
Auf einer kleinen Lichtung entdecke ich eine kahle Stelle im Moos mit Tierspuren. Bei nächster Gelegenheit scharre ich eine Kuhle und stelle eine Falle auf, gut getarnt mit Sand. Einige Tage später werden Mama und Ingrid dort von einem fauchenden Tier erschreckt. Es hat einen Fuß in der Falle. Mama gelingt es, das Tier freizulassen. Sie erzählt mir vom unerwünschten Jagdglück. Es war wohl ein Marder, der regelmäßig an dieser Stelle von einer Kiefer hinuntersprang.
Durch diesen filzigen Wald führt eine breite Feuerschneise. In ihrer Mitte befindet sich eine Stromleitung. Die Masten sind aus Beton und sehr hoch. Es ist die Verbindung des Kriener Wasserkraftwerks zu verstreuten kleinen Dörfern. Dass in dieser Zeit kein Strom erzeugt wird, ist für uns alle selbstverständlich. Mir fallen Punkte im Beton der Masten auf. Bei genauerer Betrachtung erkenne ich Gewehrkugeln. Sie sind komplett eingedrungen.

Der Frühling ist eingezogen. Es ist schön draußen. Ingrid und ich sind allein oder mit anderen Kindern unterwegs. Wir streifen um den See und entfernen uns auch zunehmend weiter vom Forsthaus. Fiffi ist immer dabei.
Manches Mal ist er stundenweise fort. Wir nehmen an, dass er auf Jagt geht. Eines Abends bleibt er fort. Auch am nächsten Morgen ist er nicht da. Erst nach einigen Tagen kommt er endlich. „Mein Gott Fiffi, was hat man denn mit dir gemacht?" Struppig und mager kommt er langsam auf uns zu. Er freut sich, soweit seine Kräfte es erlauben. Wir streicheln und sprechen mit ihm. „Er hat eine Schlinge um den Hals"! Ingrid streicht das Fell auseinander. Tatsächlich, da ist ein Draht direkt auf der aufgescheuerten und entzündeten Haut. Das Ende der Schlinge ist abgebrochen und bildet einen Haken in der Öse. Fiffi liegt erschöpft vor uns und schaut uns traurig an. Ich renne los und hole die Zange. Der Aluminiumhaken lässt sich leicht aufbiegen. Ingrid löst den Draht vorsichtig vom wunden Fleisch. Fiffi ist tapfer oder zu schwach, um sich gegen den Schmerz zu wehren. Er weiß, dass wir helfen. Er bekommt Wasser und schläft ein. Im Fell finden wir viele Zecken und werfen sie in die Glut. Die meisten sind schon dick wie Erbsen. Unser lieber Freund erholt sich in wenigen Tagen. Mit der Schlinge gehe ich zum eingezäunten Obstgarten. Vom Oberdraht, der den Maschendraht trägt, fehlt ein langes Ende. Hier hat Herbert vor Wochen ein überstehendes Stückchen abgeschnitten, um daraus etwas für mich zu basteln. Meinen Verdacht vergrabe ich tief im Herzen. Er wollte ein Waldtier fangen und nicht Fiffi. Aber dass die Schlinge nicht kontrolliert wurde, ist bitter.

Die Frauen haben einen Plan. Man kann sich in den Westen durchschlagen und dort vielleicht Informationen über Verwandte beschaffen. Eines Tages macht sich Mama auf den Weg. Oma kümmert sich um Ingrid und mich.

Wie lange Mama fort ist, weiß ich nicht. Es könnten etwa drei Wochen sein. Sie hat viel zu erzählen. Männer haben ihre guten Stiefel und auch den Mantel geraubt. Aber sie hat erfahren, dass Onkel Ernst noch in Gotha lebt und unsere Pommern-Adresse an ihn gesendet. Wir hoffen jetzt auf ein Lebenszeichen von Papa

Mama wird Wahrsagerin für Frauen, die nicht wissen, wie es um ihre Männer steht. Diese Frage quält auch uns. Ich sehe noch, wie Mama mit einer Frau am Tisch sitzt. An einem Faden hängt der Ehering über einem Bild. Ring und Foto sind beste Voraussetzung für diesen geheimnisvollen Vorgang. Mama hält in jeder Hand ein Fadenende über aufgestützten Ellenbogen. Es braucht Zeit, bis sich die Verbindung zu Ehemann, geliebtem Freund oder Bruder einstellt. Endlich bewegt sich der Ring durch magische Kräfte. Es ist mucksmäuschenstill. Der Ring ist Quelle der Hoffnung. Vier anwesende Augen sind auf ihn gerichtet. Der Ring spricht mit Mama, nur mit ihr. Und Mama spricht dann endlich auch. Leise, aber verständlich für die hoffnungsvolle Frau ihr gegenüber.
Mehrmals kommen Frauen zu Mama und bitten um ihre Hilfe. Sie ist zögerlich, aber hilft am Ende immer. Ich spüre, dass es nicht sinnvoll ist, darüber zu sprechen. In meinem Kinderkopf kreisen Begriffe wie Hoffnung, Glaube und Verzweiflung. Eine Ahnung von Kriegsfolgen kommt auf. Zerstörte Häuser, verwundete und getötete Menschen und Tiere sind nicht alles. Der Krieg lebt weiter mit nagender Ungewissheit.

Und dann geschieht ein Wunder. Mama erfährt auf dem Schloss, dass sie in Rahtsdamnitz Post abholen kann. Es ist ein Brief von Papa. „Es geht mir gut, kommt zu mir“, schreibt er. Er arbeitet auf einem Hof in Schleswig-Holstein und wartet auf uns. Wir sollen einen Ausreiseantrag stellen. Mama macht das dann auch auf dem Schloss. Es wird dauern, denken wir alle. Und wer weiß, was daraus wird?
Der Brief war mehr als zwei Monate unterwegs. Mama schreibt zurück, dass wir hierbleiben sollen. Nur Kranke würde man ausreisen lassen. Und: „Hätten wir doch Flügel! Die Kinder sind gewachsen und sehr schlank, Heinzchen ist immer noch so drollig.“

Es gibt Zlotys, sagt Mama. Das ist polnisches Geld. Wenn wir davon hätten, könnten wir einkaufen wie zu Hause bei Frau Meier. Natürlich müssen wir das Geld verdienen. Jetzt wachsen Pfifferlinge. Die Ernte eines fleißigen Tages füllt einen Weidenkorb. Heute soll es wahr werden, Pfifferlinge für Zloty. Mama und Ingrid tragen den Korb. Bald löse ich meine erschöpfte Schwester ab, übernehme den Griff. Das ist nicht einfach, denn ich bin klein. Ich muss mit beiden Händen packen und die Arme anwinkeln. Der Weg ist weit. Wir wollen nach Rahtsdamnitz. Das sind über drei Kilometer. Aber wir sprechen über den Segen von Zlotys. Das gibt Kraft und Durchhaltevermögen. Zig Mal wechsele ich mit Ingrid den Griff. Mama lässt uns auch die Seiten tauschen. Ich stelle mir schöne Zlotys vor. Ich meine, sie müssten goldene Farbe haben oder schön bunt sein.
Der Wald entlässt uns in eine Straße, an beiden Seiten sind Häuser eins am anderen. Wir begegnen Leuten. Einige sind fein gekleidet. Das ist die neue polnische Herrschaft. Mama ruft: „Frische Pilze, frische Pfifferlinge“. Das ist allen völlig egal. Wir schleppen weiter, bleiben irgendwann irgendwo stehen, wo Leute an uns vorbeigehen.
Wir werden freudig überrascht. Zwei große Mädchen sehen uns und die Fülle der Pilze. Meine Erinnerung hat eine Lücke. Die Fortsetzung ist eine Waage mit Schiebegewicht. Auf der Porzellanschale liegen gelbe Pfifferlinge. Die Mädchen sind

eigentlich schon feine Damen mit freundlichen Gesichtern. Sie wiegen gewissenhaft und bezahlen. Die Zlotys sind nicht so schön wie ich sie mir vorgestellt hatte. Aber ich nehme einen wunderbaren Eindruck mit. Vom ersten Begegnen bis zum Abschied sind diese jungen Polen auch so freundlich zu uns wie die neue Herrn im Kriener Schloss.
Nur sehr wenige Pilze konnte Mama verkaufen. Nach der Erkenntnis, dass es keine Hoffnung auf größeren Erfolg gibt, machen wir uns auf den Heimweg. Der Korb ist kaum leichter geworden. Fortwerfen dürfen wir die Pilze nicht. Alles, was man essen kann, muss man achten und aufbewahren.
Es ist ein trauriges Bild. Mama und Ingrid gehen gebeugt wie nach einem verlorenen Kampf zurück. Ich bin auch erschöpft. Das kommt vom langen Weg unter Plackerei und dazu die Enttäuschung. Unser Anblick erweicht das Herz einer Frau. Der internationale Handel ist ganz einfach. Sie zeigt ihre Zlotys und auf unseren Korb. Schon ist der Handel perfekt. Aufrecht und guter Dinge tragen wir der Frau den Korb ins Haus.
Mama findet parallel zur Straße Waldwege, die wir bevorzugen. Wir kommen dann genauso unbemerkt voran wie die Tiere des Waldes. Dass das Ende dieser Mission nur zufällig so gut ausging, ist uns bewusst. Also keine weiteren Versuche!

Ein Nachmittag mit Streuselkuchen ist ein herausragendes Ereignis. Wir haben Besuch von zwei Frauen. Ob etwas gefeiert wird, weiß ich nicht. Aber an den ersten Kuchen seit der Flucht kann ich mich erinnern. Die Stücke auf dem Teller werden immer weniger. Ich esse schnell und schaue auf den schwindenden Rest. Meine Zeitplanung funktioniert exakt. Ein einziges Kuchenstück ist noch da. Genau jetzt sind meine Hände leer und ich schlucke den letzten Bissen. Ich traue mich nicht, einfach zuzugreifen. Die Zeit vergeht. Es gibt da eine vornehme angeborene Zurückhaltung, die dem Kuchen noch eine Frist gewährt. Jetzt ist es so weit gekommen, dass niemand etwas in den Händen hat. Alle schauen auf das einsame Kuchenstück. Es dauert, bis Mama endlich sagt: *„Na Heinzke denn nemm man!“* Das mache ich dann auch. Jetzt kann ich endlich langsam und genüsslich Kuchen essen! *„Freust die, Heinzke?“ „Jo!“* Wir Kinder sollen uns freuen. Auf jede Zuwendung folgt die Frage: „Freust dich?“ Das Wort danke lerne ich später.

Ingrid und ich streifen gerne im Wald herum. Wir klettern auch Hochsitze hinauf. Man kann über angrenzende Lichtungen und Äcker schauen. Auf einem neuen Hochsitz befindet sich ein Ständer für zwei Flinten. Mein Fiffi ist immer noch Ingrids Senta. Unser Hund ist stets ruhig, auch wenn er unten wartet. Die Leiter eines Hochsitzes ist so morsch, dass ich mich nicht hinauf traue.

Eigentlich suchen wir Steinpilze. Wir finden ein Fahrrad. Es lehnt weitab aller Wege im Wald an einem Baum. Die Reifen sind unten von Moos bewachsen und platt. Wir können das Rad ohne Anstrengung fortschieben. Es hat kaum Rost.
Im Forsthaus bekomme ich die angeklammerte Pumpe in Gang. Aber die Schläuche halten keine Luft. Die Mäntel sind bröselig. Ohne Ersatz wird es nichts. Ich habe so allerlei Ideen, wie ich das Problem beseitigen könnte. Auf den Felgen fahren ist unmöglich. Sie greifen nicht. Ich denke an das Umwickeln der Felgen mit Telefondraht quer rüber, Draht an Draht. Also weitermachen mit dem Putzen. Ein Lappen mit Petroleum bringt Glanz. Die endgültige Lösung ist schmerzhaft, aber vernünftig. Auf dem Schloss wird man Bereifung beschaffen und das Rad nutzen.
Unser zweites Weihnachtsfest kommt näher. Mama ist mit uns Kindern unterwegs. Wir erreichen Rathsdamnitz. Ich kenne es flüchtig. Es ist schon so etwas wie eine

kleine Stadt. Ich sehe ein Schaufenster, das mich fasziniert, verlockende Spielsachen und Süßigkeiten. Mit der Nase an der Scheibe ist alles so nah. Ich staune und staune. So etwas sah ich noch nie. Wie schön das alles ist. Jedes kleine Teilchen davon mein Eigen nennen dürfen, wäre ein Wunder. Dabei ist mir bewusst, dass diese Dinge unerreichbar sind, sie sollen polnische Kinder erfreuen. Ohne Verlangen und ohne Bitterkeit gehe ich weiter. Ich habe einen Traum erleben dürfen und für alle Zukunft begriffen, dass schon allein das Schauen Freude bereitet. Ich kann die ganze Welt bereisen und ohne Habenwollen alle Schätze wunsch- und neidlos genießen.

Etwas weiter entfernt vom Forsthaus lebt eine Frau mit vier Kindern in einem einsamen Haus. Der Weg führt uns abgekürzt über ein freies, unbestelltes Feld. Vor dem Wald springt manches Mal ein Hase aus seiner Schlafkuhle erst dann, wenn wir ihm schon ganz nah sind.
Heute vermisse ich ihn. Zzzscht! Ganz nah an meinem rechten Ohr zischt etwas vorbei. Es knallt. Ein Schuss, meint Mama. Wir ducken uns und warten. Es bleibt still. Irgendwann gehen wir vorsichtig und ängstlich weiter.
Bei der Familie kann man schön spielen. Draußen sind Schützengräben und auch Loren und bewegliche Gleise. Ich fange an, Ziegelsteine aufzuschichten und baue mithilfe der anderen Kinder eine abschüssige Strecke. Es wäre fein, mit der Lore hinunterzusausen! Alle sind motiviert durch Vorfreude. Die Sache ist wackelig. Eine Intuition vermittelt mir: „Lass das, es ist gefährlich"! Ich erkenne meine Gabe des Weiterdenkens. Es ist möglich, sich vorzustellen, wie etwas ablaufen wird, bevor es geschieht! So kann man lauernden Gefahren aus dem Wege gehen. Ich erkenne eine andere spannende Sache. Wir bauen ein Dach über den Schützengraben. So erhalten wir ein Zimmer und können bei Regen draußen sein. Bald liegen Tannenzweige quer über der langen Höhle.

Bei dieser Familie übernachten wir auch einmal. Wir Kinder albern vor dem Einschlafen lange herum.

Eines Tages wandern wir mit diesen Spielfreunden los und entfernen uns recht weit vom Haus. Seitlich im Wald sehen wir einen Handkarren mit zwei Rädern. Den kann man gebrauchen! Wir befreien ihn aus dem Moos. Das Gefährt ist in gutem Zustand. Wir schieben es in Richtung Straße. „Ein Mann!", ruft jemand. Wir schauen auf den Fremden und haben Angst. Wir rennen so schnell es geht. Mama und die Bewohnerin des Hauses sind unterwegs. Wir verbarrikadieren uns, indem wir Möbel vor die Tür schieben. Die Fenster verdunkeln wir mit Tüchern. Es bleibt ruhig. Als unsere Mütter nicht hereinkönnen und sich melden, sind wir heilfroh!

Ein anderes Mal treffen wir auf dem Weg zu dieser Familie auf eine Gruppe Polen. Sie sitzen um ein Feuer und winken uns heran. Mit einem Stock gräbt ein alter Herr Kartoffeln unter der Glut hervor. Jeder von uns bekommt eine. Damit haben wir nicht gerechnet. Wir freuen uns, die Männer auch. Was die da sonst noch machen außer Kartoffeln essen, erkenne ich nicht.

Es wird immer polnischer. Nicht nur im Schloss. Jetzt auch bei uns im Forsthaus. Ein Mann wohnt plötzlich bei uns. Es ist der Förster mit einer Flinte. Das denke ich, weil es kein Karabiner ist. Ein Jagdgewehr kenne ich noch nicht. Sein Deutsch ist für uns verständlich, aber *„nuschelig"*. Der Mann ist geheimnisvoll, verlässt morgens das

Haus und kommt erst zum Schlafen zurück. Wir nehmen es, wie es ist. Jeder folgt seiner Gewohnheit und kümmert sich nicht um diesen merkwürdigen Fremden.

Ich bin im Obstgarten und ernte meine Tagespflaume vom Zweig mit der Hand in den Mund. Sie ist so groß, dass ich von einer satt bin. Das noch nicht ganz reife Fleisch ist säuerlich. Ich muss feste abbeißen. Dieser Garten mit seinen Früchten ist mein Geheimnis. Es scheint, dass niemand außer mir auf Bäume klettert und erntet.

Der Knall eines Schusses erschreckt mich. Blätter neben mir fetzen weg. „Du Bengel du", höre ich. Instinktiv lasse ich mich von dem Baum mit den schönen dicken Pflaumen fallen. „Du Bengel", höre ich und erkenne an der Stimme, dass unser Förster geschossen hat. Er war gar nicht weit weg, wie ich geglaubt habe. Ich berichte von meinem Schreck. Den Knall haben alle gehört und sind ins Haus gegangen. Die Frauen sagen, dass der von der polnischen Verwaltung eingesetzte Förster wohl gar kein Pole sei. Aber Ostpreuße ist er nicht. Dann hätte er *„Lorbas"* und nicht Bengel gerufen! Es wird unheimlich, weil man nicht weiß, wo er sich aufhält und ob er schießt.
Eines Tages kommt er schon mittags zurück. Die Frauen sollen ihm folgen und Fleisch nach Hause tragen. Er habe einen Hirsch geschossen. Bald kommen die Frauen ohne Fleisch und ohne Förster. Der Hirsch sei lange tot gewesen. Unendlich viele Fliegen saßen auf dem stinkenden Tier. Den Förster sehen wir nicht mehr. Gott sei Dank!

Wir schlafen im Saal und werden nachts gestört. Ein schabendes Geräusch ist nicht nur lästig, sondern auch laut. Es scheint sehr nah zu sein. Ja, ganz eindeutig kommt es aus der Ecke! Wenn wir auf die Bodendielen klopfen, wird es still. Es dauert wohl nur eine Minute, bis das Geräusch wieder da ist. Man kann auch dabei schlafen. Wir haben schon vieles ertragen. Das hier schätzen wir als harmlos ein.
Oma meint, es würden Ratten sein. Aber was wollen die? Die denken uns würde es hier besser gehen als ihnen unten, meint Oma. Im Gespräch mit Nachbarn wird empfohlen, eine Ratte anzuzünden und brennend laufen zu lassen. Na gut, wenn man denn eine fangen kann. Eines Morgens finden wir Löcher in den Dielen. Wir legen Ziegelsteine darauf. Das nächtliche Nagen geht weiter.

Zwei Frauen, die über uns wohnen, sind plötzlich nicht mehr da. Warum verabschieden sich Flüchtlinge nicht, wenn sie weiterziehen? Die ältere der beiden Frauen hat uns vor längerer Zeit gegen irgendwelche Krankheiten geimpft. Sie hatte dann eine weiße Schürze um und sah aus wie eine echte Krankenschwester. Die jüngere Frau war eine stattliche Person. Sie lachte gern und war weit zu hören. Ich versuchte ihre Körperfülle zu schätzen. Dabei kam ich zu einem endgültigen Ergebnis, denn auffallend waren ihre Beine und Schenkel. Ein Bein mit Schenkel würde etwa meiner kompletten Gestalt entsprechen.
Ich hatte beobachtet, dass der „Tintenstift" in einer Schublade liegt. Und da ist er noch! Wenn man die Spitze mit Spucke nassmacht, schreibt er intensiv blau. Wir ziehen um. Hier oben sind Möbel und keine Ratten unter dem Fußboden. Ein Tisch, dessen Platte nur Löcher hat, ist ein Rätsel. Warum hat man so viele gleichmäßige kreisrunde Öffnungen hineingebohrt? Wir vermuten, dass er für Eier angefertigt wurde. Aber so viele? Das sind fünf Dutzend! Oma stellt fest, dass die löcherige Platte von einem Klappständer abgehoben werden kann. Sie meint, dass man auf diese Weise für große Jagdgesellschaften Schnaps anbot. "Hirsch tot, Halali!" Mama sagt es sehr schön. Egal, ob für Eier oder die Jagd. Das Möbel ist zum Verlieben

schön. Ich lasse meine Finger darüber gleiten. Es ist für vieles zu gebrauchen. „Ei. Ei, Ei, Halali!“ Ja, für Eier und zur Jagd! Auch zum Anschauen und träumen!

Es gibt auch einen Spitzboden, den ich über eine Leiter erreiche. Eine Lampe, die noch viel Petroleum enthält, ist eine willkommene Beute. Der Docht lässt sich nicht weiterdrehen. Ich zerlege in Einzelteile und reinige alles. Die Lampe ist jetzt wie neu.

Ein weiterer Förster kommt. Er ist sehr freundlich. Wir haben das Gefühl, unter seinem Schutz zu stehen. Er ist ein echter Pole. Am Nachmittag würde es Zucker mit Tee geben, kündigt er an. Wir rätseln, eigentlich heißt es Tee mit Zucker. Das ist im Moment egal. Wir werden sehen, was da kommt.
Und er bringt Tee, Zucker und gute Laune. Er hat Schnaps getrunken. Es wird ein wahres Fest. Der Förster geht in die Hocke und tanzt auf Stiefelabsätzen. Kosaschewa nennt Oma den Tanz dieser Vorstellung. Es ist bewundernswert! Er beherrscht diese Kunst perfekt. Sein Übermut verleitet ihn zu zusätzlichem Spektakel. Mit einem Absatz erwischt er mehrmals ein Schrankbein. Als das hohe Möbel bedenklich wackelt, saust er in eine sichere Ecke, sitzt auf einem Fass und lacht glücklich. Zucker mit Tee. Wir sprechen und freuen uns noch oft darüber.

Am See stehen schöne stattliche Birken. Darin soll es wunderbaren Saft geben. Mühselig und ausdauernd schafften wir es, mit einem Handbohrer bis zur Mitte des Birkenstamms vorzudringen, um das heraustretende Birkenwasser für Ingrids üppige Haare aufzufangen. Ich denke, dass sie einen Prinzen heiraten wird. Da müssen die Haare schön sein. Das Bohrloch verschließen wir mit einem geschnitzten Pfropfen.

Meine Familie wandert zum Nachbardorf Henriettenthal. Wir kommen an einem großen Ameisenhaufen vorbei. Ingrid und ich legen unsere Taschentücher darauf. Auf dem Rückweg werden wir sie wieder aufheben. Dann duften sie schön scharf. Wir kommen auch an dem Brunnen vorbei, der unseren Wasserhahn versorgt. Das Dörfchen besteht nur aus einer Handvoll im Wald verstreuter Häuser. Wir sprechen mit einigen alten Leuten. Ein spindeldürrer Herr sagt: „Hier gibt es nichts, Henriettenthal ist ein Jammertal!" Diese armen Menschen wissen wie man Schlingen und Fallen stellt. Leider sind sie für beinahe alles zu schwach, ein Jammer!

Auf dem Rückweg taucht ein Mann vor uns auf. Er geht wortlos an uns vorbei und schaut weg. Es ist unheimlich. Wir Kinder müssen achtsam sein. Da treiben sich Leute herum, die nichts Gutes im Sinn haben und gefährlich sein können. Unsere beschauliche Welt hat auch eine tückische Seite. Wir denken an den erschlagenen Jungen in der Nähe der neu angelegten Schonung.
Und dann: Fiffi muss mal. Er sitzt in typischer Haltung und wartet auf Erfolg. Eigentlich ist es ein ganz normaler Vorgang. Da er winselt, schauen wir uns um. Ich bin jetzt bei ihm. Ein weißes Knäuel liegt hinter ihm. Fiffi geht weiter. Ein dicker Faden aus kleinen Gliedern bestehend, kommt aus seinem Po. Oma weiß, was das ist. Ein Bandwurm frisst sich im Bauch von Fiffi satt. Einige Schritte weiter ist das Band heraus. Oma meint, dass hoffentlich der Kopf mit dem Knäuel herausgekommen ist. Jetzt weiß ich auch, was Heta passierte. Es mag schon ein Jahr vergangen sein. Wir sind am Schweinestall. Sie sitzt auf einem Pfahl. Hinter ihr hängt ein langer weißer Faden herunter. Wir lachen darüber. Sie sagt: „Wenn das am Boden passiert, seht ihr es nicht. Ich habe das schon länger“.

So leben wir unser Leben, das eigentlich nur in der Beschaffung von Nahrung besteht. Es herrscht wieder eine unglückliche Situation. Pilze und Beeren gibt es noch nicht. Kein Wild findet in unsere Schlingen. Die Hirsche sind wohl auch schon so schlau wie die Wildschweine. Es ist eine Empfindung, die auch uns Kinder überkommt. Und dann geschieht das Wunder. Unser Nachbar aus Falkenau arbeitet auf dem Gutshof des Schlosses. Überraschend kommt er mit einem Pferdewagen und gibt uns einen Sack Kartoffeln!
Dies ist Anlass zu einem Festessen. Es gibt *Rievekouke* (Reibekuchen) vom Backblech. Ich kenne nur das Ergebnis. Mama schneidet Stücke ab, so dick wie das Küchenmesser hoch ist. Oben ist der Kuchen knusprig braun. Ein ganz neues Erlebnis: Die Augen wollen mehr als der Bauch kann!
Unser Schicksal ist nicht beneidenswert. Aber es gibt auch glückliche Momente.

Nach dem Winter sprechen wir gern über Frühling und den Monat Mai. In diese Erwartung platzt ein Reiter. Könnte er der neue Herr vom Schloss sein? Ich kenne nur die Schlossherrin von Mamas Tauschgeschäften. Er schreit draußen laut herum. Nein, den Mann hat noch niemand gesehen. Es sind Befehle. Wir sollen hier und ringsum für Ordnung und Sauberkeit sorgen. Zum 1. Mai muss alles aufgeräumt und bereinigt sein. Er würde wiederkommen und kontrollieren!
Auweia, das ist ein Schreck. Wann ist denn der 1. Mai? Übermorgen! Ich sehe keine Unordnung. Wenn es jetzt nicht mehr so aussieht wie bei unserer Ankunft, ist es ganz natürlich. Wir haben den Gemüsegarten nur abgeerntet und nicht neu bestellt. Das Unkraut wächst von allein, überall.

Mama und Oma sagen, das sei unmöglich zu schaffen. Wir haben auch keine Geräte. Wenn er schimpft, werden wir es aushalten müssen. Es kommt ganz anders. Wir erhalten den Befehl zum Packen. Wir werden ausgewiesen!

Fiffi hat gestern Junge bekommen, ist jetzt Hundemutter Senta. Sie schaut uns verwundert hinterher, als wir die obere Wohnung des Forsthauses verlassen. Sie wird mit ihrem Nachwuchs zunächst allein im Haus bleiben. Wir nehmen an, dass sie bald Besuch erhält von Leuten, die „etwas erben" wollen. Wie in Falkenau aus Rücksicht auf Muschke, verlassen wir auch jetzt das Haus, ohne die Türen zu schließen.
Heute ist der 1. Mai 1947. Jetzt sitzen Mama, Oma, Ingrid und ich mit unseren *Pungels* auf einem offenen Traktoranhänger. In aller Eile entstanden aus gefalteter Bettwäsche und Handtüchern Rucksäcke mit breiten Traggurten aus Stoff, damit es nicht drückt. Oma hat für sich einen riesigen Sack gefüllt. Kann sie den tragen?

Ich schaue auf den Hirschkopf über der Eingangstür. Ist er traurig? Bis wir um die Ecke der Scheune biegen und im Wald verschwinden, sehe ich zu ihm hinüber. Ich denke an den Tag, als man ihn herunternehmen wollte. Unter ihm taucht mein Fiffi auf. Es ist beinahe so wie bei der Abreise von unserem Haus in Falkenau. Damals schaute uns Muschke hinterher und jetzt mein Fiffi. Das Bild wird vom Giebel der Scheune verdeckt. Es geht zu schnell. Ich schließe die Augen.

Rückschau

Am 16. und 17. August 2012 sehe ich Krien und Charlottenhof nach 65 Jahren wieder. Im Kriener Haus, in dem wir Überfällen auf das Forsthaus auswichen, befindet sich eine Touristen-Information. Das Gebäude ist in gutem Zustand. Räume wurden umfunktioniert. Eine Angestellte gibt Auskunft in deutscher Sprache. Sie war ein Jahr in der DDR. Das Kriener Schloss brannte nach der Restaurierung ab. Die Ruine wurde restlos beseitigt. Über Charlottenhof weiß sie nur, dass ein Projekt unter diesem Namen existiert. Ein alter Herr, der schon immer hier lebte und Auskunft geben könnte, sei nicht anwesend.

Nach langer Suche und Nutzung einer historischen Karte kam endlich die Erkenntnis: Alle Gebäude des Anwesens Charlottenhof und das Schloss sind total abgeräumt! Es gibt keinen Zweifel. Man hat den Besitz der Familie von Zitzewitz verschwinden lassen, als wenn diese Linie des deutschen Adels hier nie gelebt hätte. Die frühere asphaltierte Startbahn des Flughafens wurde Teil einer neuen Straße.

Jetzt gedeiht auf dem Areal des Forstanwesens junger Fichtenwald. Ich finde einige Bruchstücke von roten Ziegelsteinen. Etwa 100 Meter hinter dem ehemaligen Forsthaus folge ich dem alten Waldweg, entdecke die kleine Feuchtwiese, wo sich der Brunnen befand. Der Ameisenhaufen mit schöner Kegelform überrascht mich. Er ist noch an derselben Stelle wie damals. Emsig krabbeln die Tiere darauf herum. Darüber freue ich mich und sage es den fleißigen Tierchen. Vom Obstgarten finde ich nur das jetzt geneigt stehende Tor. Der Stahlrahmen ist verrostet. Die Verzinkung des Maschendrahtes hält wohl noch einige Jahrzehnte. Made in Germany!
Der See entspricht meiner Erinnerung, auch der Weg unter Uferbirken. Er wird erkennbar genutzt.
Ich genieße diesen Augenblick, möchte den Weg entlangwandern, ganz um den See herumgehen. Die Wasseroberfläche ist absolut ruhig, glänzt in der Sonne wie ein Spiegel. Seerosen dekorieren ihn wie früher. Wie damals stehen Birken direkt am Ufer, als wollten sie Spaziergänger begleiten. Gegenüber erkenne ich das schwimmende Polster, auf dem auch jetzt kleine Birken und Fichten wachsen. Verweilen, Zeit haben und allein sein. Das wäre wunderbar. Ich bin an einem vertrauten Ort meiner Kindheit angekommen. Wie oft schloss ich bis heute die Augen, sah dieses Bild und fand innere Ruhe zum Einschlafen!

Kapitel 4

Ausweisung aus Pommern in die DDR und weiter nach Schleswig-Holstein

Mai 1947

Der Traktor verlässt die Försterei Charlottenhof und biegt am Ende des Sees ab in den Weg Richtung Krien. Ich spüre es mit geschlossenen Augen und sehe immer noch das eben Gesehene. Ist es Wirklichkeit? Ich schaue zurück zum Hirschkopf, der über dem Eingang des Forsthauses hängt und auf Fiffi, unseren treuen Hund. Das Bild verschwindet wieder hinter der Scheune. Jetzt öffne ich die Augen. Der See erhascht meinen Blick. Ich nehme sein letztes Schimmern hinter Bäumen mit.
Über zwei Jahre waren wir hier. Ingrid ist schon 10, ich bin 8 Jahre alt. Im Gegensatz zur Flucht, wo vorne immer alles besser vermutet wurde und es schnell weiter gehen sollte, spüre ich jetzt ein Verlangen zum Verweilen. Der See und seine Umgebung sind mir vertraut. Dies ist meine zweite Welt, aus der ich gerissen werde. Da hilft nur Hoffnung auf eine weitere gute Welt. Die neue Welt von Papa!

Der Traktor wird lauter, schneller und verbreitet Qualm. Holpernd fahren wir den Waldweg entlang. An beiden Seiten sind breite Streifen mit Heidekraut bewachsen. Plötzlich halten wir. Rechts liegen zwei Personen, ein Mann und eine Frau. Ich begreife, dass die beiden sich nur schwer trennen können und erlebe den endgültigen Abschied von zwei Menschen. Die Frau steigt traurig zu uns herauf. Der Mann könnte ein Pole sein. Es ist nicht anzunehmen, dass er einer der beiden deutschen Soldaten ist, die sich lange im Wald vor Russen und später vor Polen versteckten. In Krien steigen weitere Personen zu.

Die Reise geht flott weiter. Wir müssen uns festhalten. Es geht durch Kurven und auf und ab. Der Fahrer hat scheinbar Spaß daran, uns so richtig durchzuschütteln! Sand staubt in Wolken davon, wenn wir hindurch schlenkern. Ein Instinkt für Gefahr weckt meine Furcht. Aber hier auf dem Anhänger hat niemand Einfluss auf die rasante Fahrt. Nur der Fahrer da vorn könnte die Geschwindigkeit reduzieren. Gott sei Dank, es passiert uns nichts. Ich bin erleichtert, als wir eine gute Straße erreichen. Stolp ist das Ziel.
Auf einem Kasernenhof klettern wir vom Anhänger. Oma ist mit ihrem monströsen Rucksack weit zu sehen. Über dem üblichen Allerlei hat sie das Oberbett eingepackt. Ich erlebe Menschengedränge auf einem riesigen Platz. Wir landen in einem Raum, den wir mit anderen teilen, ein Schock. Gestern noch hatte ich einen ganzen Wald für mich allein, wenn ich nur wollte. Ich fühle mich beengt und bin ängstlich. Ingrid scheint es nicht besser zu gehen. Oma fehlt. Endlich taucht sie auf und erlaubt uns einen Blick in die an den Körper gehaltene Schürze. Brötchen, Butter und Schnaps hat sie für eine kostbare Silbermünze erhalten. Omas Notgroschen erlaubt uns ein Festessen! Wir feiern Abschied mit Brötchen und Schnaps!

Während einiger Tage Aufenthalt zieht es Ingrid und mich hinaus auf den Hof. Wir haben Schwierigkeiten, uns zu orientieren. Mehrere Eingänge sehen gleich aus. Mama hält draußen die Ohren auf. Jede Information könnte nützlich sein. Oma sitzt in der Unterkunft und hütet unsere Habe. Die paar Sachen wollen wir gern behalten. Am Leib verbergen wir zusätzliche Kostbarkeiten. In doppelt genähten Stoffgürteln sind Sparbücher, Geld und Urkunden versteckt. Die Dokumente haben sich schon beim Ausreiseantrag bewährt. Es wurde geprüft, ob der Familienname einen Hinweis auf polnischen Ursprung enthält. Das hätte uns die Ausreise verwehrt. Es gibt irgendwann klebriges Brot, das ich gern esse, ein Lichtblick in dieser Enge.

Wir sollen mit der Eisenbahn fahren. Oma ist mit ihrem Riesensack wieder unsere Orientierung. Nach Gedränge gehen wir unter strenger Aufsicht langsam im Gänsemarsch an Tischreihen vorbei. Alles muss aus den Kleidertaschen auf den Tisch. Einige müssen auch das Gepäck öffnen. Wertvolles bleibt in Polen! Mein Taschenmesser versteckt sich in der Faust! Endlich befinden wir uns in einem Waggon ohne jeden Einbau, keine Sitzbank, kein Tisch, kein Bett. Dies ist ein Viehwagen, erfahren wir. Nachdem die Schiebetür geschlossen wird, vermisse ich das Hinausschauen. Jemand will die Türe einen Spalt zu öffnen. Sie ist verriegelt! Mama hat einen Platz an der Rückwand ergattert. Sie erkannte, dass das Loch mitten im Boden eine bestimmte Bedeutung hat und auf Abstand geachtet. Und dann ruckelt es los. Wir sind unterwegs, nicht komfortabel, aber es geht nach Westen. Irgendwo dort ist Papa. Dass wir uns immer weiter von der Heimat entfernen, kommt mir nicht in den Sinn. Mein Kinderkopf hat sich dem Schicksal ergeben. Auch wir Kleinen wissen schon, was Hoffnung und Zuversicht bedeuten. Das erleichtert das Ertragen momentaner Umstände.

Wir sind dem Bewachungspersonal anvertraut und ausgeliefert. Es kommt auf die wechselnden Personen an. Die Türe wird manchmal beim Halt des langen Zuges geöffnet. Wachleute lassen uns heraus oder nicht. Es gibt Wasser oder nicht. Wenn wir ausgestiegen sind, ist später das Hinaufklettern nicht nur für uns Kinder schwierig.

Ich beobachte, wie Mama die Lokomotive hinaufklettert und von der Wasserübernahme etwas in unseren Eimer abfüllt. Was Frauen an Möglichkeiten erkennen und mit List oder Dreistigkeit erreichen können, sehe ich auch hier.
Wir werden von der polnischen Bevölkerung nicht geliebt. Wir sind uns keiner Schuld bewusst. Aber irgendwie gehört das zum Krieg und der Zeit danach.
Als wir aus einem großen Fass Salzheringe bekommen und kein Wasser, haben alle das Gefühl von absichtlicher Quälerei. Wir leiden Durst und können froh sein, dass die Heringsspender unseren Groll nicht hören.

Es wird wärmer. Mama findet meine kurze Hose im Gepäck. Ich sehe damit scheinbar frisch aus. Frauen sagen mir, dass ich schön angezogen sei und ein hübscher Junge bin. Das ist neu für mich. Komplimente gab es nie. Selbstverständlich machten Ingrid und ich immer alles richtig. Das war normal. Nur selten gab es bei Ungehorsam oder Dummheit Schimpfe oder einen *Motzkop* (Klaps). Gar nichts machen und gelobt werden, passt nicht zum gewohnten Muster. Ingrid und ich stehen auf Gepäck und schauen aus der Luke. Blühende Obstbäume begleiten unseren Zug. Der Mai zeigt sich hier besonders schön. Da draußen ist die Freiheit!

Wir sind doppelt eingeschlossen. Seit einem Überfall bei Stillstand des Zuges binden Frauen die Türe auch innen mit Draht zu.
Wie viele Tage wir im Waggon sitzen, weiß ich nicht mehr. Es waren zu viele. Zwischendurch ging es auch wieder zurück. Einmal waren wir an Berlin herangekommen. Das war nicht unser Ziel.

Aber alles hat ein Ende. Auch diese Bahnfahrt. Alle aussteigen und das Gepäck mitnehmen! Oma kann ihren Riesensack mit Mamas Hilfe auf den Rücken heben und schon geht es zum Eingang des Auffanglagers Parchim, wie wir erfahren.

Wir werden bald in Gruppen aufgeteilt und kommen dann an die Reihe zur Reinigungs- und Entlausungszeremonie. Das Gepäck wird uns abgenommen. Bekommen wir es wieder? Ja, das wird nur aufbewahrt. Alle Aufseher, Männer und Frauen sprechen Deutsch. Wir sind in Deutschland. Unser Misstrauen schwindet. Ausziehen, ganz ausziehen! Was ist denn das? Das gehört sich für Erwachsene nicht. Doch, ganz ausziehen und die Kleider auf den Ständer hängen. Jeder folgt gehorsam. Da stehen wir nun nackt. Für mich sehen die Frauen alle gleich aus. Unsere Kleider werden mit dem fahrbaren Gerüst fortgeschoben. Wir müssen weiter und haben überhaupt nichts mehr! Jetzt stehen wir auf einem Lattenrost, während es von oben regnet. Ein Stück Kernseife macht die Runde. Bevor ich dran bin, fällt einer Frau die Seife aus der Hand, Oma oder Mama? Es ist schwierig, das glitschige Ding zwischen den Latten herauszufischen. Auch beim Bücken sehen alle Frauen gleich aus. Ich fühle mich beinahe wie ein Waisenkind. Wer ist Mama, wer ist Oma?

Die nächste Erinnerung sind die heißen Kleider. Wir stehen an dem Gestell und finden tatsächlich unsere Sachen. Die Wärme der Unterwäsche tut gut. Weiter geht es und wieder anstellen. Vor uns taucht eine weiße Welt auf. Hat es hier geschneit? Pfft, pfft, pfft, höre ich. Das Geräusch kommt aus einer riesigen Holzpumpe. Ein Mann hält sie hoch, steckt das Ende hinten und auch vorne in den Kragen und pfft, pfft wird weißes Pulver hineingeblasen. Dann hoch den Arm und da auch hinein. Der andere Arm kommt auch noch dran. Ich bin so üppig versorgt, dass es aus den Hosenbeinen rieselt.
Wir bekommen unsere Bündel zurück. Mama meint, wir wären jetzt entlaust, vielleicht auch belaust? In einer Baracke werden uns Betten zugewiesen. Mama stellt fest, dass keine Belausung stattgefunden hat. Auch die versteckten Dokumente sind noch vollzählig.
Es gibt Maisbrot. Ich mag es nicht, muss es aber essen. Es schmeckt niemandem. Geschmack kann man nicht abstellen. Man kann sich Augen und Ohren zuhalten, aber Geschmack muss ertragen werden. Mama hat die Aufgabe Butter, vielleicht ist es Margarine, in so viele Würfel zu teilen wie Leute hier sind. Sie bekommt das hin, ohne dass sich jemand beschwert. Mittags gibt es Suppe, eine große Kelle in die Schüssel, die jeder mit Löffel erhielt. Ich lerne diszipliniertes Anstehen.

Die Tage sind alle gleich. Ich gehe gern hinaus, nachdem ich mich sorgfältig orientiert habe. Auch das muss ich lernen. Alle Baracken sehen gleich aus. Während eines Ausfluges mit Ingrid hören wir, dass Männer angekommen sind. Wir gehen in Richtung Tor. Auf der anderen Seite des hohen Drahtzaunes stehen zwei Männer. Sie schauen sich die vielen Menschen an, als ob sie jemanden suchen. „Papa, Papa!" Tatsächlich, es ist Papa! Welche Überraschung! Ingrid und ich jubeln so laut, dass es alle mitbekommen. Es spricht sich wie ein Lauffeuer herum, bis zu Mama. Das Wiedersehen ist mehr als Weihnachten mit einem Haufen von Geschenken!

Papa wird ins Lager gelassen und darf bis zum Abend bleiben. Er hat auch etwas zum Essen mitgebracht. Die Wurst schmeckt. Wir sitzen draußen auf einer Decke. Wie kann man erklären, dass Papa das Lager nach Vorschrift verlässt und nachts wieder da ist? Ganz einfach: Wir wissen, wo der Zaun kaputt ist!

Nachdem die vorgeschriebene zweiwöchige Quarantäne geschafft ist, bekommt Mama den „Umsiedler-Pass“. Unter: „Nach Untersuchung Reiseziel“ steht: „Auf eigenen Wunsch nach Bremholm, Kreis Flensburg“. Das schöne Papier mit zwei Stempeln und Signatur wird benötigt. Aber auch eine Einreisebewilligung für Kreis Flensburg. Papa hatte darum ersucht, erhielt aber nur eine mündliche Zusage. Dass das ein Problem werden könnte, wusste niemand. Papa verhandelt im Lagerbüro mehrmals vergeblich und erkennt, dass jetzt die Zigaretten gebraucht werden, die er für alle Fälle dabeihat. Dank gemeinsam gerauchter West-Zigaretten kommt eine Annäherung zustande. Nachdem der Beamte aus dieser Quelle beschenkt wurde, klappt es mit der Bahnkarte Richtung Lübeck für alle.
Der Zug bringt uns in die richtige Richtung. Unsere Reise endet weit vor der Grenze zum „Goldenen Westen“ auf einen kleinen Bahnhof irgendwo in Ostholstein. Wir sind von Polen nach Ostdeutschland ausgewiesen worden. Wir sollen im russischen Sektor bleiben. Sind wir wieder auf der Flucht? Nein, wir büxen aus!
Wir wandern nachts ein Bahngleis entlang. Die Schwellenabstände passen nicht zu meinen Beinen. Jeder geht für sich mit seinem *Pungel.* Oma hat es nicht mehr so schwer. Papa hat ihr den größten Teil abgenommen. Wir wandern immer weiter und werden müde, legen uns hin und ruhen aus. Das erste Tageslicht kommt. Ich höre einen Ruf krächzend hell aus dem Wald herüberschallen. „Ist das ein Vogel?“, frage ich. Oma antwortet: „Das ist der Sommer.“ Bevor ich einschlafe, höre ich den Sommer wieder.
Heute weiß ich, dass es ein Fasanenhahn war. War das der Ruf des Sommers in Ostpreußen oder im russischen Wolhynien, wo Oma und Papa auf dem Familienhof das Licht der Welt erblickten? Jetzt, wo ich dies aus der Erinnerung aufschreibe, kann ich Oma und Papa nicht mehr fragen.

Wir wandern weiter den Bahndamm entlang und befinden uns im Wald. Aber dann kommen wir in einen Ort. Plötzlich heißt es: Grenzkontrolle. Dumm gelaufen, Papa war sicher, dass wir schon im Westen sind. Ein Schlagbaum sperrt die Straße neben dem Gleis. Wir dürfen nicht weiter. Papa geht in das Häuschen. Es dauert nicht besonders lange, bis er wieder bei uns ist. Mama hat uns inzwischen auf Traurigkeit eingestimmt. Ingrid und ich heulen auf Befehl erstaunlich perfekt wie im Theater. Wir sollen Mitleid erregen.
Da drinnen war es nicht ganz harmonisch. Papa hat irgendwo einen Schmerz. Da ist einem die Hand oder die Faust ausgerutscht. Papa ist im Westen gemeldet. Er entführt seine Familie, die für den Osten bestimmt ist! Da kann man schon mal böse werden!
Man hält uns nicht auf, als wir am Schlagbaum vorbeigehen. Niemandsland nennt man die etwa einhundert Meter, die wir jetzt eine sehr hohe Hecke entlang gehen. Ein Wehrmachtsauto taucht auf, ein ganz großes. Soldaten begrüßen uns freundlich. Verstehen können wir nichts. „Das sind englische Soldaten“, sagt Papa. Man hilft uns, hinten hoch einzusteigen und reicht die Bündel hinterher. Ach, ist das schön! Nicht mehr laufen müssen. In einem großen Auto fahren und auch nette Soldaten! Sie sind so freundlich wie die deutschen Soldaten in Ostpreußen vor dem Kriegsdonner!

Auch beim Hinuntersteigen ist man behilflich und führt uns in der Kaserne die Treppe hinauf. Die Soldaten verlassen uns. Wir wollen hinterherschauen. Was ist das? Ein Schrank wird draußen vor unsere Tür geschoben. Wir sind eingesperrt.
Sind wir gefangen? Es dauert nicht lange bis sich Schritte nähern. Das bekannte Geräusch des Schrankschiebens lässt uns bibbern und gleichzeitig hoffen. Die Tür öffnet sich, ein Soldat kommt herein und stellt einen Teller voller Kuchen auf den Tisch. Er lacht und geht. Dann folgen wieder das Schrankgeräusch und Schritte, die sich entfernen. Der Kuchen ist wunderbar. Der Teller wird schnell leer. Ich bin satt und möchte noch mehr essen. Papa kommt auf den Gedanken, dass wir versteckt werden. Der Beamte im Osten durfte uns eigentlich nicht durchlassen. Wir sind unerlaubt über die Grenze gelaufen. Vielleicht kommen die Russen und suchen uns. Es könnte auch sein, dass die überkorrekten Engländer unser Ausbüxen verhindern. Sie können nicht wissen, was in unseren Köpfen vorgeht.

Nach wenigen Stunden werden wir erlöst. Man bringt uns in ein Lager. Halbrunde Wellblechbaracken stehen im Dutzend parallel. Natürlich sehen alle gleich aus. Wir bekommen Betten zugewiesen. Matratzen fehlen noch. Zum ersten Abholen der Suppe muss Ingrid auf unsere *Pungels* aufpassen und allein warten.
Bald sind die Matratzen da. Lagerroutine kennen wir ja schon. Zweimal am Tag gibt es Suppe. Jeder steht in der Warteschlange mit einer Blechschüssel. Ein großer Schöpflöffel wird für alle gleich bis zum Rand gefüllt. Mit der schweren und heißen Schüssel balanciere ich in unsere Wellblech-Baracke und verzehre die kräftige Suppe. Sie ist viel besser als im vorigen Lager. Das ist eigentlich ganz klar, denn wir sind jetzt in Westen, im Lübecker Lager Pöppendorf im Waldhusener Forst.
Unser „Umsiedler-Pass“ ist gleichzeitig eine Quarantäne-Bescheinigung. Die ist jetzt nützlich. Sie erspart uns die Wiederholung einer solchen Prozedur.
Bald geht es weiter nach Kiel. Wir sind im Hafen und auch wieder in solchen Baracken. Schon am zweiten Tag soll es losgehen. Ich bin trotzdem unterwegs, bleibe in der Nähe und schaue mir das Wasser an. Tief unter mir liegt seine Oberfläche. Ich staune über große Schiffe und gehe zurück. Die langen Reihen der Baracken verunsichern mich. In welche Gasse muss ich jetzt gehen? Ein mulmiges Gefühl kommt auf. Schreien sollte ein Junge mit acht Jahren nicht. Ich schaue in einen Eingang, erkenne nichts und gehe zum nächsten. Und dann kommt Papa! Es geht los. *Pungel* auf den Rücken und ab zum Bahnhof.
Wir haben richtige Sitzplätze und können aus den Fenstern sehen. Der Zug hält mehrmals. Und dann steigen wir aus. Wir sind in Sörup. Papas Bauer holt uns ab. Eine Fuchsstute zieht den Milchwagen. Vorn befindet sich über die Breite des Wagens eine Sitzbank, dahinter die Ladefläche, auf der mehrere Hocker stehen. Es ist schön einladend! Wir sitzen bei herrlichem Sonnenschein bequem und fahren aus dem Ort in die schöne grüne Landschaft. Es geht bergab, bergauf und wieder bergab. Einzelne Gehöfte liegen an beiden Seiten. Sie sehen ordentlich aus mit besonders schönen Wohnhäusern. Eins liegt nah an der Straße. Hinter einer akkurat geschnittenen Hecke steht es in einem gepflegten Garten mit Rasen, Bäumen, Büschen und Spazierwegen. Genau hier biegt unser Wagen unverhofft nach rechts. „Prrr, Fiede, prr!“ Wir halten jetzt im Hof hinter diesem Haus und werden von der Bäuerin und einem alten Herrn empfangen und freundlich begrüßt. Es ist wie im Märchen!

Kapitel 5

Bremholm im Kreis Flensburg

1947 - 1949

Wir sind in Bremholm auf dem Hof von Familie Rasch angekommen. Die Bäuerin führt uns ins Haus. Genauer gesagt, durch einen Anbau mit Pumpe zu einem Eingang auf der anderen Seite. Hier befindet sich eine Küche mit Herd, Eckbank, Tisch, Hocker und einem Bett. Das wird unsere Wohnstube. Dann geht es in einen engen Flur. Ich rieche Leder und erkenne bei schwachem Licht Zaumzeug und Reitgeschirr. Eine Treppe führt hinauf zu einem großen Dachboden. Wir erreichen ein Zimmer mit zwei Betten, dazwischen ein Tischchen mit Schublade. Es ist unser Schlafzimmer und liegt am Giebel mit einem Fenster zum Garten.

Dann geht es die Treppe hinunter durch den wunderbaren Ledergeruch zur Küche der Familie. Der alte Herr ist schon da. Bald sitzen wir alle am großen Tisch. Es gibt Brot, Butter, Wurst und Marmelade. So dünne Brotscheiben habe ich noch nie gesehen. Ist das Brot knapp? Nein, das kann nicht sein, denn es sind sehr viele Scheiben im Korb. Auch Weißbrot ist da, doppelt so dick geschnitten. Die Eier sind schon geschält und halbiert. Alles ist appetitlich auf Tellern sortiert. Ingrid und ich bekommen Milch hingestellt. Die Erwachsenen trinken Kaffee. Ein köstlicher Empfang!
Meine Augen wandern immer wieder über den üppig gedeckten Tisch. Die Ankündigung von Roter Grütze steigert meinen Appetit, obwohl ich nicht weiß, was es ist. Ich möchte nichts falsch machen. Das ist nicht einfach. Die glitschige rote Masse rutscht vom Löffel und platscht in die Milch. Mein Defizit beim Genuss dieser kulinarischen Köstlichkeit ist offensichtlich. Es hat weniger mit Geschmack zu tun. Dass ich so plötzlich und ungeübt unter feine Leute komme und in dieser Disziplin herausgefordert werde, muss ich durchstehen. Ich höre guten Rat. Man soll mit dem Löffel von der großen Masse etwas abtrennen, dann gelingt es. Na ja, manches Mal! Dann werde ich gefragt, welche Wurst es sein darf. Jetzt wird der Zeigefinger gebraucht. Ich kenne die Namen der Wurstsorten nicht. Zwei Lagen liegen auf dem Schwarzbrot, als es mir gereicht wird. Die dünnen Brotscheiben haben wohl nur die Aufgabe, dass man die Wurst nicht an die Finger bekommt. So viel Wurst und so wenig Brot, wie im Märchen!

Dieser Empfang ist ein großartiges Fest! Wir sind auf einmal alle Sorgen los. Auch Papa ist wieder da. Ich habe eine neue Umgebung für ein neues Leben! Jetzt ist alles besser, nein nicht nur besser. Es ist wunderschön!

Es gibt viel zu entdecken. Das fängt bei Tante Meier an. In der Tür ist ein Loch in Herzform, wie ich es vom Forsthaus kenne. Drinnen ist eine Sitzbank mit einem großen und einem kleineren Loch. Beide haben einen passenden Deckel. Zeitungspapier kann man von einem Nagel abreißen.

In der Waschküche steht eine Pumpe. Den Schwengel kann ich gut erreichen. Unter dem Auslaufrohr ist ein Bodenabfluss. Hier kann ich schnell die Hände waschen. Nebenan ist ein weiterer Raum. Wie ein oben offener Keller sieht er aus. Hier stehen volle Milchkannen im Wasser. So bleibt die Milch kühl und frisch bis zur Ablieferung am Morgen.

Der Dachboden ist eine geheimnisvolle Welt. Fächer für Getreidesaat sind angelegt. Seitlich unter der Dachschräge liegen allerlei Gegenstände auf dicken Balken Da sind Küchen-Geräte, die man nicht mehr braucht, Werkzeuge und dicke Bücher. Ein Spinnrad steht in der Ecke. Es sieht genauso aus wie Omas in Falkenau. Das Schieferdach ist schön glatt und dicht. Es sieht hier drinnen so gut aus wie draußen. Die gleichmäßigen Tafeln sind akkurat angeordnet. Mehrmals schaue ich es an und wundere mich über die Anfertigung. Wie kann man es schaffen, dass alle Tafeln gleich dick sind?

Ingrid und ich dürfen überall hin. Auch in die Ställe. Kuh- und Schweinestall bilden einen großen gemeinsamen Raum. Den Geruch kenne ich von zu Hause. Die Kühe haben ihren Stand in langer Reihe nebeneinander und sind angekettet. Vor sich haben sie eine Saufschale, die sich automatisch nachfüllt. Ihre Namen und weitere Angaben stehen auf einer Tafel über dem Stand. Tagsüber sind die Kühe auf der Weide. Am Abend kommen sie freiwillig in den Stall. Man muss sie nur rufen und das Gatter öffnen. Jedes Tier nimmt seinen Platz ein. Die Schweine haben Boxen auf der anderen Seite des Mittelganges. Sie können tagsüber hinaus, wo sie Auslauf und eine lange Kuhle zum Suhlen haben. Wenn ich ihnen zuschaue, wie sie sich in den Morast einkuscheln, spüre ich ihr sauwohles Wohlbefinden. Auch Schwalben wohnen hier. Sie haben ihre Nester unter der Decke an die Mauer geklebt. Durch ein offenes Fenster können sie zu jeder Zeit ein- und ausfliegen.
Im Pferdestall haben Fiede, eine Fuchsstute, und der schwarze schlanke Hans ihre Boxen. Hier verweile ich gern. Besonders wenn Papa die Pferde striegelt und füttert. Ich darf glattes Stroh in die Häckselmaschine einlegen und am großen Kurbelrad drehen. Das Stroh wird hineingezogen und vom umlaufenden Messer in Stückchen geschnitten. Diese fressen die Pferde mit Hafer oder Mais vermischt. Aus einer Raufe über dem Futtertrog können sie Heu zupfen. In einem Nebenraum befindet sich eine Werkstatt, wo man Holz bearbeiten und Zaumzeug ausbessern kann.

Der Gemüsegarten ist für mich selbstbefohlen uninteressant. Natürlich wird hier nicht heimlich geerntet. Aber die Trauerweide zwischen Garten und Straße verführt mich zum Klettern und Schaukeln an langen Zweigen.
Auch in den Ziergarten vor dem Haus dürfen Ingrid und ich. Wir wissen bald, dass es eine Mittagstunde gibt, wo man still ist, weil einige schlafen. Wir sind schon richtig zu Hause, wissen uns einzuordnen und gehören dazu.

Auf dem Nachbarhof ist es interessant und spannend. Bei Rasmussen wird ein Haus gebaut. Das Besondere sind Bausteine aus Lehm und Stroh. Das Stroh wird mit Lehm vermischt und dann in Formkästen gedrückt. Mit einer darüber gezogenen Latte entsteht an der offenen Kastenseite eine glatte Fläche. Die Masse ist so zäh, dass nach dem Umstürzen und Abheben der Form ein präziser Quader zum Trocknen bereitliegt. Viele Steine entstehen auf diese Weise. Emsig sind etliche Leute beschäftigt. Herr Arndt ist vom Fach. Er kann wegen einer Beinverletzung nicht mit anpacken, ist aber der wichtigste Mann bei der Steinproduktion und dem Bau der Wände.

Eine Handweberei soll entstehen. Einige Webstühle befinden sich schon lange auf dem Hof. Bald werden noch mehr hinzukommen. Dann soll nur im Neubau gewebt werden. Das Weben selbst erscheint mir zunächst monoton. Aber das ist es nicht. Die Weberin muss achtgeben, dass das Muster akkurat entsteht. Ein Reetdach ist vorgesehen. Das wird aber noch dauern.

Ein Thema will mir nicht gefallen. Ich soll zur Schule gehen. Einige Wochen muss ich noch warten, sagt man. Jetzt haben die Schüler Ferien. Der erste Schatten hat mich erreicht!
Es gibt etwas sehr Schönes zu diesem bedrohlichen Thema. Papa geht mit mir zum Sattler. Ich bekomme einen Schulranzen. Ein fuchsfarbiges Pferdefell deckt ihn oben zu und bildet auch die komplette Vorderseite. Ein Prachtexemplar mit schönen schwarzen Gurten und blanken Schnallen. Eine Trennwand bildet innen ein Fach für die Schiefertafel, die man nicht kaufen kann. Papa hobelt feine Leisten, schneidet Nuten hinein und fertigt einen Rahmen passend zu einer Tafel aus dem Reservestapel für das Schieferdach des Wohnhauses. Für die Tafel wird sehr viel Zeit gebraucht. Sie muss ringsum spitz geschliffen werden, damit sie in die Nut passt. Es wird immer wieder geschmirgelt, erst grob und dann fein. Auf einer Seite ritzt Papa Linien zum Schreiben hinein. Vier Ritzen für eine Zeile! Ich ahne, dass etwas Kniffeliges auf mich zukommt. Auf der anderen Seite entstehen viele Kästchen zum Rechnen, sagt Papa.
Es gibt viel Neues, das die Tage zu kurz erscheinen lässt. Ich habe den Wald entdeckt mit Schlucht, Bach und einem aufgestauten Teich. Es ist ein Buchenwald, etwa so schön wie der Birkenwald in der Nähe des Forsthauses, nicht dunkel wie Tannen. Hier bin ich sehr gern. Auch über Wiesen gehe ich und schaue den Kühen zu, wie sie ihre Zungen um den tiefen blühenden Klee schlingen und genüsslich fressen. Damit sie sich nicht übernehmen, verwendet man *Tüdderketten*, die nur einen begrenzten Radius zum Fressen erlauben.
Auch hier ist Barfußlaufen der Kinder üblich. Im Vergleich mit Falkenau hat es schon mal hartnäckige Folgen. Beim Herumlaufen auf der Asphaltstraße hole ich mir schwarze Fußsohlen.

Die Heuernte ist der Beginn der Erntezeit. Kinder werden nicht gebraucht. Aber ich bin gerne zeitweise dabei. Ein Mann fährt mit der Mähmaschine und einem Pferd die Wiese Bahn für Bahn ab. Das spätere Harken mit der entsprechenden breiten Maschine geschieht, auch mithilfe eines Pferdes, nach dem Trocknen. Die Zinkenreihe wird alle Dutzend Meter mit Hebel angehoben. So entstehen lange Reihen aus trockenem Heu. Die werden zu vielen kleinen Haufen mit der Hand zusammen geharkt. Wenn alles ganz trocken ist, wird es aufgeladen und in die Scheune gebracht. Und dann können wir wunderbar darin toben! Und was mir noch dazu einfällt: Das Heu hat immer einen guten Duft. Das beginnt schon beim Schneiden des frischen Grases. Der Duft ändert sich mit dem Trocknen. Auch die gemähte Wiese hat ihr eigenes Aroma, das von vielen Wildblumen mitbestimmt wird. Landwirtschaft hat der Nase viel zu bieten!

Im Hinterkopf taucht die Schule immer häufiger auf. Das Ende der Ferien rückt näher. Wir lernen andere Kinder kennen, auch Rosemarie. Ingrid weiß, wo und wann sie in der Schule sein soll. Ich habe eine andere Zeit in einer anderen Klasse. Es passt zu Rosemaries Stundenplan. Wir verabreden uns. Sie wohnt nur schräg über die Straße und muss an uns vorbeigehen. Ich kenne schon den Wecker und warte

früher als abgemacht. Ich warte geduldig, dann ungeduldig und gehe zu ihren Eltern. „Rosemarie ist schon lange weg“, höre ich.
Hat sie gespürt, dass ich sie schon seit Tagen für eine Ziege halte? Trotz meines Ärgers fehlt sie mir. Ich fühle mich so ein bisschen wie im Krieg ohne Mama. Ich kenne den Weg und laufe los. Rosemarie hole ich nicht ein. An der Schule sind viele Kinder. Ingrid finde ich leider nicht. Es klingelt. Das macht ein großer Junge mit einer Glocke, die er mit beiden Händen schüttelt. Es bilden sich geordnete Gruppen, schön sortiert nach Größe. Da stehe ich und weiß nicht weiter. Ich bin in einer fremden Welt. Jetzt wäre ich lieber im Wald!
So ein abseitsstehendes verstörtes Würstchen fällt auf. Eine Lehrerin kommt und weiß auch, wer ich eigentlich sein muss. Ja, ich bin Heinz. Jetzt stehe ich bei Gleichaltrigen und bin nach einem geordneten Marsch weit ab der Schule im Konfirmandenraum des Pastorats.
Wir haben Rechnen. Fräulein Tod stellt Aufgaben und fragt diejenigen, die sich melden. Irgendwann fragt sie mich nach einem Ergebnis, obwohl ich mich nicht gemeldet habe. Ich habe die ganze Zeit zugehört, aber nichts begriffen. Ich weiß nichts Richtiges, auch nichts Falsches. Ich weiß wirklich gar nichts! „In welcher Klasse warst du?“ Ich kann auch mit dieser Frage nichts anfangen. Es folgen noch mehr Fragen. Nichts kommt aus mir heraus. Husch, und schon bin ich draußen. Die Rufe hinter mir machen meine Beine nur schneller. Wie im Traum renne ich nach Hause. Papa ist da. Ich berichte nicht sehr geschickt über meine Misere. Wumms! Papa haut mir eine Ohrfeige rein. Es tut richtig weh. Wir sind nicht mehr in Falkenau, wo es nur einen sanften *Motzkopp* gab. Das Leben ist hier rauer! Strategisch völlig daneben, sage ich trotzig: „Jetzt gehe ich zu Fräulein Tod!“ „Da gehörst du auch hin!“ Also renne ich wieder zur Schule und komme dort verzweifelt an. Hier verliert sich meine Erinnerung.
Am nächsten Tag werde ich in die erste Klasse gesetzt und bin auf diese Weise zwei Jahre zu spät. Meine Mitschüler hatten schon seit April Unterricht und können etwas lesen und schreiben. Das Aufholen schaffe ich stolpernd. Man kann auch noch mit acht Jahren ABC und 1 X 1 lernen. Besser jetzt als gar nicht!

Ingrid geht wie in Falkenau in die dritte Klasse und hat kein Problem. Auch sie hinkt zwei Jahre hinterher.

Ich gewöhne mich an die Schule und fange an, sie zu mögen. Da sind Jungs, mit denen ich gern in der Pause tobe und Spaß habe. Es ist auch spannend, weil wir in verschiedenen Häusern und Räumen Unterricht haben. Es gibt das alte Schulgebäude mit dem Lehrmittelzimmer. Wenn man dort hineindarf, erschreckt einen der Klapper-Heinrich, ein Skelett. Dann sind da noch andere Sachen wie Landkarten und Bildtafeln. Im Konfirmandensaal sind wir innerhalb des Pastorats-Gebäudes untergebracht. Hier gibt es nur einen Klassenraum. Auch in einer kleinen Kapelle haben wir ab und an Unterricht. Die Ursache für diese Provisorien sind die vielen Flüchtlingskinder.
Jedes zweite Kind ist Flüchtling. Alle wissen welche Kinder es sind. Ich empfinde es als Makel. Das liegt aber an mir, besser gesagt in mir. Auch als Kind darf man begreifen, was Schicksal ist. Schon in Pommern musste ich lernen, dass es privilegierte Menschen gibt. Das waren die neuen polnischen Familien, die das ehemalige Deutschland zu ihrer Heimat machten. Es gab dort freundliche und andere Leute. Es hat gedauert, bis ich begriff, dass ich hier ein anderer Flüchtling bin als in Pommern. Hier bin ich unter Deutschen, die zusammenrückten und uns aufgenommen haben.

Wir Schüler sind eine muntere Horde. Kameradschaften sind wichtiger als Zensuren. Ich finde Freunde und fühle mich wohl.
Papa hat erklärt, dass es nicht selbstverständlich ist, dass man uns unterstützt. Wir haben alles verloren und müssen für jede Hilfe dankbar sein. Er sprach von Heimatrecht, das nur die haben, die in ihrer Heimat leben. Auch dass man ihnen nichts streitig machen darf. Dass Papa schon selbst als Flüchtling aufwuchs, erklärt seine hilfreiche Leitlinie. Als er 1918 mit seiner Mutter und zwei Brüdern aus Wolhynien nach Ostpreußen kam, war er fünf, ein Jahr jünger als ich bei Beginn der Flucht. Seine Erklärung ist in meinem Kopf deutlich angekommen. Es hatte einmal zur Folge, dass ich bei einem Sportwettkampf absichtlich langsamer wurde, um nicht zu gewinnen. Diese Gelegenheit wiederholte sich nicht. Danach war immer ein anderer schneller. Ob Papa das so gemeint hat?

Papa bringt einen Holzlöffel in die Küche. Der schöpft so viel wie eine Tasse. Ich kann kaum glauben, dass er ihn angefertigt hat. Das macht mich neugierig auf seine Kunst. In der Werkstatt im Pferdestall ist eine Schnitzbank mit Klemmvorrichtung. Zwischen Holzbacken kann ein Teil, das bearbeitet werden soll, durch Druck eines Fußes fixiert werden. Was Papa jetzt vorhat, soll ich raten. Nein, das kann ich nicht. Ein kurzes Brett ist an einem Ende abgerundet. Dann liegt das Teil auf dem Boden. Ich soll meinen nackten Fuß daraufstellen. Mit einem Bleistift zieht Papa eine Linie herum. Eine dicke Schuhsohle entsteht. Sie wird an zwei Stellen quer durchgesägt. Dann werden die Teile mit einem aufgenagelten Leder verbunden. Aus Lederstreifen entstehen Schlaufen, vorn zum Hineinschlüpfen und eine schräge hinten für die Hacke. Noch am selben Abend sind beide Sandalen fertig. Wir nennen sie Klappern. In den Herbstferien kann ich mich daran gewöhnen.
Bald darauf erhalte ich auch noch *„Schlorre“* (geschlossene Schuhe mit fester Holzsohle, Ober- und Hackenleder nicht zum Schnüren, sondern zum schnellen Hineinschlüpfen). Die taugen für jedes Wetter, auch für Feld und Wald.

Der Winter ist da, ohne Schnee, aber mit Eis. Gegenüber dem Hof befindet sich auf der anderen Straßenseite eine Koppel, eine Feuchtwiese. Sie ist abschüssig und jetzt mit einer Eisschicht überzogen. Kinder kommen mit Schlittschuhen. Einige können schon gut laufen, andere üben noch. Ich habe keine Schlittschuhe, nehme Anlauf und schliddere ein Stück auf den Holzsohlen meiner *Schlorren.*
Hans Bruno bringt mir Schlittschuhe zum Unterschnallen, eine sehr freundliche Geste von Familie Carstensen aus Quegmai. Die sehen schick aus mit eleganten Kufen, die vorn halbkreisförmig hochgezogen sind. Sie sitzen fest an meinen Sohlen. Aber ich habe keinen Halt, weil die *Schlorren* nur bis unter die Knöchel reichen und locker sitzen. Ich balanciere vorsichtig und knicke immer wieder um.
Papa meint, es helfen auch nicht drei Paar Strümpfe. Hohe Schnürschuhe habe ich nicht. Aber Papa hat eine ostpreußische Lösung für schnelles Vorankommen auf großen Seen. Unter meine Schlorren kommen jeweils zwei Drähte im Abstand von etwa fünf Zentimetern. Dazu baut er eine Pike, eine zwei Meter lange Stange mit einem Nagel als Eispickel. *Heidewitzka*, wie das geht! Schnelligkeit ist leicht zu schaffen. Das Bremsen mit der Pike zwischen den Beinen und ratschendem Nagel klappt auch bald. Ich kann Hans Bruno die Schlittschuhe zurückgeben. Wir sind alle zufrieden und haben Spaß auf dem Eis der Quegmai-Koppel.

Auf dem Solberg am Wald, wo im Sommer Kälber mit pendelnden Knüppeln an Halsketten sich selbst überlassen sind, treffen wir Kinder uns nach Schneefall. Bald ist der Schnee festgetreten und erlaubt das Herunterrodeln. Die Schlitten werden immer schneller, je öfter wir sie hinaufziehen und dann hinuntersausen. Unten befindet sich ein *Heckloch* im Knick. Das Gatter ist offen. Ich schaue ängstlich auf den Stacheldrahtzaun neben der Durchfahrt und achte auf exakten Kurs. Dass ich keinen eigenen Schlitten habe, ist kein Problem. Ich darf mitfahren und helfe beim Hinaufziehen.

Auf dem Schulgelände entsteht eine Rutschbahn. Ein Hügel, gekrönt von einer stattlichen Kiefer, bietet sich an. Viele Kinder stapfen immer wieder hinauf und rutschen auf ihren Tornistern hinunter. Bald ist eine glatte Bahn entstanden. Es wird immer schwieriger hinaufzugelangen, denn auch die seitlichen Flächen treten sich fest und werden ebenfalls glatt. Hinaufklettern und runterrutschen wird von Rufen und Kreischen begleitet.

Vor Weihnachten holen Papa und ich ein kleines Tannenbäumchen aus dem Bremholmer Wald. Es steht bald auf dem Tischchen zwischen unseren Betten. Oma hat Lametta besorgt. Auch Kerzen sind da und Halter. Wir sitzen auf den Betten und singen Weihnachtslieder. Die Kerzen müssen für mehrere Gesangsabende reichen. Sie werden nach wenigen Liederstrophen vorsichtig ausgepustet. Wir singen alle gern und kräftig, auch Oma. Sie liebt das Lied „Es ist ein Ros‘ entsprungen".
Ich erhalte einen schönen Motorradfahrer aus bemaltem Blech. Nach Aufziehen mit Steckschlüssel dreht er einige Kreise auf dem Terrazzofußboden der Küche. Bald weiß ich, wie er innen aussieht. Ich biege einige Häkchen auf und habe zwei Hälften. In einer befinden sich Federwerk und Antrieb. Ich muss nichts weiter machen, denn es ist noch nichts kaputt. Also zusammenbauen und weiterspielen.
Es gibt eine große Weihnachtsfeier in der „Besten Stube" der Familie Rasch. Der Tisch ist festlich gedeckt. Alles was das Herz begehrt, ist in Reichweite. Nach dem Essen stellt sich Heiterkeit ein. Das kommt von lustigen Sprüchen und vom Schnaps. Es poltert an der Tür. Russisches Fluchen, genau die Worte, die sich in mein Hirn gebrannt haben! Wir sind wie erstarrt, schauen uns an und denken, wir wären noch im Forsthaus.
Inzwischen sind beide Söhne der Familie aus der Gefangenschaft heimgekehrt, nach Johannes jetzt auch Thomas. Er erlaubt sich diesen Spaß. Hätte er gewusst, wie uns das packt, hätte er es nicht getan. Aber dank seines Polterns werden wir daran erinnert, dass wir hier sicher angekommen sind und können erleichtert aufatmen.

Silvester ist für uns Kinder ein ertragreicher Tag, genauer gesagt, Silvester-Abend. Wir sind gut vorbereitet, haben auswendig gelernt und geübt. Zu unserer Fantasiekleidung gehört ein großer Beutel als wichtiges Utensil. Karl-Heinz und Claus-Peter Matthiesen nehmen mich mit auf die Runde durchs Dorf. Es ist die Zeit, wo Familien in ihrer besten Stube beisammensitzen und Angler Muck trinken. *„Fru mok de Dör op de Rummelpott will rin"*, singen wir draußen. Man lässt uns eintreten. Zuerst sind wir aufgeregt, denn wir haben das vorher noch nie gemacht. Alle Augen sind auf uns gerichtet. Da hilft nur die Flucht nach vorn. Zuerst singen wir gemeinsam „Schneeflöckchen Weißröckchen ..." Das passt ganz gut wie eine Erinnerung an Weihnachten in Gegenwart des noch vorhandenen geschmückten Baumes. Karl-Heinz ist in meinem Alter, aber schon in der dritten Klasse. Er trägt ein entsprechend anspruchsvolles Gedicht vor. Danach Claus-Peter, der jüngste unsres Trios. Dann bin ich dran: „So klein ich bin, so komm ich heut, euch Glück zu wünschen voller Freud. Ein langes und gesundes Leben soll der liebe Gott euch geben." Der Applaus erschreckt mich zunächst. Ja, im feinen Angeln ist man vornehm und klatscht Beifall. Wir halten unsere Beutel auf und erhalten überwiegend Äpfel, Kleingebäck und

Bonbons. Auch einige andere Kindergruppen sind unterwegs. So haben die fröhlichen Silvestergesellschaften abwechselnde Unterhaltung. Wir werden von Haus zu Haus selbstsicherer und wohl auch besser. Nach und nach besuchen wir alle Häuser in Bremholm. Mit üppiger Ausbeute und frohen Herzen beenden wir unsere Runde.
Ein Jahr später gehen wir wieder los. Unsere Vorträge sind perfekter. Mein Beitrag erfolgt mit einem zusätzlichen Gedicht. Der Abschluss mit „... soll der liebe Gott euch geben", ist wie im Vorjahr das Ende unserer Vorstellung. Nach dem Applaus gibt es auch vereinzelt Geld in den Beutel. Das ist neu. Nachdem wir Bremholm abgeerntet haben, leeren wir bei Familie Matthiesen, die in der schönen Villa wohnt, unsere Beutel. Alles kommt auf den Tisch und bildet einen stattlichen Haufen. Wir sind noch aufgedreht und voller Tatendrang. Die Eltern meiner Freunde sind einverstanden, dass wir auch nach Sterup gehen und die Bauern besuchen. Es zahlt sich aus. Wir werden als *„von Bremholm sünd se kamen"*, erkannt. Das, vielleicht auch unser kleines Programm, aber ganz gewiss die Währungsreform vom Juni, tragen Früchte. Als wir unsere gut gefüllten Beutel nach Bremholm gebracht haben, staunen alle über unseren üppigen Lohn. Neu sind die kleinen D-Markscheine mit bunten Punkten am Rand. Überwiegend sind es zehn Pfennigscheine und auch alte Münzen, die bald ungültig werden, jetzt aber noch ein Zehntel ihres ehemaligen Wertes haben. Alles wird durch drei geteilt. Neben den gewohnten Naschsachen habe ich etwa zwei Mark und fünfzig Pfennige in der Hosentasche. Noch nie war ich so reich.

Oma spinnt feine, gleichmäßige Fäden. Sie sitzt oft und lange am Spinnrad der Familie Rasch. Es ist wie immer schon. Wie in Ostpreußen genieße ich dieses Gefühl der Gemütlichkeit. Wir können uns unterhalten. Oder ich mache Schulaufgaben. Die Qualität von Omas Produkt spricht sich herum. Das kommt von den fein gestrickten Strümpfen, die Ingrid und ich anhaben.

Im Winter hat Papa mehr Zeit zum Werkeln. Er fertigt wunderbare Sandalen. Auf eine Sohle vom Fahrradmantel kommt eine Einlage aus gutem Leder. Lederstreifen anstatt Oberleder bieten luftigen Komfort für heiße Sommerfüße. Ein Hackenriemen mit Schnalle erlaubt festen Sitz. Der Sommer darf kommen!

Ein Knick ist ein Erdwall, auf dem Büsche und kleine Bäume wachsen. Jetzt im Winter erntet man Buschholz. Bis auf Ellenlänge kappen Papa und Hanni alles ab. Viele Fuhren landen auf der Wiese hinter der Scheune. Wir Kinder können Verstecken spielen. Ich mag auch gern auf den unter meinem Gewicht schwankenden Zweigen herumklettern. Eines Tages kommt der Buschknacker. Das ist eine Maschine, die unter lautem Rattern Bündel mehrerer dicker Zweige gleichzeitig in ofengerechte Stücke hackt. In einen flachen Trichter wird fortlaufend das lange Holz eingeschoben, sodass der Knacker ständig arbeitet. Nach zwei Tagen ist die Wiese von allen Bäumchen, Ästen und Zweigen befreit. Ein Teil des Brennholzes wird in den dafür vorgesehenen Schuppen gebracht. Die weitaus größere Menge bildet draußen einen hohen Berg. Der ist für mich als Spielobjekt leider nicht geeignet.

Der Tornister mit einem schmalen Fach, wo die solide Schiefertafel steckt, ist mein wichtigstes Eigentum. Auf dem Schulweg ist er ein rücksichtsvoller Begleiter, denn ich habe beide Hände frei für allerlei am Wegesrand. Ich finde so einiges, was untersucht werden muss. Nach genauer Betrachtung ist zu entscheiden: Wegwerfen

oder in die Hosentasche? Dort halten sich einige kleine Schätze manches Mal erstaunlich lange. Es kann ein glatter Kiesel oder eine Schraube sein.
So träume ich mich auf dem Heimweg oft in eine andere Welt. Wenn es nicht regnet, mache ich beinahe immer eine Pause auf der Brücke. Sie hat zwei Reize. Der eine ist für die Ohren, denn ich höre gerne das Rauschen und Plätschern der Au. Der andere ist für die Augen. Der Blick über die Wiese gefällt mir sehr. Sie ist rechts von Bäumen begrenzt, welche die ankommende Au begleiten. Eine flache Ziegelei im Hintergrund wirkt geheimnisvoll romantisch. Dahinter steigt das Gelände an und zeigt rote Dächer zwischen Baumkronen. Ich denke an das Lied „Im schönsten Wiesengrunde...", und würde mir hier gerne ein „...Heimathaus" wünschen und niemals mehr abwaschen. Das Geschirr käme in einem Korb am Strick in die Au!
Einmal endet meine Träumerei. Dieter, ein größerer Junge, der ganz in der Nähe wohnt, fragt mich nach meinen Zensuren. Ich wurde in die zweite Klasse versetzt und bin zufrieden mit der Welt. Mein Zeugnis habe ich im Tornister. Er ist mit meiner Antwort nicht zufrieden und hält mich im Nacken an den Gurten fest. Dann schlägt er mir von hinten mit der Faust ins Gesicht. Eine geheimnisvolle Macht wandelt Schreck um in Wut. Ich verschränke die Arme vor der Brust, beuge mich tief und mache eine Drehung. Schwung und Kraft reichen zum Abschütteln des Angreifers. Ich wende mich ihm zu und schimpfe schreiend, so laut ich kann. Er trollt sich. Es mag wegen des Schreiens sein, denn hier an der Brücke wohnt der Jagdpächter.
Dieser Ort ist auch für eine Mutprobe gut. Wenn ich durch das Geländer klettere, fließt unter mir die Au parallel zur Brücke, bevor sie im rechten Winkel unter ihr verschwindet. Auf der anderen Seite der Au steht ein Zaun. Davor befindet sich ein schmaler Grasstreifen. Die Kunst ist, von der Brücke genau auf den Streifen zu springen, der etwa zwei Meter tiefer liegt. Man muss sich am glatten Draht des Zauns festhalten. Nur nicht im Wasser landen oder zurückfallen!

Ich erinnere mich an einen Besuch der Kirche nach den Ferien. Es muss der Beginn des neuen Schuljahres gewesen sein. Wir drängen uns eng zusammen. Vermutlich nehmen alle Schulklassen teil. Wir singen, die Orgel spielt, es wird geredet und auch gebetet und zum Schluss gesegnet. Dies ist eine Tradition, die unsere Eltern sicherlich begrüßen. Ich begreife kaum etwas. Aber Glocken, Orgel und die erhobenen Hände des Pastors in seinem Talar nisten sich bei mir irgendwo ein.

Die Schule regt uns zur Hilfeleistung an. Es handelt sich z. B. um Kartoffelkäfer. Ehrensache ist, an mehreren Nachmittagen durch endlose Kartoffelreihen zu gehen. Immer schön gebückt, damit uns kein Käfer entgeht. Wir haben in der Schule Bilder von diesem geheimnisvollen bösen Schädling gesehen. Auf mehreren Äckern ist ein halbes Dutzend Kinder emsig und kann keinen einzigen Kartoffelkäfer erwischen!
Ein weiterer Sammelaufruf will, dass wir doch noch viel finden. Huflattich sollen wir sammeln. Daraus entsteht Medizin. Einige Körbe kommen zusammen. Wir Kinder wissen, dass Wegerich zum Auflegen auf Wunden geeignet ist. Davon pflücken wir bei Bedarf, denn durch Barfußlaufen verletzen wir uns. Wenn nötig, kommen Blätter in die Schuhe. Das machen wir freiwillig und selbst!

Mit meinen Mitschülern betrete ich einen großen Klassenraum. Auf einem Tisch sind viele verschiedene Spielsachen aufgestellt. Den Anlass dieser Veranstaltung habe ich vergessen. Es könnte zu Weihnachten gewesen sein. Fräulein Tod nimmt ein Teil nach dem anderen vom Tisch, hält es eine Weile hoch, ruft ein Kind und überreicht das Geschenk. Es hilft nichts, sich etwas zu wünschen. Es ist wie in einer Lotterie. Bekomme ich das schöne Bauernhaus? Nein, jetzt ist es vergeben! Mein Wunsch ändert sich noch einige Male. Der Bestand auf dem Tisch wird kleiner. Es ist zweimal spannend. Fräulein Tod hält wieder ein Teil hoch und zögert, einen Namen aufzurufen. Alle noch nicht Beschenkten fühlen sich angesprochen und fiebern. Hoffentlich ist es nicht für mich oder das wäre schön! Ich habe nach einigen unerfüllten Hoffnungen keine seelische Kraft mehr für weitere Wünsche. Wenn ein ersehntes Teil an einen anderen Schüler vergeben wird, kratzt es am Gemüt. „Heinz!“ Hat Fräulein Tod überhaupt etwas in der Hand? Ja, ein kleines weißes Etwas. Es ist ein Omnibus. Er liegt gut in der Hand. Ich bin jetzt allein mit dem Geschenk. Die weitere Vergabe nehme ich nicht mehr wahr. So ein kleines Ding! Was kann ich damit machen? Vier schöne Metallräder lassen sich drehen, ohne dass sie eiern. Damit kann ich über einen Tisch oder Boden schieben und meine Fantasie mitfahren lassen. Nicht nur die Räder sind schön. Der Omnibus ist aus Holz geschnitzt und weiß lackiert mit dunklen Fensterrahmen. Er kann mich in der Hosentasche begleiten. Auch daran hat Fräulein Tod gedacht!

Außer der Einfahrt zur Scheune hat der Hof noch eine weitere, die von der Straße zu den Ställen, dem Misthaufen und der Buschknackerwiese führt. Vor einem Knick, der die Grenze zum Nachbarhof bildet, befindet sich ein Streifen mit Unkraut. Daraus erhebt sich eine stolze hohe Blume. In die rote Blüte kann man von der Seite zwischen hochgewölbten Blättern hineinschauen und den schwarzen Kern sehen. Die Blütenkrone verströmt einen magischen Duft. Ich schaue oft nach meiner Königin und beginne wucherndes Kraut zu entfernen. Bald steht meine Blume stolz alleine da. Ich komme auf den Gedanken, auch meine kleinen Lieblingsblumen zu pflanzen. Es wird sehr schön sein, wenn um meine Königin weiße und rote Gänseblümchen stehen. Einen alten Löffel habe ich schon für diese spezielle Gartengestaltung in Gebrauch. Damit grabe ich besonders schöne Exemplare auf der Wiese nebenan aus. Die Blümchen mit einem Klümpchen Erde pflanze ich sorgfältig ein. Die erste Menge reicht nicht. Ich will einen schönen Kranz um meine Königin haben, mit abwechselnd roten und weißen Blüten. Mit der Bedarfsliste im Kopf beginne ich wieder zu graben. *„Wat makst du denn da? Das dörfst du nich!“* Damit hatte ich nicht gerechnet. Erschrocken klettere ich über den Zaun zurück. Alles darf man nicht. Das muss ich mir merken: Vorher fragen!

An einem späten Abend werde ich wach. Papa lehnt aus dem Fenster. „Jemand ruft um Hilfe“, sagt er zu Mama. Ja, ich höre es jetzt auch: „Meine Braut, meine Braut!“ Papa hat schnell die Hose an und läuft los. Ich lausche, ohne noch etwas zu hören. Am Tag erfahren alle von dem Unfall. Ein junges Paar wurde auf dem Heimweg von einem Auto erwischt. Es geschah ganz nah am Garten, an der Gabelung nach Sörup.

Und dann mein Albtraum. In der Meierei wohnt ein schwarzer Hund. Er ist nur so groß wie eine Katze mit längeren Beinen. Wenn er mich erkennt, rennt er auf mich zu und bellt. Ich sehe dann nur noch seine Zähne. Trete ich nach ihm, ist er flink auf Abstand und gleich greift er wieder an. Ständig habe ich Angst, dass er mich beißt. Er scheint auf mich zu warten, attackiert mich morgens und mittags, bis ich an seiner Meierei vorbei bin. Ein Umweg soll helfen. Ich wähle nicht den direkten Weg zur Schule, sondern biege erst später in den Kirchenweg ein. Das ist leider nur eine halbe Lösung, denn mein Feind bemerkt mich auch über die größere Distanz und zeigt, wer Herr an der Meierei und jetzt auch auf der Kreuzung ist. Andere Schüler können sich weiterhin über mein Problem freuen.

Papa sagt, dass der Hund meine Angst spürt. Es würde ihm gefallen, mich zu ärgern. Ich Angst? Nein, Angst habe ich nicht. Ich gehe ohne Angst wacker Richtung Meierei. Der wird sich wundern, wenn ich ohne Angst komme! Er wundert sich nicht! Auch ohne meine Angst greift er an. Außer dem Umweg mit Hoffnung auf Ausbleiben der Attacke, fällt mir nichts Besseres ein.

Wir haben Unterricht im Konfirmandensaal. Unsere Lehrerin ist Fräulein Thomsen. Sie kommt jeden Tag mit dem Fahrrad aus Sörup. Ein richtig schickes Rad hat sie. Aber sie hat keine Uhr. Ich soll rausgehen und zum Kirchturm schauen. Es gibt eine Stelle an der Straße, von wo aus man zwischen Baumkronen die Turmuhr sehen kann. Jetzt liegt ein Kieshaufen an der Mauer des Konfirmandensaals wie ein schöner Kegel. Wenn ich hinaufsteige, muss ich nicht den Weg hinunter zur Straße. Oh, der Kies ist locker. Meine Schuhe sinken ein. Aber das ist nicht schlimm. Ich bin jetzt oben, drehe mich und lehne an der Wand. Einen Augenblick sehe ich die Uhr. Irgendwas macht einen Schups. Die Füße rutschen weg. Ich versuche, durch rückwärtiges Treten oben zu bleiben. Das gelingt nicht. Ich kann auch nicht hinuntersteigen, hänge hilflos schräg zwischen oben und unten. Eine eiserne Faust hält mich hinten fest. Hilfe ist nicht zu erwarten. Aber es kann sich auch niemand über dieses spektakuläre Bild freuen. Ein kluger innerer Berater sagt mir: „Nicht schreien, selber helfen!" Die Jacke ist mein Problem. Ich schaffe es, die Knöpfe zu öffnen. Dann rutsche ich den Haufen ganz hinunter, ohne Jacke. Die hängt an der Mauer. Der stabile Rücken-Rigel hat sich an einem dicken Nagel verhakt. Mit Schwung stürme ich den Hügel hinauf und befreie meinen *Juppat*, ein Meisterwerk, das Oma in Pommern nähte. Dieser treue Freund hat schon anderes überstanden, nicht nur das hier. Ich ziehe ihn gleich wieder an. Den Sand in den Schuhen vergesse ich. Nur schnell in den Konfirmandensaal! Bei der Aufregung habe ich ganz vergessen, warum ich raus sollte. Die Uhr habe ich nur kurz gesehen, ohne die Uhrzeit zu erkennen. Als ich reinkomme, verstehe ich die Frage von Fräulein Thomsen nicht. Mein Herz hämmert die Schläfen. Ich antworte unsicher: „Ja" „Der Unterricht ist zu Ende", ruft unsere Lehrerin. Als ich den Heimweg beginne, schaue ich zur Turmuhr. Eigentlich müssten wir noch zehn Minuten Unterricht haben. Meine falsche Antwort hat keine Folgen. Aber wir dürfen nicht auf den Kieshaufen draußen an der Mauer steigen und dort spielen. Da hat schon jemand getobt, verkündet Fräulein Thomsen am nächsten Tag. Das klingt ganz so, als hätte mir die Aktion Spaß gemacht.

„Babyklasse, Babyklasse", ruft Brigitte in der Pause. Wir sind Parallelklassen und begegnen uns draußen. Es wird gelacht und geschubst. Aus Spaß wird manches Mal Ernst. „Babyklasse, Babyklasse", hören wir wieder.
„Arschklasse, Arschklasse", rufe ich zurück. Das spricht nicht für meine Kinderstube, wird aber mit Lachen meiner Kameraden der B-Klasse bekräftigt. Das folgende abwartende Schweigen auf Antwort hält an. Unsere B-Klasse hat diesen Kampf gewonnen. „Arschklasse, Arschklasse, hahaha, hahaha!"
Das wiederholt sich, hält Tage an. Nach einem erneuten Triumph B über A gibt es gemeinsames Singen. Brigitte muss es endlich loswerden: „Heinz ruft immer Arschklasse!" Es folgt Stille. Mein innerer Triumph schleicht sich davon. „Ist das wahr, Heinz?" fragt Fräulein Tod energisch. Ich möchte es nicht zugeben, aber es stimmt und alle wissen es. „Ja". „Und warum?" „Brigitte hat immer Babyklasse, Babyklasse gerufen!"
Was dann folgte, weiß ich nicht mehr. Es war nicht dramatisch. Jedenfalls haben wir alle kräftig gesungen, A- und B-Klasse vereint.

In den folgenden Pausen herrscht Frieden, ja wirklich Frieden und nicht nur Waffenstillstand.
Wenige Tage später steht Brigitte in unserer B- Klasse vorn neben Fräulein Tod. „Brigitte kommt zu euch. Jetzt sind A- und B-Klasse gleich groß.“ Brigitte wird freundlich von der stolzen Babyklasse aufgenommen. Gibt es einen Zusammenhang zwischen der Neckerei und Brigittes Klassenwechsel?

Die Klassenzimmer im Hauptgebäude sind mit Sitzbänken ausgestattet. Diese Kombinationen aus Tisch und Bank mit Fach für die Ranzen unter der Platte sind jeweils für zwei Schüler vorgesehen. Wir dürfen Platz und Nebenmann selber auswählen. Auf diese Weise bilden sich Freundschaften, die auch wechseln. Fenne ist so alt wie ich. Wir haben keine freie Wahl, denn es gibt nur eine große Bank. Wir finden also auf ganz natürliche Weise zueinander. Die Möbel haben schon viel erlebt. Man sieht nicht nur Wörter und Zahlen mit Tinte geschrieben, sondern auch Kerben von Taschenmessern. Das Tintenfass unter einer Klappe ist sehr praktisch. Zu Hause müssen wir unsere eigenen Fläschchen benutzen. Fenne lernt langsam und wird auf diese Weise von nachfolgenden Schulklassen eingeholt. So befindet er sich unter jüngeren Mitschülern. Er ist ein lieber Kerl, fragt viel und schiebt meine Hand gern beiseite, damit er sehen kann, was ich geschrieben habe. Das ist ganz normal und stört niemanden.
Ich höre Kichern, wende mich um und sehe fröhliche Gesichter. Ein Huhn steht auf der Fensterbank. An diesem warmen Sommertag wurde ein Fensterflügel geöffnet. Wir schauen, das Huhn ebenfalls, wir lachen, das Huhn hebt die Flügel und gackert. Auch Schüler gackern. Ich lache und gackere wie die anderen. „Klatsch“, höre ich und fühle es auch deutlich. Und noch einmal „Klatsch“!
Fräulein Tod steht vor mir und schaut mich strafend an. Es folgt aufgeregte Händeklatscherei von Fräulein Tod in Richtung Huhn. Auch Schüler klatschen. Das Huhn begreift endlich, dass es unerwünscht ist und flattert zurück in den Garten. Hinter ihm wird das Fenster geschlossen.
Da sitze ich nun und begreife die Welt nicht. Stehe ich im Verdacht, das Fenster geöffnet zu haben? Oder darf ich nicht mit Fenne schwatzen? In der Pause werde ich entschädigt. Die beiden Ohrfeigen waren saftig und ich habe sie mannhaft weggesteckt, typisch B-Klasse!

Beim Tick-Spielen in der Pause sind wir ausgelassen und wirbeln um andere unbeteiligte Schüler herum. Wenn ich es schaffe, dass zwischen mir und dem Verfolger jemand ist, habe ich eine gute Chance zu entkommen. Jungs und Mädchen toben meistens getrennt. Aber Ausnahmen bestätigen die Regel, sagt man. Dabei erwische ich Luises Rockträger. Au weih, da ist etwas kaputtgerissen oder ein Knopf ab? Ich bin erschrocken. Wir spielen doch Tick und nicht Greifen!
Das Missgeschick hat keine Folgen ganz im Gegensatz zu einem anderen Vorgang mit Karl-Heinz, meinem Begleiter an Silvester. Bei einem Ringkampf reißt etwas an der Jacke. Sein Vater ist Schmied. Der kommt zu uns nach Hause und sagt meinen Eltern, was ich der guten Jacke seines guten Sohnes angetan habe. Die ernste Angelegenheit verflüchtigt sich nach ernsthaften Worten.
Unsere zum Teil wilden Manöver werden von der Aufsicht aus gutem Grund nicht gern gesehen und mit Zuruf verboten, wenn es zu turbulent wird.
Nicht nur Kleiderstoffe kommen zu Schaden. Das erlebe ich beim Sturz in einer ganz normalen Situation. Die Pausenglocke ruft zum Anstellen und geordneten Einmarsch in die Klassenräume. Matthias ist etwas spät dran und kommt gerannt. Er stolpert und stürzt, bleibt liegen und wimmert. Ein Lehrer ist gleich zur Stelle und hilft ihm

aufzustehen. Das Knie ist schwarz verklebt und blutet. Er weint und humpelt. Die Wunde vom scharfen Koksschotter ist schmutzig. Der Lehrer will mit seinem Taschentuch säubern. „Damit müssen wir zur Gemeindeschwester“, sagt er. Ich bekomme den Auftrag, Matthias zu begleiten. Es gibt einen Handwagen, mit dem die Schulspeise von der Meierei geholt wird. Matthias setzt sich darauf und losgeht es. Bis zur Schwester ist es nicht weit. Sie wohnt an der Kirche. Leider ist sie nicht da. Auch sonst ist niemand zu finden, der Auskunft geben könnte. „Ich will nach Hause“, wimmert Matthias. Also los zu seiner Mutter. Sein Schulweg von Sterupbek ist beinahe so weit wie meiner von Bremholm. Er muss immer wieder weinen und schaut nach seiner Verletzung, indem er das Tuch hebt. Nachdem die Wunde schon länger blutet, kann ich sehen, dass sie klafft. Es läuft mir über den Rücken. Ich möchte mitweinen, irgendwie mein Mitgefühl ausdrücken, kann ihm nicht helfen. Seine Mutter erschrickt. Sie tupft und hat Furcht, etwas falsch zu machen. Auf dem Hof ist sonst niemand. Alle sind auf dem Feld beschäftigt. Die Mutter muss Haus und Ställe hüten und kann nicht fort. Sie sagt, dass wir wieder zur Gemeindeschwester müssen. Wenn die nicht da ist, sollen wir warten, bis sie kommt.
Also wieder los mit einem frischen Tuch, locker auf der Wunde. Der lange meist ansteigende Weg wird beschwerlich.
Die Schwester ist da. Sie meint, ich solle draußen warten, während sie Matthias behandelt. Es dauert lange, bis ich gerufen werde. Matthias hat einen schönen weißen Verband um das Knie. „So kann er nicht laufen, du musst ihn nach Hause bringen“, höre ich. Ich bin froh, als wir bei Kaufmann Franzen die Steigung hinter uns haben und es an der Tankstelle leicht abschüssig weiter geht. Nachdem wir in die Straße nach Sterupbek eingebogen sind, geht es bald wieder bergauf. Endlich geschafft. Wir bekommen zu trinken. Matthias begleitet mich humpelnd zur Tür. „Tschüss, die Stufen gehe ich lieber nicht.“ Als ich den Wagen vom Hof ziehe, ist er so schwer, als säße Matthias noch hinter mir. Die schwache, aber lange Steigung von der Gabelung bis zum Kaufmann scheint endlos. Dann geht es bergab und an Kirche und Wohnung der Schwester vorbei zur Schule. Der Handwagen wird morgen wieder gebraucht. Zum Glück ist die letzte Stunde noch nicht ganz zu Ende. Dem Lehrer sage ich, dass Matthias von der Schwester verbunden wurde, jetzt zu Hause ist und wohl nicht zur Schule kommen kann. Ich verschnaufe und kann mich bald mit meinem Tornister auf den Heimweg machen.

Es ist ein Zufall, dass meine Familie an schönen Sonntagen mehrmals im Haus von Matthias zum Kaffee ist. Ingrid, Matthias mit Schwester und ich sind gern im Garten. Der liegt abschüssig zur Au. Viele Sträucher, Blumen und Wege bieten ein schönes Bild. Das Besondere sind riesige Buchen, die auf der anderen Seite der Au am steilen Abhang stehen. Einige sind so dick, dass wir sie nur zu zweit umarmen können. Es ist schön und abenteuerlich, die Böschung hinaufzuklettern und dann wieder hinunter. Es gibt noch eine Überraschung.
Nur ein paar Minuten müssen wir die Au aufwärtsgehen, um in einen langen Tunnel zu erreichen. Da müssen wir durch! Früher ist die Kleinbahn darübergefahren. Matthias verschwand aus meiner Welt. Flüchtlinge bleiben auf Wanderschaft, bis sie glauben, endlich ein zu Hause gefunden zu haben.

Der Wald ist schnell über einen Fußweg zu erreichen. Meistens lockt mich die Schlucht mit der murmelnden Au. Claus Peter und ich haben eine kniehohe Staumauer aus Steinen und Lehm gebaut. Aus einem Loch von etwa der Größe einer Postkarte läuft das Wasser des Bachs über einen flachen, aus der Mauer herausragenden Stein und bildet dabei einen schönen Fächer. Dieses prächtige

Bauwerk soll erhalten bleiben. Es erfordert regelmäßiges Ausbessern von Strömungsschäden. Das ständig fließende Wasser findet verschiedene Schwachstellen, wo es zunächst durchsickert und langsam immer mehr Lehm fort wäscht. Ich bemühe mich, möglichst täglich nachzuschauen und soweit nötig auszubessern. Trotz meiner anderen Projekte erhalte ich über einige Wochen die Funktion unserer Staumauer.
Als ich eines Tages wie schon so oft bachaufwärts gehe, ändert sich plötzlich das Wasser. Es ist jetzt braun getrübt. Gleich darauf kommen mir zwei fremde große Jungs entgegen. Sie sind nobel gekleidet und wohl auch allwissend. Sie beachten mich nicht. Ich bin auf dem Pfad der anderen Seite der Schlucht und muss ihnen nicht aus dem Wege gehen. Sie haben die Mauer umgestoßen. Geschah es aus Übermut? Oder ist der von uns aufgestaute Bach ein Eingriff in die Natur? Ich räume alle Steine zur Seite und denke, dass es egal ist, ob sie klug handelten oder jemanden heimlich ärgern wollten. Der Bach ist auch ohne Mauer zufrieden. Claus-Peter, mein Projektpartner, hat mir die Instandhaltung überlassen und war nicht mehr hier. Er wird unser Wunderwerk nicht vermissen.

Unsere Kindergilde beginnt mit Wettkämpfen. Die Kleinen hüpfen im Sack, balancieren im Laufen ein Ei auf einem Löffel oder werfen mit Schlagbällen nach Dosenstapeln. Die Großen schießen mit dem Luftgewehr auf Scheibe. Es sind Preise zu gewinnen. Am Nachmittag findet ein Umzug durch das Dorf statt. Paarweise gehen wir nach Klassen geordnet unter Blumengirlanden, die wir selber gebunden haben und als Bogen über uns tragen. Dabei wird ständig gesungen. Unsere Lehrer marschieren mit. Es ist ein schönes Bild für Leute, die an Straßen oder in ihren Gärten stehen und schauen. Meine Sache ist es nicht. Aber ich bin jetzt auf dem Weg von Wiese und Wald in Richtung Zivilisation und Kultur.
Meine erste Kindergilde macht mich mit einer Gepflogenheit der feinen Gesellschaft bekannt, Tanzen! Das geschieht paarweise, je ein Mädchen und ein Junge. Im Unterrichtsfach Singen haben wir Text und die Melodie gelernt: „Du lieber Schuster Du, besohl mir meine Schuh..." Jetzt ist es so weit. Zu Text und Gesang kommt auch noch die Bewegung. Alle Schüler meiner Klasse sind auf dem Tanzboden. Es geht los. Das Erste ist die Partnerwahl. Brigitte steht vor mir und was nun? Ich sah schon, wie feine Leute sich begrüßten. Ich strecke die Hand aus und merke, dass etwas nicht stimmt. Einen artigen Diener kenne ich noch nicht, sehe das jetzt neben mir. Aber da hat Brigitte schon irritiert meine Hand genommen. Aha, zur Seite schauen und nachmachen! Die Jungs gehen in die Hocke, ein Knie auf dem Boden, das andere wartet auf den Fuß der jungen Dame. Ein wenig albern sein wäre ganz gut. Aber ich mache das sehr ernsthaft, auch das aufrechte Tanzen danach. Unsere Lehrer wollen uns tanzen sehen. Ich drücke mich, soweit es möglich ist.

Nach der Kindergilde haben wir Ferien. Eine große Überraschung, wir fahren an die Ostsee! Papa hat die offene Kutsche, wir nennen sie Landauer, herausgeputzt, auch das Zuggeschirr. Die Pferde wurden besonders gründlich gestriegelt und mit gutem Futter versorgt. Unsere Familie hat üppig Platz. Papa lenkt die beiden Pferde Fiede und Hans. Unter blauem Himmel fahren wir ruhig dahin. Die Hufe klappern munter auf dem Asphalt, als die Pferde schneller werden. Für Papa ist diese Fahrt eine besondere Belohnung und für uns ein wunderbares Geschenk.
Wir fahren durch das uns gut bekannte Sterup. Am Dorfausgang sehen wir das Storchennest hinter der Scheune von Jordt. Ein Storch ist da. Es geht durch das Tal der Lippingau nach Westerholm und weiter zwischen Wäldchen nach Steinbergkirche und Steinberg.

Steinberghaff ist unser Ziel. Grüne Knicks und verschiedene Blumen neben der Straße begleiten uns. Wohnhäuser, Scheunen und Ställe aus Backstein sehen freundlich aus. Meistens geht es im Schritttempo, nur ab und zu im Trab.
Und dann sehe ich links einen Park mit Sitzbänken und dahinter die Ostsee! Papa hält. Bis auf ihn steigen alle vom Wagen. Am Ende des Parks bleiben wir stehen und schauen. Auf der anderen Seite ist Dänemark, weiß Mama. Bald kommt Papa hinzu. Er hat für die Pferde eine Box im Stall bekommen. Man ist auf Ausflügler vorbereitet. An diesem beliebten Ausflugsort gibt es ein großes Gasthaus.
Wir gehen den abschüssigen Weg zum Strand hinunter und machen uns breit. Der Vesperkorb ist dabei und enthält alles, was das Herz begehrt. Es ist für uns ein wunderbares neues Erlebnis, am Strand zu sitzen und dabei naschen und trinken können, so viel wir wollen. Wir laufen am Wasser entlang, das in sanften Wellen auf den Sand spült. Die vielen Steine sind nicht angenehm. Aber man kann achtgeben. Ich darf auch ins Wasser. Ist das kalt! Sehr bald sitze ich unter einer Decke und bibbere mich trocken.
Wir schützen uns gegen die Sonne, nachdem wir schon rot sind. Am Strand kann man sich gut beschäftigen. Ingrid und ich finden allerlei verschiedene Muscheln und auch einen Donnerkeil. Ich bevorzuge flache Steine, schleudere sie waagerecht auf das Wasser in der Hoffnung, dass sie mehrmals vor dem Eintauchen hüpfen.
Als Papa sagt, dass er anspannen will, gehe ich mit. Auch die Pferde scheinen aufbrechen zu wollen. Als sie gut getränkt an der Kutsche ankommen, sind Mama und Oma mit Korb und Decken da. Ingrid ist schon eingestiegen.
Zufrieden starten wir den Heimweg. Ein paar Kinder haben uns beim Anspannen und Einsteigen zugeschaut. Sie begleiten uns kurz. Ich hätte einer von ihnen sein können, sitze aber lieber hier oben in der Kutsche. Die Pferde wissen, dass es heimwärts geht. Sie traben gern. Es beginnt zu tröpfeln. Eine dicke Wolke schiebt sich unter die Sonne. Papa sagt, dass eine Decke unter der Sitzbank liegt. Ein feines Stück Leder wird ausgebreitet. An den Ecken sind Schlaufen. Die werden über Haken an den Bänken gestreift. Jetzt sind wir alle bis unter die Brust zugedeckt. Das Tröpfeln wird zum Regen. Und schon bin ich unter der Decke und bleibe trocken. Der Regen hört sich hier unten gut an. Es ist erstaunlich bequem zwischen Füssen zu sitzen. Als der Regen vorbei ist, komme ich trocken aus meinem Zelt heraus. Aber die anderen wussten sich auch mit Handtüchern und Decke zu helfen. Ich kann endlich wieder die Umgebung betrachten. Ohne Regen hätte ich nicht das Glänzen und Dampfen der Wiesen an der Lippingau erleben können. Begrüßungsgeklapper des Storchenpaares auf dem Hof der Familie Jordt mischt sich mit dem Rhythmus der Hufe. Ein schöner Tag!

Fiede ist plötzlich schwach, kann nicht mehr aufs Feld. Sie ist mit ihren 24 Jahren sehr alt und wird vermutlich sterben, meint Papa. Er kümmert sich bei jeder Gelegenheit um sie, gibt ihr Hafer und Wasser und spricht mit ihr. Dann sagt er am Abend, er werde bei ihr bleiben. Wir sollen ohne ihn schlafen gehen. Am Morgen erfahren wir, dass unsere freundliche Stute tot ist. Auf dem Hof sind alle traurig, auch wir Kinder.
Bald bekommt Hans einen Freund, man könnte denken, es wäre sein Bruder. Der junge Wallach Max ist auch Rappe. Die beiden haben Freude, wenn sie auf die Koppel können. Max verleitet Hans zum Herumtoben und Galoppieren. Ich schaue gern zu.
Wir haben einen gemütlichen Sitzplatz. Unter einem Pflaumenbaum steht eine Bank. Hier halten wir uns bei gutem Wetter gern auf. Auch wenn Papa die Sense dengelt, ist mir das nicht zu laut. Er mäht die Rasenflächen des großen Ziergartens mit

Geschick. Ich bewundere das so kurz geschnittene dichte Gras, das eine schön anzuschauende grüne Fläche bildet.
Aber auch auf dem Kornfeld wird gemäht. Bevor der Selbstbinder zum Einsatz kommt, wird ein breiter Streifen am Knick entlang mit der Sense geschnitten. Ich darf helfen. Wenn Papa ein Stück gemäht hat, raffen wir das Korn in Bündeln zusammen. Garben sollen entstehen. Papa zeigt mir, wie es gemacht wird. Es geht ohne Bindegarn mit einigen Halmen. Diese schlinge ich um das Bündel, drehe die Enden umeinander und stecke sie unter den entstandenen Gurt. Die fertigen Garben lehne ich an den Knick. Ich mache das gern, eine interessante Arbeit, binden ohne Band! Beim Umschauen kann ich mich über die zunehmende Länge der Schneise freuen.

Als unser Werk vollendet ist, gehen wir die lange freigemähte Bahn zurück, bauen ein Polster aus Garben und setzen uns. Ich freue mich über das Ergebnis der Arbeit und genieße das wohlverdiente Ausruhen, ohne müde zu sein.

Ich hocke auf Lumps breitem Rücken. Reiten kann man das nicht nennen, denn Sattel und Steigbügel sind nicht vorhanden. Die Beine müssen angezogen sein, damit sie nicht zwischen dem Zuggeschirr eingeklemmt werden, wenn sich die Pferde berühren. Die Getreide-Erntezeit fällt in die Sommerferien. Ich habe Zeit und werde gebraucht! Der Selbstbinder wird von drei nebeneinander gehenden Pferden gezogen. Dies ist kein eingespieltes Gespann, denn drei Pferde gibt es eigentlich nicht, weil auf jedem Hof nur zwei Arbeitspferde gehalten werden. Ein fremdes Pferd muss also gemeinsam mit dem Hofgespann das schwere Erntegerät ziehen. Zwischen Hans und Max befindet sich Lump vom Nachbarhof. Ein interessantes Bild. Der dicke fuchsfarbige Lump zwischen schlanken Rappen. Wallach Max hat die Arbeit der gestorbenen Fiede übernommen. Die drei Pferde sind gleich groß. Lump ist nicht der ursprüngliche, aber der zutreffende Name. „Wieso Lump?“, frage ich Thomas. „Weil er ein Lump ist. Wenn du hinter ihm bist, keilt er aus, also pass auf!“

Der Kutscher sitzt auf dem Bock des Binders. Alle nennen ihn Hanni, weil er Johannes heißt. Er ist der ältere Sohn von Aue, der so genannt wird, weil er August heißt und von Tide, die so genannt wird, weil sie Christina heißt. Nur Thomas, den jüngeren Sohn, ruft man auch Thomas. Hanni hat die Lenkleine in einer Hand. Die andere braucht er für die Maschine. Er kann kaum etwas ausrichten, wenn ein Pferd nicht mitzieht. Denn für eine Peitsche hat er keine freie Hand. Meine Aufgabe ist dafür zu sorgen, dass die Pferde Kopf an Kopf gleichziehen. Lump möchte sich immer wieder gern von Hans und Max helfen lassen. Dann muss ich ihn anfeuern. Meine Sprache scheint er nicht zu verstehen. Also bekommt er eins mit dem Kuhschwanz auf den Hintern. Er ist selber schuld. Wenn er auf mein Kommando hören würde, gäbe es auch keinen Hieb. Papa hat vorsorglich einen vom Fell befreiten Kuhschwanz trocknen lassen. Er ist schön gerade, denn nach dem Aufhängen wurde er mit einer Eisenkugel gestreckt. Ich halte das dicke Ende in der rechten Hand und kann bei Bedarf jedes Pferd auf dem Hintern oder an der Flanke mit Feingefühl ermuntern. Mit der Linken greife ich unter den Gurt des Zuggeschirrs. Das ist besonders wichtig, wenn ich die schwere Knute schwinge. Meine Kleidung entspricht dem Sommer, kurze Hose, Hemd und Mütze wegen der Sonne. Natürlich bin ich barfuß.
Unter und neben mir bewegen sich die Pferde mehr oder weniger synchron. Ihr Schnauben ist beim Klappern und Rattern hinter mir kaum wahrzunehmen. Aber wenn Hanni mal wieder daran erinnert, dass es auch schneller vorangehen könnte, höre ich durch den Lärm seinen energischen Ruf: „Hü, hü!“ Gleichzeitig schüttelt sich

die Leine neben mir. Ich muss wieder ermuntern. Meine Kuh-Rute saust auf Lumps Hintern. Der erschreckt, als würde er geweckt. Hanni ist zufrieden!
Das Wenden, nachdem eine Reihe gemäht wurde, verlangt affenartiges Geschick. Die Körper der Pferde reiben aneinander. Nachdem ich einmal Fuß und Bein dazwischen aushalten musste, will ich den Schmerz vermeiden. Ich entwickle eine schützende Sitzstellung. Mit der linken Hand greife ich so fest wie möglich den breiten Gurt vor mir und stütze mich auf. Auf diese Weise erreiche ich eine fixe Position und kann die Knie anwinkeln. Dabei muss ich noch den Kuhschwanz schwingen. Auch Gutes kann ich verabreichen. Bremsen piesacken mich ebenso wie die Pferde. Ich merke, wenn Lump bockt und mit dem Schwanz schlägt. Ich lerne, die Pferdekörper zu beobachten und gelandete Bremsen abzustreifen oder zu erschlagen.

Immer wieder landet ein Storch hinter der lauten Maschine. Er schnappt aufgeschreckte Mäuse, springt nach ein paar schnellen Schritten hoch und fliegt davon. Nach kurzer Zeit kommt er zurück und macht schnelle Beute. Wenn das Mähen unterbrochen wird, stakst er unschlüssig hin und her, bevor er fortfliegt, um doch bald wieder hier zu sein.
Ja, es gibt auch Pausen. Jemand kommt und bringt Brot und Milch. Ich klettere auf das Nachbarpferd und lasse mich dann auf die Füße fallen. Das ist wegen scharfer Stoppeln anfangs schmerzhaft. Ich lerne, eine günstige Stelle auf dem gemähten Acker zu finden. Niemals würde ich auf der Seite absteigen, wo das Korn noch steht. Das tut man nicht. Korn ist so heilig wie Brot. Das Barfußlaufen über das Stoppelfeld ist kein Problem. Ich kann wunderbar hindurchschlurfen.

Die Vesperpause auf dem Acker in geselliger Runde ist ein besonderes Vergnügen. Denn auch die Leute, die Hocken aufstellen, sind da. Die gebundenen Garben werden paarweise gegeneinander gelehnt, meist zwei Paar nebeneinander und dann an jedem Ende ein weiteres in Schrägstellung. Das so entstandene Häuschen, Hocke genannt, hält dem Wind Stand. Auf diese Weise trocknen Ähren und Halme auf dem Acker bis zum Einfahren. So nennt man den Transport in die Scheune.
Die Pferde können sich während unserer Vesper nur ausruhen. Sie werden morgens, in der Mittagspause und am Abend mit Wasser und Futter versorgt.
Nach der Vesper muss ich wieder aufsteigen. Ich bin schon neun Jahre alt und möchte mir nicht helfen lassen. Die Pferde müssen wissen, dass ich wieder da bin. Ich spreche mit ihnen von Angesicht zu Angesicht. Während ich nach hinten gehe, rede ich ununterbrochen weiter. Von der Maschine steige ich auf die Deichsel und balanciere zwischen Max und Lump nach vorn, der das nicht mag. Er schlägt mit dem Schwanz, stampft mit einem Huf und versucht meine Beine einzuklemmen, indem er sich an Max anlehnt. Lump ist ein Lump!
Nach dem ersten Einsatz unter dem Sonnenhimmel der Landschaft Angeln wird entschieden, dass ich ein langärmeliges Hemd tragen muss. Auch meine Waden leiden durch das Reiben auf dem Fell, das verschwitzt ist wie ich selbst. So kommt die ungeliebte schlabberige Trainingshose unerwartet im Sommer ans Tageslicht. Aber ich trage sie über der kurzen Hose. So kann ich einigermaßen adrett zum Tisch gehen, nachdem ich sie ausgezogen habe. Mittag- und Abendessen sind wie ein Fest. Alles schmeckt sehr gut und ist im Überfluss auf dem Tisch.
Diese Arbeit zieht sich über etwa zwei Wochen hin. Abwechselnd wird bei Rasch und Rasmussen gemäht. Für mich ist es nicht nur einfach und schön, stolz hoch auf dem Ross zu sitzen. Ich muss oft die Zähne zusammenbeißen, wenn Lump ein Bein quetscht und auch Ausdauer zeigen. Die Arbeit ist monoton und erfordert gleichzeitig

Konzentration. Will ich ein Mann werden, muss ich das hinter mich bringen. Wenn der Selbstbinder bei Rasmussen eingesetzt wird, ist Hans das zusätzliche Pferd. Er zieht gemeinsam mit Lump und einer Stute des Hofes. Dass ich wieder in der Mitte auf Lump sitze, ist selbstverständlich. Es ist also alles beinahe wie gewohnt.

In der großen Gesellschaft um den Esstisch herum wird immer wieder gelacht. Ingrid, die Tochter der Hofbesitzer, geht noch nicht zur Schule. Da sie den Hof nicht verlässt, haben wir uns vorher kaum gesehen. Jetzt sitzt sie mir schräg gegenüber und schaut auf ihren Teller. Plötzlich sieht sie kurz zu mir herüber und kichert laut, schaut wieder auf ihren Teller. Ihr Lachen klingt langsam ab und endet mit unhörbarem Schulterzucken. Ich muss auch lachen, bin angesteckt, weil alle lachen. Besonders Ingrids Mutter, eine fröhliche Holländerin. Alle nennen sie Pietje. Als Ingrids Zucken endlich aufgehört hat, schaut sie wieder zu mir und kichert erneut. Das wiederholt sich bis zum Ende der Mahlzeit und an folgenden Tagen.
Ich bekomme nicht nur üppiges Essen, sondern auch Geld. Es dauert lange bis ich kapiere, dass man auch Lohn erhält, wenn es Spaß macht oder man dabei groß und stark werden kann.

Diese Art meiner Erntehilfe leiste ich zwei Jahre. Dann wird der Selbstbinder mit einem Sachs-Motor ausgestattet, der die Mechanik antreibt. Jetzt benötigt man nur noch zwei Zugpferde und keinen Reiter. Ich erlebe diesen technischen Fortschritt unmittelbar und finde ihn großartig trotz lautem Knattern. Ich bin ja nicht dabei!

Das Einfahren der Ernte ist ein schöner Zeitvertreib. Ich darf die Pferde an der Leine führen. Mit „hü, hü" geht es fünfzehn Meter weiter, wenn wieder zwei Hocken aufgeladen sind. Andere Arbeiten kann ich nicht übernehmen, denn ich bin zu klein und kann die Garben nicht mit der Gabel hochreichen. Mama stapelt. Das muss sorgfältig geschehen, damit die Fuhre während der Tour zum Hof stabil bleibt und nicht rutscht. Ich genieße das Mitfahren in die Scheune. Von oben sieht die Welt anders aus. Es lohnt sich zu schauen!

Das Erntefest ist ein großes Ereignis. Auf dem Feld wird eine Krone aus Halmen gebunden. Das fertige Schmuckstück scheint nur aus Ähren zu bestehen. Mama kann das prima. Die Krone wird mit dem letzten Erntewagen auf den Hof gebracht. Nach dem Festmahl in der „Guten Stube" ist es für Ingrid und mich nicht mehr interessant. Die Erwachsenen trinken Muck. Sie sind froh, wenn Kinder ihre Witze nicht hören. Ab und zu gehen wir in die Küche. Dort hat Tide Limonade hingestellt. Wir nennen sie Frau Rasch, obwohl die Erwachsenen Tide sagen.

Beim Dreschen bin ich interessierter Zuschauer. Spannend sind Ankunft und das Aufstellen der Dreschmaschine. Auch ein schwerer Elektromotor wird gebracht. Ein breiter Treibriemen verbindet bald das Riemenrad des Motors mit der Maschine. Und dann wird gestartet. Zuerst heult der Motor, gleich folgt das Rasseln der Maschine. Interessant ist ein weiterer Treibriemen. Er läuft unter allerlei Biegungen über mehrere Räder. Hier soll man sich fernhalten und nur aus sicherer Entfernung schauen. Einmal sah ich, wie der starke Riemen am Motor vom Rad lief, dann auch an der Maschine. Als hätte der Riemen nicht begriffen, dass er jetzt keine Führung mehr hatte, lief er einige Augenblicke frei in der Luft parallel zu seiner vorigen Bahn. Aber dann wurde er langsamer und senkte sich. Soeben auf dem Scheunenboden angekommen, sprang er auch schon los und sauste davon. Gott sei Dank geriet ihm niemand in die Quere. Dies war wieder ein Meilenstein zum Thema, wie man Gefahren vermeidet.

Zur Mühle fahre ich gern mit. Auf Kornsäcken zu sitzen, ist etwas Besonderes. Die passen sich dem Po genau an. Ich sitze fest und bequem. In der Mühle ist Vorsicht geboten. Wenn man von der unteren Etage hinaufsteigt, bewegen sich allerlei Teile, Holzzahnräder, Treibriemen und Siebe. Der Müller ist Ostpreuße und ein Freund meines Vaters. Er nimmt mich mit und lässt mich bei seiner Arbeit zuschauen. Er erklärt, wie das kleine Windrad dafür sorgt, dass die großen Flügel exakt zum Wind stehen. Viel Zeit ist leider nicht. Bald hat sein Chef im Kontor die Anlieferung aufgeschrieben und es geht zurück zum Hof.
Herr Rasch fährt mit einer großen Fuhre Kornsäcke zur Windmühle hinter Quern. Ich darf mitfahren und bin sehr überrascht, dass ich erwartet werde. Ein Mädchen, etwas kleiner als ich, kommt zum Wagen. Bauer Aue sagt: „Das ist Gudrun, sie möchte dir etwas zeigen." Diesen Mädchennamen kenne ich von Ostpreußen. Das ist ein gutes Omen. Sie hat einige Kaninchen in mehreren Ställen. Die sind so hochgestellt, dass wir Kinder bequem hineinschauen können. Ich erfahre die Namen aller Kaninchen. Mohrrüben stehen bereit. Gudrun öffnet nacheinander Türen und gibt ihren Lieblingen davon. Es sieht lustig aus, wie ihre Mäuler in schnellem Rhythmus knabbern und die Schnüffelnasen hüpfen.
Gudrun nimmt mich mit ins Wohnhaus. Bei ihrer Mutter gibt uns Buttermilch. Bis zur Rückfahrt sind wir wieder bei den Kaninchen.

In der Kirche wird das Erntedankfest gefeiert. Dieser Gottesdienst ist ein besonderes Ereignis. Vor Taufstein und Altar sind allerlei Früchte dekorativ angeordnet, ein farbenfrohes Bild. Im Kindergottesdienst ist ein Vorbeigehen an dieser Pracht vorgesehen. Wir schauen uns alles genau an, gehen hinten um den Altar herum und sehen das Ganze noch einmal beim Zurückgehen. Nicht nur ich singe dann begeistert:

> „Geh aus, mein Herz, und suche Freud in dieser lieben Sommerzeit
> an deines Gottes Gaben; schau an der schönen Gärten Zier
> und siehe, wie sie mir und dir sich ausgeschmücket haben."

Mama, Ingrid und ich gehen über abgeerntete Felder und sammeln Weizen- und Roggenähren. Die Ausbeute ist überwiegend kümmerlich. Im Herbst finden wir nach der Kartoffelernte Stellen, wo die Maschine nicht hinkam. Da lohnt es sich mehr. Aber dann müssen wir schwer nach Hause tragen.
Wir helfen auch bei der Kartoffelernte. Diese Arbeit behagt mir eigentlich nicht. Aber der unmittelbare Kontakt mit Erde und der Geruch gefallen mir. Die Erkenntnis, dass alles, was wir essen, aus Ackererde kommt, keimt in mir. Der Lohn wird auf Wunsch in Kartoffeln gezahlt. Wir Kinder bekommen oft großzügig ein Taschengeld extra.

Mir gefällt die Ernte von Steckrüben. Wenn ich sie am Kraut herausreiße, bin ich mit der Nase nah dran. Der Geruch ist der eigentliche Grund, warum ich das gern mache. Wenn die dicken Früchte in langen Reihen liegen, wird das Kraut mit einem spatenähnlichen Werkzeug abgetrennt. Die scharfe Klinge schneidet ohne Anstrengung leicht durch den Hals der Rübe. Das Aufladen mit der Gabel ist Muskeltraining.

Bald bestellen wir einen Schrebergarten. Als unsere Ernte, es sind viele pralle Kartoffelsäcke, abgefahren wird, sinken die Räder ein. Die beiden Pferde haben große Mühe, den Wagen frei zu ziehen. Papa ermuntert sie und wird dann auch laut. Ich empfinde Mitleid. Die Pferde schaffen es endlich nach mehrmaligem, ruckartigem Ziehen.

Ein Jahr darauf pachten wir einen kleinen Acker in der Nähe unserer Wohnung. Er ist Teil eines Gartens, den alte freundliche Leute nicht mehr bewirtschaften. Dort betreiben wir unseren eigenen Kartoffelanbau wie vorher schon im Schrebergarten.

Wir Jungs sprechen über Drachensteigen. Man benötigt Leisten, Papier, Kleister und ein langes Ende Selbstbindergarn. Unsere Projektgruppe beschließt, dass ich die Leisten beschaffen soll. Das mache ich gern auf dem gemeinsamen Heimweg nach dem Unterricht. So kann ich in die Werkstatt gehen und mich umschauen. Der Tischler ist an der Säge konzentriert beschäftigt. Es gibt allerlei Maschinen und Werkzeuge, die mein Interesse wecken. Plötzlich schwillt der Lärm ab. Der Meister hat die Säge ausgeschaltet. „Was willst du?“ „Ich soll Drachenleisten holen.“ „Wer schickt dich?“ „Die anderen Jungs. Wir wollen einen Drachen bauen.“ Ich höre einen lautstarken Vortrag. Der Meister fuchtelt mit den Armen und kommt bedrohlich näher. Mir gelingt rückwärtsgehend die Flucht ohne zu stolpern. Meine Projektgruppe empfängt mich. „Der ist immer so böse und gibt nichts“, höre ich zum Trost. Das beruhigt mich nicht. Ich grübele und spreche mit meinen Eltern darüber. Sie meinen, ich hätte besser höflich gefragt, ob ich Drachenleisten kaufen könnte. Meine Kenntnisse über Knigge oder Etikette reichen für das Überleben in der kaschubischen Schweiz, aber nicht für diese zivilisierte Welt. Ich bin aber auf dem Weg, das zu ändern. Der Meister hat mir einprägsamen Unterricht erteilt.

Wir dürfen ein geschenktes Ferkel füttern. Aue hat uns eine kleine Box zur Verfügung gestellt. Das Schwein gedeiht in seiner dunklen Ecke innerhalb des Pferdestalls. Es bekommt auch Brennnesseln und anderes frisches Grünzeug. Mama erzählt ihm regelmäßig kleine Geschichten. Das Schwein hört geduldig zu, sagt nicht: „Ätsch, mich könnt ihr gar nicht aufessen!“ So läuft die Entwicklung unseres einzigen Tieres ungestört weiter. Es wächst zu einem stattlichen Exemplar heran.
Der große Tag des Schlachtfestes ist gekommen. Alles ist vorbereitet. Es ist nicht wenig. Der Brühtrog steht bereit. Der Kessel in der Waschküche ist in Betrieb. Eimer für Eimer heißes Wasser schleppt man hinaus. Mama hat mir eine Schüssel für das Blut gegeben. Der Schlachter ist da. Mit dem Bolzenschuss-Apparat wird er unser Schwein töten. Er wird nach dem Schuss das Blut entnehmen, die Eingeweide entfernen und den Körper zerlegen. Der Tierarzt ist für die Trichinen-Schau bestellt. Mit einem Strick um ein Hinterbein darf unser Zögling das erste Mal unter den freien Himmel. Wenn es einen Tierhimmel gibt, wird er dort bald ankommen. Papa und Hanni bremsen hinten am Strick. „Das ist ein Eber!“ Wer das zuerst sagt, ist völlig egal. Früher oder später würde das jeder feststellen.
Was nun? Kastrieren! Also zurück in die Box. Von dem, was dann folgt, kann ich nicht berichten. Beim Schlachten dürfen Kinder zuschauen, aber Kastrieren ist nur etwas für Erwachsene. Tage später schreibt Papa an die Versicherung. An den wichtigsten Satz erinnere ich mich: „Während der Kastrierung sprang der Eber aus der Schlinge.“ Nachdem unser Schwein abgeholt ist, kenne ich das Wort Abdecker.

Auf dem Hof lebt eine graue Katze mit Tigerzeichnung. Sie hat anderes im Sinn und kaum Zeit, sich mit mir zu beschäftigen. Dabei habe ich schon länger eine Idee für

ein schönes Spiel. Deshalb bemühe ich mich um ihre Gunst. Das gelingt erst nachdem Mama mich beraten hat. Nach einer Katze greift man nicht. Also Hände am Körper lassen und freundlich mit sanfter Stimme locken. Irgendwann macht es die Katze neugierig. Wenn sie um die Beine streicht und sich anlehnt, möchte sie gestreichelt werden. Wir gewöhnen uns aneinander. Mein Leiterwagen mit Gabeldeichsel ist wie für sie geschaffen. Zaumzeug aus Selbstbindergarn ist schon passend am Wagen. Also nur die Schlaufe über den Kopf streifen. Jetzt kann die Katze den leichten Wagen ziehen. Ich habe Steine bereitliegen, die ich nacheinander aufladen will. Auf diese Weise kann ich herausbekommen, wie viel die Katze schafft. So weit mein Plan.
„Jetzt kannst du den Wagen ziehen. Er ist noch ganz leicht!" Meine Freundin macht ein paar Schritte, faucht und rennt los. Der Wagen schleudert um sie herum, als sie wendet. Sekunden später poltert er vom Pflaumenbaum herunter und bleibt neben mir liegen. Ich bin erschrocken. Die Katze sitzt oben und faucht. Meine neue Freundschaft hat ein schnelles endgültiges Ende gefunden. Die Reparatur des Wagens ist umfangreich. Am schwierigsten ist das Anfertigen des fehlenden Teils einer Radfelge.

Zufällig sehe ich den verletzten Radfahrer nach einem Sturz auf der Straße liegen. Familie Rasmussen ist schon da und hilft ihm aufzustehen. Die Schotterstraße nach Sörup hat starkes Gefälle. Etwa einhundert Meter vor der Einmündung in die asphaltierte Straße nach Flensburg ist es passiert. Der Mann hat mehrere schlimme Wunden. Er blutet heftig. Man führt ihn vor das Wohnhaus und verbindet ihn. Ich bin fehl am Platz und ziehe mich zurück. Das Leiden des Mannes geht mir nahe. Seine Schmerzen quälen auch mich. Ich gehe fort und kann den traurigen Anblick nicht vergessen.

Mich erwischt es auch. Ich liege plötzlich auf dem Asphalt der Flensburger Straße und bin benommen. Was ist passiert? Langsam sortiert sich mein Bewusstsein. Ich kann mich aufrichten und sehe, wie weit entfernt ein Radfahrer über die Lippingau-Brücke davonfährt. Ich hatte Papa beim Pflügen besucht und ihm eine Birne gebracht. Er freute sich und verzehrte sie. Kurz darauf stellte er fest, dass es eine Sorte ist, die er nicht verträgt. Er hielt den Kopf seitlich, während ein dünner Faden Magensäure aus seinem Mundwinkel lief. Papa nahm das ganz gelassen, während ich aufgeregt daneben stand. Diesen Eindruck hatte ich noch im Kopf, als ich vor das Fahrrad geriet.
Bald stehe ich auf wackeligen Beinen, habe einen Brummschädel, Schrammen, die leicht bluten und Schmerzen an allerlei Stellen. Wie nach einer harmlosen Rangelei setze ich meinen Weg fort, jetzt allerdings humpelnd und auf Nachlassen der Schmerzen hoffend. Dieses Erlebnis muss mir eine Lehre sein!

Der alte Herr, der zur Bauernfamilie gehört, bewohnt ein Zimmer mit Tür zum Garten. Er ist selten draußen. Im Winter versucht er Spatzen zu fangen. Unter einem schräg stehenden großen Holzrahmen mit Maschendraht hat er Getreide auf den Schnee gestreut. Wenn Spatzen davon fressen, zieht er an einer Schnur, die durch den Türspalt führt. Ist der stützende Stab fortgezogen, schließt sich die Falle. Ich habe nie erlebt, dass ein Vogel gefangen wurde.

Jetzt im Herbst erntet er Obst. Er klettert eine Leiter hinauf und füllt den Korb. Eines Tages hören wir Hilferufe. Er liegt im Stachelbeerbusch unter dem Baum. Die Leiter war zur Seite gerutscht. Er hat viele kleine Stichwunden, zum Glück keine schlimme Verletzung.

Ein großes Ereignis lockt uns nach Sörup. Dort gibt es Karussells mit Musik und Zuckerbuden. Wir wollen hinwandern, Mama, Papa, Ingrid und ich. Vor einem Knick entdecken wir ein Hühnerei. Es lacht uns an! „Das nehmen wir auf dem Rückweg mit." Aber der Fuchs könnte kommen oder eine Krähe, wenn wir in den Zweigen aus Gras ein Nest bauen. Bevor uns die Lösung des Eingrabens einfällt, steckt Papa das kostbare Ei in die Hosentasche.
In Sörup sehen wir schöne Dinge. Es fängt mit der Ausstellung von Landmaschinen an. Die befinden sich gleich am Zugang des Festgeländes. Alle sind neu und haben schöne Farben. Ich sehe mir Traktoren, Pflüge, Eggen, Harken, Heuwender und Selbstbinder genauer an. Ich bin inzwischen etwas in diese Welt hineingewachsen. Solche Maschinen würde ich später gern selber konstruieren. Dafür muss ich noch viel lernen.
Wir alle wissen, dass allein das Sehen der vielen Dinge ein Genuss ist. Verlockungen, die bezahlbar sind, sollte man lieber nicht gleich folgen. Besser das mitgenommene Geld schonen, aufheben für Überraschungen, die noch vor uns liegen. Mit fünf braunen Zuckerzigaretten in einer bunten Schachtel bin ich vollauf zufrieden. Das Vermögen in Papas Hosentasche muss auch noch für gebrannte Mandeln und Limonade angegriffen werden. Er ist erstaunlich spendabel. „Wenn das Geld weg ist, haben wir ja immer noch das Ei!" Diese Heiterkeit mit fröhlichem Lachen ist ein Geschenk unserer inzwischen friedlichen und heilen Welt.

Auf dem Heimweg hält unsere Heiterkeit an. Als wir an die Stelle kommen, wo das Ei lag, will Papa seinen behüteten, aber wohl schon gedrückten Schatz zeigen. Der hält dem Griff nicht stand. Das meiste des kostbaren Matsches kommt mit dem Taschentuch ans Tageslicht.
Aber Papas schön gebügelte Drillichhose klebt am Schenkel. Diese lustige Erscheinung beflügelt unsere Heiterkeit.

Der alte Herr, unser Nachbar, stirbt. Ingrid soll auf dem Trauerwagen einen Kranz halten, der an einer Stange hängt. Sie möchte das nicht, aber das gehört sich so! Die Trauergemeinde scheint nur aus Herren in Frack und Zylinder zu bestehen. Die Damen sind dagegen unscheinbar trotz ihrer verschiedenen Hüte. Der Hof steht voller Kutschen, die sich bald als Trauerzug fortbewegen. Ingrid vorneweg mit dem Kranz an aufgestützter Stange.

Dazu fällt mir noch etwas ein. Der Knecht eines anderen Hofes nimmt mich mit nach Sterup. Mit dem Einspänner kommen wir gemächlich voran. Wir sind soeben über die Au gefahren und guter Dinge, wie man so sagt. Dann erkennen wir eine entgegenkommende offene Kutsche. Schön sieht sie aus im Seitenprofil hinter der scharfen Kurve unterhalb der Windmühle. Oh, ein Trauerwagen! Das erkennen wir an den Zylindern der Herren. Mein Kutscher fragt: „Müssen wir die Mütze abnehmen?" Er ist viel älter als ich und müsste das wissen! Meine ehrliche Antwort: „Wenn ein Lehrer auf dem Wagen sitzt, müssen wir das". Die Kutsche kommt schnell näher. Gleich heißt es, Mütze ziehen oder nicht. Nun zeigt der junge Mann neben mir, wie klug er ist. Das Problem wird simpel gelöst. Wir setzen uns auf unsere Mützen! Der Wagen mit den zylinderbehüteten Männern kommt näher, immer näher. Sollen wir laut grüßen? Daran denken wir erst jetzt. Das „Moin" meines Kutschers und mein artiges „Guten Tag" sind so zaghaft, dass sie im Hufgetrappel untergehen.

Die uns begegnenden Herren lächeln freundlich herüber. Sie haben genau sehen können, wie wir die Mützen verschwinden ließen. Womöglich sorgten wir für Heiterkeit nach der Beerdigung. Vielleicht sind sie uns auf geheimnisvolle Weise dankbar. Das Leben geht weiter.

In einem Zimmer hinter unserer Küche lebt bald ein älteres Ehepaar, mit dem wir diesen Raum teilen. Manches Mal erscheint Übernachtungsbesuch, der Wochen bleibt. Dass die Situation keine Dauerlösung sein sollte, ist uns allen bewusst Jeder schränkt sich ein und ist froh, überhaupt untergekommen zu sein. Mama und Papa beginnen sich nach einer komfortableren Wohnung umzuschauen. Das kann dauern, denn andere möchten sich auch vergrößern. Also müssen wir Geduld haben.

In dichtem Nebel gehe ich morgens zur Schule. Würde ich den Weg nicht genau kennen, könnte ich mich unmöglich zurechtfinden. Ich weiß, dass ich jetzt an der Drogerie bin und gehe immer schön rechts. Der Weg ist schwach zu erkennen. Ich schaue nach unten, um nicht zu stolpern. Huch! Ein Schäferhund schaut mir unmittelbar ins Gesicht. Seine Pfoten sind an meiner Brust. Er ist nicht erschrocken. Als wäre das immer so, schaut er mich an und schnuppert. Mein Schreck fällt genauso schnell von mir ab, wie er über mich kam. Ich spreche mit dem neugierigen Tier. Für eine kurze Strecke habe ich einen Begleiter. So ein großer Hund ist ein guter Beschützer. Als ich das genieße, bin ich auch schon wieder im Nebel allein. Bald stelle ich fest, dass meine Angst vor Hunden überwunden ist. Der schwarze Kläffer von der Meierei schaut mich nicht einmal an, als ihm das beweisen will. Ich bin ihm völlig egal!

Weihnachten kündigt sich an mit Adventsliedern in der Schule. Wir sprechen schon über unsere Wünsche. Zu Hause erlebe ich eine ganz besondere Art der Vorfreude. Hanni und Thomas, die Söhne des Hofes, bolzen hinter der Scheune mit einem neuen Fußball. Sie sind hellauf begeistert. Er ist aus Leder und enthält eine Gummiblase, ein edles Stück. Tiede, die Mutter der beiden, ist länger außer Haus. Die jungen Männer haben mitbekommen, dass es zu Weihnachten diesen Ball als ganz große Überraschung geben soll. Natürlich kannten sie das Versteck. Warum soll man diese Gelegenheit nicht nutzen? Die Neigung von Thomas ist der Dribbelkunst zugewendet. Hanni mag gern so richtig mit Wucht draufhauen. Ob ich nicht Torwart sein möchte? Wie schön, dass ich mitspielen darf, gern! Zwischen zwei Rüben warte ich vor dem Berg aus Strohballen auf den Ball. Das Elfmeterschießen geht los. Zuerst ist Thomas dran. Ich spüre Raffinesse. Er schaut auf den Ball, dann auf mich und wieder auf den Ball. Nach kurzem Anlauf geht der Ball direkt an der Rübe ins Tor. Ich erlebe meine erste Chance, einen richtigen Fußball zu treten, ein aufregender Moment. Es gelingt, in Richtung Hanni zu schießen. Die Richtung stimmt, aber der Schuss ist viel zu kurz. Der Ball ist für mich zu schwer. Hanni macht seinen Anlauf. Schuss und buh, tut das weh! Der Ball kommt flach auf mich zu. Er klemmt jetzt zwischen meinen Knien, Füssen und Händen. Er hat mich ein Stück nach hinten geschoben. Noch heftiger und ich mache den Münchhausen auf der Kanonenkugel. Für mich wendet sich das Vergnügen in Richtung Mutprobe. Mein zweiter Schuss, jetzt zu Thomas, gelingt ganz gut, obwohl ich dabei die Zähne zusammenbeißen muss. Thomas macht das wieder perfekt. Diesmal saust der Ball an der anderen Rübe vorbei an den Strohdiemen. Zwei zu null für Thomas. Hanni will aufholen. Ich erwarte den Kanonenschuss. Nein, ich fliege nicht gegen die Wand aus Stroh. Der Ball landet auf dem Acker, wo schon Tabak abgeerntet ist. Ich klettere vorsichtig durch den Stacheldrahtzaun. Der Ball ist weit geflogen. Ich beeile mich und werfe ihn über den Zaun. Als ich ohne Kleiderschaden zurück bin, sehe ich zwei besorgte Männer auf den Ball schauen. „Der hat einen Ratscher vom Stacheldraht", höre ich. Hanni reibt und Thomas ebenfalls. Tomas hat die Idee, den Schaden mit Schuhcreme zu kaschieren. Die Mutter soll möglichst nichts merken. Die beiden verschwinden. Ich bin erlöst. Ich freute mich, mitspielen zu dürfen und war leider zu klein dafür.

Der Strohdiemen hinter dem soeben genannten Tor hat ein Geheimnis. Er ist ein riesiger, aus Strohballen gestapelter Berg. Wir Kinder sind auf der Rückseite hochgeklettert und haben mit Ausdauer eine Höhle gerupft. Hier kann man bei schlechtem Wetter unterschlüpfen.

Papa wurde auf dem Hof gebraucht, weil die Familie Rasch nicht vollzählig war. Das ist jetzt anders, wo beide Söhne wieder da sind. Aue vermittelt ihm eine Arbeit. Neben der Meierei wird ein neues Haus gebaut.
Die erste Arbeit von Papa ist das Ausheben des Bodens für den Keller. Jeden Tag sehe ich das Loch größer und tiefer werden. Immer höher ist die Erde zu werfen. Unendlich viele Schaufeln lassen ein riesiges Loch entstehen. Zwischenzeitlich muss Papa die herausgeworfene Erde fortschaffen und in der Nähe verteilen.
Der Baumeister kommt ab und zu mit einer Zeichnung. Das ausgehobene Loch muss groß genug sein und auch an der richtigen Stelle. Papa bekommt Verstärkung und Anleitung. Sein Kollege ist ausgebildeter Maurer und kennt sich mit allen Dingen aus. Es entstehen Schalungen aus Brettern und Stangen. Kies kommt mit einem Lastwagen. Abgeladen wird mit der Schaufel. Auch Zementsäcke und eine Mischmaschine sind bald abgeladen. Die läuft mit einem knatternden Motor, nachdem Papa gefummelt und gekurbelt hat. Das ist interessant. Aber ich mag keinen Lärm und bin nicht lange am Mischer. Kies wird durch ein schräg stehendes Sieb geworfen. Steine bleiben zurück. Papa schaufelt Kies und Zement in die Trommel des Mischers. Während die Maschine knattert und rappelt, wird Wasser zugefüllt, ganz bequem mit Schlauch. Das ist hier an der Meierei normal. Niemand muss Eimer schleppen. So entstehen Kellersohle und Kellerwände. Papa hat sich mit dem Antriebsmotor des Mischers angefreundet. Ich staune, wie ihm das gelingt. Anfangs war es mir lieber, wenn die unförmige Klapperkiste nicht laufen wollte wegen des Lärms. Jetzt bin ich froh, dass Papa nicht viel Mühe mit dem Starten hat.
Dann wird wieder eingeschalt. Man verwendet dasselbe Holz, das vorher gebraucht wurde. Die Decke über dem Keller entsteht. Schwere Drahtgitter werden gleichmäßig ausgelegt, bevor man Beton verteilt.
Der Bau wird noch interessanter, als Ziegelsteine vermauert werden. Nach ein paar Lagen wird eine Schicht Teerpappe gelegt. Das ist wegen Feuchtigkeit. Papa siebt, mischt und karrt den Mörtel heran. Wenn genug Material da ist, mauert er auch. Ich erlebe das Entstehen von Ecken und Öffnungen für Fenster und Türen. Zimmerleute kommen und bald auch das Richtfest. Eine Richtkrone aus Eichenlaub hängt an einer Stange, die hoch über die Dachsparren hinausragt. Richtfest auf der Meierei ist das Ereignis, das man unter vielen anderen bevorzugen würde. Viele Leute sind gekommen. Es wird ein Spruch oben im Gebälk aufgesagt und ein Schluck aus einem Schnapsglas genommen. Das Glas wird hinuntergeworfen. Es zerspringt auf dem Betonboden. So will es der Brauch als gutes Zeichen für die Zukunft des neuen Gebäudes. Dass man etwas wegen der Tradition kaputtschmeißt, wundert mich. Aber es sind noch genügend Schnapsgläser für alle vorhanden. Es gibt viel Bier. Das wird aus der Flasche getrunken.

In der Veranda neben der Meierei steht immer Milch bereit, an warmen Sommertagen zusätzlich auch Buttermilch. Es kommt vor, dass die Chefin Kuchen hinstellt, eine Überraschung! Dass diese Baustelle direkt am Schulweg liegt, ist ein wahres Geschenk! Kinder werden nicht nur in Ostpreußen verwöhnt!
Dann wird der Heizkessel ausgetauscht. Da schaue ich auch gern hin. Aber wenn die Meierei in Betrieb ist, halte ich mich dort nicht auf. Der Lärm ist unerträglich.
Wenn ich im Auftrag von Mama für unsere Familie Milch kaufen soll, ist der Lärm eine Plage. Die Fragen der Bedienung verstehe ich nicht. Warum können es andere Leute? Oma hat mir die Ohren zugehalten, wenn es im Krieg laut war. Habe ich trotzdem einen Schaden?
In der Nähe der Meierei bezieht die Feuerwehr ein neues Gebäude. Das alte Domizil wird ausgeräumt. Für mich bleiben kleine gelbe Flaggen an Einsteckstielen aus dickem Draht übrig. Sie waren für das Markieren von gasverseuchten Orten vorgesehen und werden nicht mehr gebraucht.

Regelmäßig fährt ein Auto durch Bremholm. Es bringt die Zeitung nach Sterup und in andere Dörfer. Jeder weiß das. Wenn ich das Auto kommen höre, bleibe ich stehen und beobachte es jedes Mal, als hätte ich es noch nie gesehen. Autos sind wunderbar. Ohne Pferde kommen sie schnell voran.

Ich bin auf dem Weg zu Hans Bruno Carstensen. Wir wollen mit seinem Luftgewehr auf Scheibe schießen. In der Kurve gegenüber unserem Hof gehe ich auf der rechten Straßenseite und höre das Auto von hinten kommen. Wie immer bleibe ich stehen und schaue. Was ist denn das? Neben dem Auto kullert ein Rad. Es kommt direkt auf mich zu. Ein schneller Schritt zur Seite bis an die hohe Graskante und schon sind Rad und Auto vorbei. Wenige Meter vor mir hält das Auto am Straßenrand. Das Rad schafft es etwas weiter und legt sich auf die Seite. Der Fahrer steigt aus und schaut sich den Schaden an. Da das rechte Vorderrad fehlt, steht das Auto entsprechend schräg. Ich will das Rad heranrollen und staune über das Gewicht. Schon bei der Balance, es aufrecht zu halten, habe ich Schwierigkeiten. Bevor ich eine Umdrehung schaffe, liegt das Rad auf der Seite. Gemeinsam schauen wir auf die Innenseite. Die Achse ist durchgebrochen. Den Stummel sieht man am Auto. Da hat der Chauffeur ein großes Problem, denke ich. Aber er kennt sich hier aus und meint, dass man in Sterup helfen kann, in der Tankstelle oder beim Maschinenbauer. Zuversichtlich macht er sich auf den Weg. Ich behalte das Auto im Auge, wie man sagt.
Stunden später ist das Rad wieder angebaut. Man konnte ein passendes Teil beschaffen.
Bevor der Fahrer seinen Heimweg fortsetzt, schenkt er mir einen Abreißblock mit blauem Pauspapier, kleiner als eine Postkarte. Flensburger Tageblatt steht oben. Mit diesen Blättern kann man die tägliche Zustellung der Zeitung vereinbaren.

Claus Peter Matthiesen hat das Fahrrad von seinem Vater geliehen. Auf dem Weg nach Bremholm-Holz wollen wir Radfahren üben. Es ist ein erschwertes Lernen, denn das Herrenrad ist für uns viel zu groß. Wir haben schon andere Kinder gesehen, wie sie seitlich am Rad hängen, sich unter die obere Rahmenstange ducken und mit einem durchgesteckten Bein das Pedal auf der anderen Seite treten. Das sieht merkwürdig aus und wirkt unbeholfen. Auch das Fahren mit einem Damenrad, wo man sich nicht auf den Sattel setzen kann und das Radeln stehend bewerkstelligt, ist komisch, aber nicht so exotisch wie unser Projekt. Schöner ist das elegante Fahren mit einem passenden Kinderrad. Wir trainieren jetzt die schwierigste Variante. Da Claus Peter der Kleinere ist, fängt er an. Ich stütze ihn.

Zunächst gilt es, eine passende Schräglage für die Balance zu finden. Claus Peter tritt dabei schon in die Pedale. Nach hartnäckigem Üben lasse ich meinen Freund wiederholt los. Sekunden strampelt er ungelenk voran und neigt sich bedenklich. Also übernehme ich wieder Stützfunktion. Das wiederholt sich viele Male, bis ihm die Balance länger gelingt. Er wird mutig und fährt davon. Jetzt kann ich nicht mehr helfen. Wie steigt er ab? Ganz einfach, er ergreift einen Pfahl des Gemüsegartens, den er schlängelnd erreicht hat. Das Schicksal ist gegen ihn. Der Pfahl neigt sich zur Seite und hängt am Draht. Claus Peter lehnt hilflos schräg über dem Garten. Er sortiert seine Beine und schafft es abzusteigen. Jetzt kommt ein Bewohner aus dem Haus, schimpft und haut ihm eine kräftige Backpfeife, ein Volltreffer. Der Verärgerte geht immer noch schimpfend zurück. Auf der Schwelle wird er plötzlich still. Merkt er, dass er überreagiert hat? Ich bin stehen geblieben, gehe nun weiter. Die Gefahr ist vorbei. Als ich das Rad vom Zaun ziehe, kann ich sehen, dass der Pfahl am Boden durchgefault ist. Betroffen verlassen wir unsere Übungsstrecke und gehen zur Villa, wo Claus Peter wohnt. Er muss damit rechnen, dass seine Eltern angesprochen werden. Wir berichten, dass der Pfahl morsch ist. Sein Vater kann sich das ansehen. Das Pech erwischte uns in der Nachbarschaft um die Ecke, wie man sagt.

Aufregung erfasst meine Familie. Wir können nach Dingholz ziehen. Der Schulweg ist dann wesentlich länger. Aber wir haben mehr Platz.
Ein Ortswechsel ist immer ein Abenteuer. Wir sind gespannt. Mir hat es hier auf dem Hof der freundlichen Familie Rasch sehr gut gefallen, auch die Umgebung. Meine Erwartung ist trotzdem eher hoffnungsvoll als skeptisch.

Kapitel 6

Sterup-Dingholz im Kreis Flensburg

1949 - 1953

Mit Fuhrwerk von Aue Rasch bringen wir unseren Hausrat nach Dingholz. Bei Schuhmachermeister Peter Vogt ziehen wir in eine Wohnung mit Küche, Speisekammer und zwei Zimmern. Alle Räume sind wie neu. Auch eine Schweinebox können wir benutzen und einen Holzschuppen.
Familie Vogt lebt mit zwei Ehepaaren im Haus. Peter und Dorothea wohnen unten, wo sich auch die große Werkstatt befindet. Sohn Johannes wohnt mit seiner Frau Margarete neben unseren Zimmern oben. In einem weiteren Haus lebt eine Familie mit fünf Kindern. Da ist immer jemand, der Zeit für mich hat. Ingrid und ich können uns so frei bewegen wie in Bremholm. Auch hier gilt das Gesetz der Mittagsruhe.

Schon an einem der ersten Tage sind wir zum Mittagessen eingeladen. Es muss etwas ganz Besonderes sein, denn im Gespräch mit Schuhmacher-Gesellen höre ich, dass es heute Grünkohl für alle gibt. Ich bin voller Erwartung. Dann habe ich ein Häufchen auf meinem Teller, das etwa aussieht wie Fladen auf der Kleeweide hinter den Kühen. Der Duft ist nicht so betörend, dass er die Optik übertüncht. Bevor die Gabel mit einem winzigen Fusselhäppchen meinen Mund erreicht, sehe ich ein weißes Würmchen und verharre. „Mama, hast du das auch?“ Keine Antwort. Alles schaut auf meinen Teller. Winzig leuchtet es aus der Mitte der grünen Masse. „Eine Made“, sagt Dora, die Frau des Meisters. „Die hat sich gut versteckt. Wir hätten sie eigentlich finden müssen“. Ich erhalte alles neu. Es ist nicht mein Essen, ob mit oder ohne Made. Allen anderen schmeckt es. Ich beneide sie und nehme immer noch ein Häppchen. Mein Widerstand schleicht sich davon.
Bald bekomme ich mein Leibgericht. Das ist *Heunasopp met Kielkes* (Hühnersuppe mit Kartoffelklößen). In meinem beinahe randvollen Teller schwimmen in der klaren Suppe mit Gemüsestückchen ein Flügel, ein Schenkel und drei *Kielkes*. Zuerst ist der Flügel dran. Den halte ich mit den Fingern. Den Löffel brauche ich nicht nur für die Suppe, auch um immer wieder ein Stückchen vom *Kielke* abzutrennen. Die sind so lang wie Mamas Hände breit und an beiden Enden spitz. Zuletzt liegt nur der Schenkel im trockenen Teller. Das ist mein Höhepunkt der Mahlzeit. Keinem Menschen auf dieser Welt geht es jetzt besser als mir!

Heute ist Badetag. Wir dürfen im Familienbad die Badewanne benutzen. In der Waschküche bollert der Waschkessel. Heißes und kaltes Wasser werden in die Wanne gefüllt. Am Anfang ist es heiß. Aber ich gewöhne mich daran. Das Wasser wird allmählich kälter. Wenn einer fertig ist, kann heiß nachgefüllt werden, bis die gewünschte Temperatur wieder erreicht ist. Wir sind fünf Personen und haben so viel heißes Wasser, dass es zwischendurch vollständig abgelassen und ersetzt werden kann. Die bewährte Formel: Alle nacheinander ins selbe Wasser, die Oma zuletzt, gilt hier nicht. Die Epoche, sich in der Zinkwanne stehend zu waschen, ist vergangen. Wir leben wie Fürsten!

In der Schuhmacherwerkstatt halte ich mich oft und gern auf. Das Entstehen eines Schuhes ist interessant. Zuerst das Spannen des Oberleders auf dem Leisten. Jeder Schnitt und jeder Stich für eine Naht werden sorgfältig und exakt ausgeführt. Die Geschicklichkeit des Gesellen beeindruckt mich. Viele einzelne Schritte sind erforderlich, bis ein Schuh fertig ist. Und dann werden an der Poliermaschine Absatz und Sohle seitlich geschliffen. Eine saubere Linie entsteht und eine glatte Oberfläche. Jetzt kommt die Krönung. Es wird poliert und poliert. Ein Schuh muss nicht nur gut passen und lange halten, sondern auch schön glänzen!

Ich bekomme ein *Schustermesser*. Was mache ich damit? Es ist ein spezielles Messer aus einem etwa zwanzig mal drei Zentimeter Stahlstreifen mit schräger Schneide an einem Ende. Damit schält man keine Kartoffel und schnitzt auch keinen Fisch. Wir Jungs leben in der Zeit der Indianer und Trapper. Es wird mit Beilen geworfen und auch mit Messern. Die stecken dann in einem Baum direkt neben dem bösen Feind, der sich ergibt, weil er begreift, dass ihm das Leben geschenkt wurde. Das Messerwerfen ist gar nicht schwierig. Nach einigen Versuchen weiß ich, dass der Abstand zum Ziel entscheidend für sicheres Steckenbleiben ist. Das Messer wird an der Spitze der Klinge zwischen Daumen und Zeigefinger gefasst. Es bildet einen rechten Winkel zum gestreckten Arm. Jetzt bitte zuschauen. Die Hand wird über die Schulter gehoben und dann erfolgt mit Schwung der Wurf zum Ziel. Das Messer wirbelt durch die Luft und steckt sogleich im Baum! Macht Spaß, oder? Also gleich noch einmal. Oh, Dora kommt. Ich bin im Hühnerhock und treffe den Kirschbaum. Das kann ihr nicht gefallen. Also ziele ich auf den Brennholzstapel. Wir Kinder haben die Gewohnheit, Personen in deren Abwesenheit so zu nennen, wie sie von Erwachsenen angesprochen werden. Das sind hier Dora, ihr Mann Peter und Sohn Johannes mit Gretchen, seiner emsigen Frau. Doras prächtige Alpenveilchen darf ich nicht vergessen. Um gesunde Pflanzen zu züchten, sterilisiert sie die Topf-Erde im Backofen! Aber wir sind im Hühnerhock. Sie wundert sich. *„Is dat Spelen?“* Sie meint wohl, ich bin ein Kind. Fragt man so einen Indianer? „Ja, ich spiele!“

Ich habe noch so eine Idee und denke an den Schmied. Er ist inzwischen mit seiner Familie von Bremholm nach Barg umgezogen. Der Weg ist weit. Aber es geht um eine große Sache. Das Messerwerfen funktioniert nicht nur im Hühnerhock. Ich zeige es Claus Peter. Es gefällt ihm auch. Das hatte ich gehofft. Ich habe schon etwas weitergedacht. Indianer werfen nicht nur mit Messern, sondern auch mit Tomahawks. Davon hat Claus Peter noch nichts gehört. Er kann sich aber vorstellen, dass ein Beil anstatt eines Messers im Baum steckt. Das „Projekt Beilwerfen“ ist hiermit eingeläutet.
Claus Peters Vater will mit seinen beiden Söhnen zum Wasserholen aufbrechen. Jetzt sind wir drei Jungs und können das ohne ihn, meint er. Mit einem übergroßen Handwagen, auf dem ein dicker Behälter liegt, zuckeln wir die Straße entlang zu einer etwas abschüssig liegenden Koppel. Dort wartet eine Brunnenpumpe, die endlich benutzt werden will. Wir pumpen abwechselnd. Und wir pumpen und pumpen, während der Schmied wahrscheinlich schmiedet. Wir pumpen ohne Pause und dann mit Pause. Nicht aufgeben, wir schaffen das! Karl Heinz ist so alt wie ich. Claus Peter ist jünger, will aber mithalten und kann das auch erstaunlich gut. Na ja sein Vater ist Schmied. Schmiede haben starke Söhne. Der Wassertank ist endlich voll.

Wir können den Wagen kaum bewegen. Nach einigen kräftigen Stößen geht es langsam voran. Claus Peter lenkt und zieht, Karl Heinz und ich schieben. Herr Matthiesen kommt. Er bringt Schwung in den Transport. Das ist gut so, denn es gilt auch noch die Steigung zu bewältigen. Nach einiger Mühe sind wir vor der Schmiede. Die Familie kann jetzt am hinteren Hahn bequem Wasser in Eimer füllen. Der Moment ist günstig für eine Frage, ob ein Beil wohl sein könnte. Davor sollen wir Respekt haben, sagt der Meister. Aber wenn wir lernen, ein kleines Beil sicher zu handhaben, ist das nicht zu früh. Der Blasebalg facht die Esse an. Das Flacheisen glüht. Ein passendes Ende wird über scharfer Kante mit dem Hammer abgetrennt. Wie soll das gehen mit dem Stiel? Da muss ein Loch sein. Das Eisenband wird über einen Dorn zum U gebogen. Die Enden liegen nun aufeinander. Nachdem erneut auf Weißglut erhitzt wurde, sausen feste Hammerschläge darauf und verschweißen sie miteinander. Die entstandene Schneide ist schon etwas scharf nach gut platzierten weiteren Schlägen. Noch einmal in die Glut. Das Loch wird schön mit dem Dorn geformt. Ich höre Zischen, als das Eisen im Wasser abgeschreckt wird. „Jetzt ist der Stahl gehärtet", sagt der Meister und schleift eine schöne Schneide am elektrisch angetriebenen Stein. „Den Stiel könnt ihr selbst machen!"
Ich will mich auf den Heimweg begeben. Vorher gibt es bei der Mutter ein gutes Butterbrot und Milch. Ich übernehme die Aufgabe mit dem Stiel und gehe glücklich nach Hause.
Schon am nächsten Tag hat das Beil seinen Stiel. Mein Tomahawk ist fertig. Der Test des Zielwerfens auf den Holzstapel, aus dem die Scheite mich mit ihren Stirnseiten anschauen, ist nach wenigen Versuchen erfolgreich. Mit fünf langen Schritten habe ich den passenden Abstand gefunden. Treffe ich ein Holzscheit in der Mitte, bleibt meine Waffe nach dem Wirbeln durch die Luft stecken.
Jetzt ab in den Wald. Das macht richtig Spaß. Mein Tomahawk steckt sauber im Stamm. Das Herausziehen geht mit Hochhebeln ganz leicht. Der nächste Wurf folgt. Die Schneide dringt nicht gerade in den Baum, sondern schräg und schält dabei ein Stück aus der Rinde. Die helle Stelle ist eine Wunde. Das darf ich nicht machen! Dies ist keine Indianerwaffe, sondern ergänzt mein Werkzeug im Schuppen!

Bei der Erkundung der Umgebung entdecke ich an einem tiefen Wasserloch, *Melchergrube* genannt, schöne blaue Flecken unregelmäßig am Wasserrand verteilt. Schon oft ging ich hier vorbei. Aber das Blau ist neu und lockt mich heute strahlend an. Ich gehe ganz nah an einen Farbklecks. Ich erkenne, dass die schöne Fläche aus vielen winzigen Blüten besteht, die dicht gedrängt beieinander sind. Jede Blüte ist wie die anderen. Ein winziger gelber Mittelpunkt in einem weißen Fleck wird von exakt angeordneten fünf blauen Blütenblättern umgeben. Alle winzigen Blüten sind makellos und wunderschön anzuschauen. Ich vergesse, meine Eile, verharre. Eine unbekannte Wahrnehmung erfüllt mich. Es mag eine Mischung aus Freude, Bewunderung, Dankbarkeit, ja, so etwas wie Demut sein.
Später erfahre ich, dass es Vergissmeinnicht sind. Ja, dieser Name ist treffend. Ich vergesse euch nicht!

Es gibt den „Kirchweg". Er beginnt auf dem Grundstück von Schuhmachermeister Vogt. Entlang einiger Äcker und über einen Anliegerweg für zwei idyllisch liegende Anwesen gelange ich nach Groß Ehrfeld, einen schönen großen Wald mit stattlichen Buchen. Mehrere Fußwege verlaufen in verschiedenen Richtungen. Junge Buchen erlauben das „Ernten" von Maikäfern. Wenn ich fest gegen einen dünnen Stamm trete, fallen sie herunter und platschen in den Anemonenteppich. Ich muss mir merken, wo sie gelandet sind. Ingrid ist auch gern dabei. Der Transport zur Schule

erfolgt in Kniestrümpfen. Wenn ein Käfer es schafft, unter den Gummi zu kriechen, merke ich es und schiebe ihn zurück. Während der Unterrichtsstunde erregen die Krabbeltiere Heiterkeit. Unsere Lehrer haben Verständnis. Es sind auch nur ein paar Tage im Mai, die das Vergnügen erlauben.
Verlässt man den Wald an der anderen Seite, richtet sich der Blick auf den schlanken Kirchturm links hinter dem Wiesental der Lippingau. Rechts steht stolz die Thams-Windmühle. Die Genossenschaftsmühle liegt etwas weiter entfernt zwischen Kirche und Windmühle. Sie hat keine Flügel mehr und zeigt sich erst nach genauerem Betrachten des Panoramas.
Dies ist ein beliebter Punkt zum Innehalten. Ein Kinderfest wird hier von der Kirche veranstaltet mit kostenloser Tombola. Ab und an treffen sich Posaunen- und Kirchenchor. Die Besuchergemeinde singt mit: „Kein schöner Land in dieser Zeit..."
Abschüssig führt ein Feldweg nach Klein Ehrfeld. Dieser Wald ist am rechten Zipfel schnell durchquert. Unter hohen schlanken Bäumen wachsen Sträucher. Jetzt geht es über eine Wiese, die zeitweise quatschnass sein kann. Ich muss Acht geben, dass die Füße trocken bleiben und über höhere Stellen bis zum Steg hüpfen. Hinter dem Bach sind Wiesenparzellen eingezäunt. Schikanen und Stufen können von Rindern nicht überwunden werden. Uns Menschen erlauben sie, den folgenden schmalen Fußweg zu benutzen. Jetzt geht es stetig bergauf. Sterup erreicht man an der Tischlerei Knutzen. Dort gelangt man rechts durch das Friedhofstor zur Kirche. Überquert man die Dorfstraße, liegt das Kaufhaus Angeln hinter einem beachtlichen Löschteich. Ein Geländer auf der flachen Stützwand verhindert versehentliches Hineinfallen. Vorne links liegt ein weiteres stattliches Gebäude. Hier entstand mein Tornister in der Sattlerwerkstatt. Bäcker Kaumann liegt am Weg, der zur Schule führt. Im Schaufenster steht in der Adventszeit ein großes Knusperhäuschen aus Pfefferkuchen mit Glasur und bunten Bonbons geschmückt. Es weckt in mir keine Begehrlichkeit. Ich liebe Sachen, die schön anzuschauen sind. Das Schulgebäude erreicht man gleich hinter dem Bäcker.

Dieser Weg ist lange mein Schulweg und auch zum Kindergottesdienst. Die Kirche für Kinder habe ich gern. Spannend sind die Geschichten, die freiwillige Helfer erzählen. An verschiedenen Orten hören wir die Erklärung der von der Kanzel aus vorgelesenen Bibelgeschichten. Wir sind mehrere Gruppen, Jungs und Mädchen und auch nach Alter getrennt. Es ist nicht so ernsthaft wie vorher mit Pastor, Kanzel und Orgel. Wir hören z. B. die anschaulichen Geschichten von der Arche Noah und dem barmherzigen Samariter.
Als Jesus über das Wasser geht, merke ich, dass Glaube etwas Besonderes sein muss. Der wurde mir nicht in die Wiege gelegt. Kann man Glauben in der Kirche lernen? Wir dürfen Fragen stellen, warum wir etwas nicht verstehen. Das mit dem Wandeln über das Wasser ist und bleibt ein Punkt des Glaubens!
Wechselnde Besprechungsorte sind wie kleine Abenteuer. Mal sitzen wir in einer Ecke des Kirchenschiffs unter der Kanzel, auf der Empore an der Orgel, im Glockenturm unten oder oben, auch hinter dem Altar. Dort ist man dem Glauben am nächsten. Aber hier ist das Thema Wasserwandeln leider schon Vergangenheit.
Ich schaue auf das Bild rechts neben dem Altar und merke, dass es eigentlich zwei Bilder sind, eins ist von links und eins von rechts zu sehen. Uns wird erklärt, dass es viele aneinandergelegte dreieckige Holzstäbe ermöglichen.
An der gegenüberliegenden Wand steht der Namensgeber der Kirche auf einem Podest. Es ist der Heilige Laurentius, der dem Kaiser in Rom anstatt Gold und Edelsteine die armen Leute der Kirchengemeinde brachte und kundtat, das seien die

größten Schätze. Darauf fand der Mutige sein Ende auf einem Scheiterhaufen. Symbolisch dafür hält die uralte Figur mit beiden Händen einen Rost.
Mir gefällt das gemeinsame fröhliche Singen. In dem großen Kirchenraum klingt es anders als sonst. Die Orgel hält sich dezent zurück, solange wir Kinder aus vollem Herzen jubeln. Nach unserem Gesang lässt Fräulein Schömer ihre wahre Größe erschallen. Die Orgel füllt den Raum mit ihren vielen Pfeifen.
Ich bin irgendwann groß genug zum Läuten der Kindergottesdienstglocke. Auf der ersten Etage des Glockenturms hängt ein Draht aus einem Deckenloch herab. Unten ist ein schmales Flacheisen befestigt, gerade so lang, dass man es mit beiden Händen fassen kann. Jetzt geht es los. Ich ziehe. Zaghaft wird das nichts, merke ich. Richtig feste ziehen muss ich, um den Draht nach unten zu bewegen. Und schon geht es wieder nach oben. Die Glocke meldet sich schüchtern. Ich ziehe noch fester und schneller. „Nein, nein", sagt die Glocke „den Rhythmus mache ich und du ziehst genauso, wie ich das will! Nur so wird das was mit uns." Ja, nur so gelangt die Glocke zu vollem Schwung und gutem Klang. Schnell kommt die Ermüdung. „Ziehen, immer schön gleichmäßig weiterziehen", sagt die Glocke und reißt meine beinahe müden Arme hoch. „Es ist genug", höre ich den Kirchendiener. Ich soll mit abnehmender Kraft weiterziehen. Das Läuten wird leiser. Der Rhythmus der Klänge verliert den Takt. Ich schaue auf meinen Glockenlehrer. „Kannst loslassen". Das erste Mal war spannend und anstrengend. Immer wieder läute ich gerne die selbstbewusste Glocke.
Mit den Eindrücken des Kindergottesdienstes ist es besonders schön, allein den Kirchenweg nach Hause zu gehen. Es ist, als würde sich das Erlebnis der Kirche hier auf ganz natürliche Weise fortsetzen. Und dann wartet das Sonntagsessen. Meistens ist es G[illegible]ch. Mama und Papa sind vor dem Kindergottesdienst auch in der Kirche gewesen. Oma kann nicht immer. Sie hat ein schwaches Herz und kann die überwiegend ansteigende Straße von Sterup nach Dingholz kaum schaffen. Als ich erlebe[illegible]e Oma immer wieder stehen bleibt, um sich zu erholen, kann ich es nicht verstehen. Warum ist es jetzt so? Oma hat in Ostpreußen, während der Flucht und in Pommern schwere Sachen getragen.

Die Kirche veranstaltet auch mit anderen Gemeinden Sommerfeste. In Neukirchen ist es besonders schön. Für uns Kinder hat man auf der Wiese mit Ostseeblick allerlei vorbereitet. Außer dem üblichen Sackhüpfen, Eierlaufen und Dosenwerfen erlebe ich das Kringel-Beißen. Auf einer Schnur baumeln allerlei Formen von Gebäck. Wir dürfen einzeln vortreten und mit den Händen auf dem Rücken hochspringen und zuschnappen. Für Zuschauer ist es heitere Unterhaltung und für den Hüpfenden nicht immer, aber oft genug, ein lohnender Sport. Die Schnur wird dabei so bewegt, dass sich Heiterkeit der Zuschauer und Lohn für den Hüpfer die Waage halten.
Wie auch beim Kindergottesdienst gibt es ein Bildchen mit Spruch. Diese Schätze hebe ich auf. Ich habe schon eine ansehnliche Sammlung, denn ich bin jeden Sonntag im Kindergottesdienst und erhalte auf meiner Karte einen Stempel.

Wir haben hohen Besuch. Ein Bischof aus Indien ist gekommen. Missionare haben das Christentum auch dort verkündet, hat Pastor Christophersen vorher mitgeteilt. Wir staunen über den frommen Mann aus dem fernen Land. Über dem weißen Kragen schimmert seine Haut wie Bronze. Die schwarzen Haare sehen aus wie die auf Indianerbildern. Inder, Indianer, passt das zusammen? Da muss ich mich schlaumachen.
Der Bischof spricht zu uns klar und verständlich mit einer Stimme, die heller ist als seine Hautfarbe. Ein Satz hebt sich für mich aus allem, was er sagt, heraus: „Angeln

kommt gleich hinter dem Paradies! Nur das Paradies ist schöner!" Das wussten die Angeliter schon vorher und singen seit eh und je: „Kein schöner Land ..."

Im Haus der Nachbarschaft mit eingezäuntem Garten wohnen fünf Kinder. Dort bin ich gern. Einer der Jungs hat immer Zeit. An Kindergeburtstagen gibt es sogar Speiseeis. Dafür muss von der Meierei ein Eisblock geholt werden. Das ist ganz einfach, denn die Familie besitzt ein Personenauto Marke Opel Blitz. Das Eis wird zerhackt und in die Eismaschine getan. In ein anderes Fach füllt man eine zubereitete sämige Speise. Wir Kinder dürfen dann abwechselnd fleißig an der Kurbel drehen. Irgendwann ist das Speiseeis fertig. Dass es so etwas gibt, köstlich! Eine weitere Attraktion zu jedem Kindergeburtstag ist, wenn die Mutter ihre 23 Vornamen herunter singt. Sie stammt aus dem Hause Bismarck und erfüllt immer wieder gern diesen Wunsch! Peter hat am 16. Juni Geburtstag. Das Datum kann ich mir gut merken, denn meiner fällt auch auf einen 16., aber im Winter, wenn wir auf Eis oder Schnee hoffen. An Peters Geburtstag können wir barfuß draußen sein. Wir spielen Verstecken oder auch Krieg. Auf dem Hof vor dem großen Wohnhaus wird dafür mit scharfem Stein ein Kreis gezogen, etwa fünf Schritte im Durchmesser. Jeder wählt ein Land, das er vertritt und bekommt ein Kreissegment zugeteilt. Dann wird ausgewürfelt, wer anfangen darf. Der erklärt einem angrenzenden Land den Krieg. An der Grenze in der Hocke sitzend erobert der Angreifer so viel Feindesland, wie er mit ausgestrecktem Arm als Halbkreis erbeuten kann. Mit seinem Stein markiert er das eroberte Land. Dann wird gewürfelt, wer als Nächster angreifen darf. Es geht am besten mit vier Teilnehmern, weil das Einteilen zum Start einfach ist. Wer ein Land auslöschen kann, hat es besiegt und darf ohne Würfeln wieder angreifen. Es ist nur ein Spiel. Das Ende bestimmt der Ruf einer Mutter zum Abendessen oder die Dunkelheit. Gewonnen hat, wer am Schluss die meisten Gegner besiegte oder das größte Land besitzt.
Klaus ist der Älteste. Er geht in Flensburg auf die Oberschule. Er ist nicht nur klug und kennt den Unterschied zwischen Sky und Heaven. Er hat auch ein Fahrrad. An einem schönen Nachmittag soll ich noch etwas in Sterup erledigen. Klaus bekommt das mit. Ohne dass ich fragen muss, darf ich mit seinem Rad fahren. Für mich ist es ein großes Vergnügen. Ich beeile mich und liefere das Rad ab. Ich bin dankbar für diese außergewöhnliche Geste. Ich träume von einem eigenen Rad.

Papa hat schon lange ein Fahrrad. Es wurde aus mehreren alten Einzelteilen zusammengebaut. Nur Tretlager und Pedale sind neu. Mama bekommt jetzt auch eins. Ich darf es in Sterup abholen. Auf der Tour blockiert das Hinterrad. Was nun? Das Rad gehört jetzt uns. Kann ich es zurückgeben? Ich bin gerade über die Au und habe noch einen weiten Weg vor mir. Alle meine Versuche, das Rad flott zu machen, scheitern. So muss ich etwa zwei Kilometer mit angehobenem Hinterrad mühselig nach Hause stolpern. Dann versichere ich Mama, dass ich ganz normal unterwegs war und kein Experiment die Ursache ist. Jetzt keimt mein Wunsch, das Innenleben von Freilaufnaben zu erkunden. Ich darf es und habe Freude daran, die Kugeln und alles andere zu putzen. Nachdem Papa Feierabend hat, wird das Projekt unter Einsatz von Staufferfett vollendet. Das Rad funktioniert wie neugeboren!

Bald habe ich ein weiteres Erlebnis mit diesem Fahrrad. Oma erklärt mir, wo sie zusammengeschnürte Brennnesseln hinterlassen hat. Ich soll Band mitnehmen und die Fracht oberhalb der Pedale im Rahmen festzurren. Das Rad muss natürlich geschoben werden. Ich radle also los. Kurz vor Bremholm-Holz sehe ich hinter dem Knick die Brennnesselkugel. Je näher ich herankomme, desto größer wird sie. Was für ein Ungetüm! „Mein Gott, Oma, das hast Du allein geschafft?“ Das hätte ich Papa zugetraut, aber niemals Oma!

Die geplante Transportmethode ist nicht möglich. Den schweren Klumpen kann ich nicht heben. Ich lege das Rad auf die Seite und rolle das Ungetüm darauf. Der Rahmenausschnitt des Damenrades ist für die Kugel zu eng. Das Rad kann ich nicht ändern. Vielleicht den Ball teilen? Nein, ich habe keine Handschuhe. Schon jetzt piesacken mich Brennnesselflecken an den Händen. Auch ein zweiter Transport wäre fällig. Fluchen darf ich nicht, weinen will ich nicht. Was nun? Nachdenken! Die Brennnesseln liegen jetzt auf dem Rahmen und bleiben dort, auch wenn ich das Rad so weit aufrichte, dass das Pedal vom Boden freikommt. Das schaffe ich nur, wenn ich gleichzeitig an Lenker und Sattel hebe. Zu weit darf ich das Fahrrad nicht aufrichten, erkenne ich. Dann rollt meine Fracht vom Rahmen. In Schräglage müsste ich jetzt den Transport schaffen. Der weiche Boden des Ackers ist ein Grund zum Verzweifeln. Also doch ein bisschen fluchen. Nein, das hilft nicht weiter. Ich muss auf dem befestigten Weg starten. Also Brennnesseln runter und das Rad dort auf die Seite legen. Zum Glück ist es der dicken Kugel egal, ob ich sie mithilfe von Händen oder Füssen rollen lasse. Eine stille Freude kommt auf. Ich kann das Monstrum mit den Füssen bewegen, ja ich kann feste zutreten. „Blödes Biest, ich trete dir in den A...“, entfährt es mir laut. Meine Fracht hat jetzt einen angemessenen Namen. Der soll so bleiben, denn ich habe nicht vor, Freundschaft zu schließen. Ich mag es kaum glauben: Es geht voran, aber meine Methode ist anstrengend. Das Rad etwa halb aufgerichtet, eine Hand am Lenker, die andere am Sattel, bewege ich mich zögerlich vorwärts. Die Reifen liegen mehr mit der Flanke anstatt der Lauffläche auf dem Weg. Schon nach wenigen Metern könnte ich alle möglichen Wortschöpfungen im Sinne von Plackerei erfinden. Immer wieder schaue ich auf das Blöde Biest. Mein Zorn gibt mir Kraft. Ich hoffe, dass es auf der Asphaltstraße leichter geht. Noch dreihundert Meter noch zweihundert... Auf dem Asphalt wird es leichter. Aber es sind noch zwei Kilometer. Unser Schwein ahnt nicht, wie ich mich für seine leckeren Mahlzeiten abmühe. Eigentlich hätte ich mit ihm auf den Acker gehen sollen und es am Knick angebunden lassen, bis der Brocken aufgefressen ist.
Eine Möglichkeit zum Anlehnen des Gefährts und Ausruhen bietet sich nicht. Es geht jetzt weiter als einen Kilometer bergauf. Ich komme an den Hof von Rasch, wo wir vorher wohnten. Wie gern würde ich hier meine Tortur beenden! An der Abzweigung nach Sörup befindet sich eine Erhöhung zur Quegmai-Wiese von Carstensen. Hier kann ich endlich das Rad anlehnen. So sitze ich neben meinem Blöden Biest und schaue auf unser schönes ehemaliges Wohnhaus. „Moin,“ höre ich. Ein unbekannter Radfahrer verlangsamt seine flotte Talfahrt und schaut interessiert auf das friedliche Bild, von dem ich ein Teil bin. Obwohl es Tag ist, habe ich einen Traum. Wenn ein Fuhrwerk käme und das Blöde Biest mitnähme, wäre es eine Erlösung. Ich ersetze den Traum durch Hoffnung. Aber Hoffnung allein reicht nicht. Der Zorn wird auch gebraucht. Mit unerfüllter Hoffnung und voller Zorn erreiche ich den Weg zur Schuhmacherei. Jetzt nur noch einhundert Meter. Das Ziel rückt näher. Dieser Weg ist gut befestigt. Aber er ist schwerer zu bewältigen als die Straße. Als ich mit den Füssen abgeladen habe, trete ich noch mal mit allerletzter Kraft zu. „Blödes Biest, ich trete dir noch mal in den A...! Ich erlebe das erste Mal völlige Erschöpfung. Oma wundert sich, dass der Brennnesselklumpen jetzt größer ist als auf dem Feld. Ja, auf dem riesigen Acker sah das Blöde Biest ohne Fahrrad harmlos aus.

Ich gehe nicht nur zur Schule und zum Kindergottesdienst gerne durch den Wald, sondern auch wenn er mich ruft und ich Zeit habe. Im Frühjahr ist es am schönsten.

Vor dem Wald wächst Weißdorn im Knick. Ingrid hat mir gezeigt, dass man die ersten frischen kleinen Blätter essen kann. Sie sehen dann noch wie Knospen aus und schmecken gut.
Gleich, wo der Weg in den Wald führt, steht eine Buche, die zum Hinaufkletten einlädt. Ihre Äste sind bis oben schön gleichmäßig gewachsen. Das Klettern ist hier keine Kunst. Die kleine Mühe wird mit großartiger Aussicht belohnt. Daneben stehen einige urige Eichen am Rand des Ackers. Ihre Äste beginnen erst in unerreichbarer Höhe. Aber was wir von den Bäumen wollen, fällt im Herbst herunter. Mit Oma und Ingrid sammle ich hier eine gute Eichelernte für unser Schwein.
Dann kommen einige kleine Buchen, die mehr breit als hoch sind. Hier habe ich eine bequeme Sitzgelegenheit gefunden mit Blick auf den Acker. Aber die Hasen bewegen sich wohl nur dann, wenn ich nicht auf sie warte. Als Peter Christiansen meint, wir sollten das Rauchen probieren, schlage ich diesen Platz vor. Hier sieht und riecht uns niemand. Das Erlebnis ist für mich zunächst ein erhebendes Gefühl. Ich rauche wie Erwachsene das tun, meine ich. „Du paffst ja nur, mach einen richtigen Lungenzug!“ Das Stechen ist nur die erste Qual. Der folgende Husten ist nicht zu unterdrücken und wiederholt sich auch nach Minuten. Peter ist klüger und macht den Zug nicht so kühn wie ich. Was ich heute lerne, ist das Löschen der Zigarette. Die lange Kippe soll für einen späteren Versuch aufbewahrt werden. Nichts von der Glut fällt vom Baum. Ich ersticke sie gründlich auf dem Ast neben mir. Peter raucht seine Zigarette mit genüsslichem Gesichtsausdruck zu Ende. Er ist älter und hat mich hereingelegt. Der Husten meldet sich noch einige Male. Aber diesen Platz werde ich auch weiterhin aufsuchen trotz der Erinnerung an den heutigen Tag.
Ich gehe immer wieder gern in die Schlucht. Starte oben am Waldrand und folge dem Bachlauf. Soweit das möglich ist, hüpfe ich über Steine, die zahlreich aus dem Wasser herausschauen. Am Eingang des Fuchsbaus achte ich auf frische Spuren. Sind auch kleine Abdrücke dabei? Finde ich Gelegenheit, junge Füchse beim Spielen zu beobachten? Nein, es gelingt mir nie, trotz meiner Aufmerksamkeit.
Wenn ich bei den sehr hohen Buchen angekommen bin, klettere ich auf die dickste über einen Ast, den ich hochhüpfend vom Knick oberhalb der Schlucht erreiche. Bis etwa zur halben Höhe komme ich. Weiter schaffe ich das nicht, weil ich den nächsthöheren Ast nicht erreiche. Auch hier sitze ich auf einem bequemen Platz, von dem ich die besonders eindrucksvolle Schlucht betrachte und dabei das leise Gluckern und Plätschern der Au höre.

Lange teile ich schon mit Heinz Andersen eine Schulbank. Wir sind gern zusammen. Unsere Noten in den Unterrichtsfächern sind etwa gleich. Dann kommt das Thema Schule wechseln. Mehrere aus unserer Klasse bekommen eine Empfehlung für das Gymnasium, ich auch. Heinz Andersen und Holger Schmidt bestehen die Aufnahmeprüfung. Ich darf nicht, uns fehlt das notwendige Geld. Dass ich eine bessere Zukunft verpassen könnte, erkenne ich nicht. Ich wäre nur gern mit Heinz gegangen. Unsere Begründungen zu Hause: „Dann brauchst du Fahrgeld und musst jeden Tag Sonntagskleidung tragen. Und was sagen die Einheimischen, wenn ein Flüchtlingsjunge auf die Oberschule geht?“
Mein Schmerz währt nicht lange. Ingrid wechselt zum Aufbauzug. Der ist vor einem Jahr entstanden. Dort kann man Mittlere Reife schaffen, ohne nach Kappeln oder Flensburg zu fahren. Das könnte ich auch versuchen und die Aufnahmeprüfung machen, sagen Mama und Papa. Na ja, das ist noch weit weg. Wenn ich Maurer werde, kann ich mir ein Motorrad kaufen und muss gar nicht auf den Aufbauzug.

Unser Klassenlehrer Grand ist ein weit herumgekommener Mann. Er diente bei der Marine und hat viel erlebt. Wenn er aus der Zeit berichtet, ist er gut gelaunt. Man kann auch sagen, dass er dann übermütig ist. Er zeigt uns einen Seemannsgruß, mit dem man in fernen Ländern freundlichen Menschen Ehre erweist. Er geht in die Hocke, wackelt mit den Hüften, hebt dann ein Bein und bildet damit über dem Knie des Standbeins ein Kreuz. Dabei ruft er fröhlich: *„Itschibitschi hurra, itschibitschi hurra!“* Er weiß wohl, dass wir danach um eine kleine Geschichte bitten und folgt unserem Wunsch. Zum Abschluss hören wir dann wieder: *„Itschbitschi hurra, itschibitschi hurra!“* Ich habe eine Frage: „Sie sagen, dass Sie dreieinhalb Mal um die Welt gefahren sind. Dann sind Sie doch in Australien und nicht hier.“ „Dreieinhalb kommt vom Zusammenzählen!“ Alle sind mit der Antwort zufrieden. Da das so klar ist, frage ich nicht weiter. „Warum können alle anderen das Zusammenzählen so gut wie Herr Grand?“ Ich suche nach der Rechenmethode, frage niemanden aus der Klasse aber meine Schwester Ingrid auf dem Heimweg. Sie sagt: „Das ist doch ganz klar. Er hat alle Kilometer zusammengezählt und dabei dreieinhalb Mal um die Welt ausgerechnet.“ Tief in Rechengedanken versunken, gehe ich weiter und kratze hinter dem Ohr.

Nach Schulschluss bin ich unverzüglich auf dem Weg nach Hause. Wenn ich nicht über einer Idee tüftele, laufe ich mehr als ich gehe. Das ist auch heute so. Ich hole Ingrid und Annelene ein. Eigentlich müsste ich die beiden überholen. Aber wie soll ich das höflich machen? Man sagt etwas Nettes, wenn man Bekannte trifft. „Moin und Tschüss“ kenne ich noch nicht. Also zuckele ich hinterher. Wir sind in Nähe der Aubrücke, wo die Straße noch nicht ansteigt. Die Mädchen gehen. Annelene könnte mit ihrem Fahrrad schon viel weiter sein. Sie ist so nett und bleibt bei Ingrid, die kein Rad hat. Die beiden unterhalten sich, während ich artig mit kleinem Abstand folge. Meine Gedanken sind jetzt schneller unterwegs als meine Schritte. Wie soll ich mich beschäftigen? Da liegt nichts, was ich aufheben und untersuchen kann. Ringsum sieht es so aus wie immer. Was ist das? Annelene hat unterschiedliche Hosenbeine! Das Rechte ist deutlich kürzer als das Linke. Es kann nicht daran liegen, dass der Stoff nicht reichte, denn Annelene ist Bauerntochter. Die Ergründung dieses Phänomens gelingt mir nicht. Das quält mich bis zur Überwindung meiner Schüchternheit. „Warum ist ein Hosenbein so kurz?“ „Das habe ich umgeschlagen wegen der Fahrradkette!“

An einem anderen Tag sehe ich auf dem Heimweg das Auto von Hans Hartwigsen kommen. Es hält am Kaufmannsladen Franzen und steigt aus, just als ich das Auto erreiche. Mein Wunsch mitzufahren ist so stark, dass ich meine Scheu überwinde und darum bitte. Und schon sitze ich im Auto. Herr Hartwigsen geht ins Geschäft. Ich habe Gelegenheit, alles anzuschauen. Ich zähle drei Pedale. Warum drei? Bremse und Gas habe ich gehört. Das werde ich mir erklären lassen. Meine Inspektion ist abgeschlossen und meine Fragen habe ich formuliert. „Welches Pedal ist für Gas und welches zum Bremsen? Und wofür ist das dritte?“ Ich warte und habe Zeit, nicht nur an meine Fragen zu denken. Warum geht Herr Hartwigsen in dieses Geschäft? Er hat doch selber eins bei uns in Dingholz. Ich warte geduldig, dann ungeduldig und dann warte ich nicht mehr. Ich steige aus und gehe zu Fuß. Die Tür lässt sich nicht öffnen. Ich versuche es mehrmals vergeblich. Die andere Tür? Ich klettere hinüber und kann auch hier nicht aussteigen. Da ist eine Kurbel. Die Scheibe senkt sich. Nach einigen Umdrehungen ist sie in der Tür verschwunden. Ich klettere hinaus und beeile mich. Eigentlich wäre ich schon zu Hause. Vielleicht habe ich Glück und Herr Hartwigsen holt mich ein. Nein, er holt mich nicht ein. Er wird wohl etwas anderes bei

Franzen wollen. Einkaufen dauert nicht so lange. Das Geheimnis der Pedale und Autotüren beschäftigt mich noch beim einsamen Mittagessen. Mama hat lange gewartet und schläft jetzt.

Ich bekomme ein Fahrrad. Der Rahmen ist hoch, aber vielleicht wachse ich deshalb schneller. Jetzt kann ich mit Papas Werkzeugen immer mal ein Teil abschrauben und so die technischen Geheimnisse ergründen. Die Krönung ist die Zerlegung der Freilaufnabe mit Rücktrittbremse wie schon bei Mamas Rad. Die Kugeln putze ich einzeln und lege sie mit frischem Staufferfett wieder in die Laufrille. Bremsbacken bleiben trocken.

Ein wunderbarer Sommerabend lockt mich hinaus. Auch ein Schuhmachergeselle spaziert ums Haus und schaut in die Luft. „Du hast jetzt auch ein Fahrrad. Hast du Lust, an den Strand zu fahren?“ Na klar, schnell melde ich mich drinnen ab. „Du hast doch gar keine Badehose“, höre ich Mama „Wir wollen nur mal hinfahren.“
Die Tour ist gut zu schaffen. Wir biegen bei Hartwigsen ab nach Westerholm und fahren dann über Steinbergkirche nach Norgaardholz.
Die Ostsee ist spiegelglatt. Der schwache Luftzug streicht über den Strand auf das Wasser. Erst ein Stück weiter draußen kräuselt sich die Oberfläche. Der Geselle hat sich schnell ausgezogen, läuft ins Wasser und wirft sich hinein. „Komm auch. Das Wasser ist angenehm.“ Wenn er ohne Badehose im Wasser ist, kann ich das auch. Meine Methode der Eroberung dieses Weltmeeres ist sehr zaghaft. Ich vermisse das Angenehme am Wasser. Immer noch ein Schritt. „Leg dich einfach hin. Dann ist es nicht mehr kalt!“ Ich muss der Aufforderung folgen. Was denkt er sonst von mir? Er hat recht. Nach einem „Huuuch“ und Schockmoment fühle ich mich wohl. Beim Aufrichten spüre ich die kalte Luft und bin dann schnell wieder im Wasser. Das Trocknen ohne Handtuch ist meine zweite Kältewelle. Wir laufen hin und her. Das Frieren ist beim Laufen nicht ganz so schlimm, weil man das Zittern nicht spürt.
Auf der Heimfahrt kommen wir zur Expertenerkenntnis. Es ist eine feine Sache, abends zu baden, wenn das Wasser wärmer als die Luft ist.

Das Fahrrad erweitert meine Umgebung. Eine Tour führt mich durch den Löstruper Wald nach Sörup. Am Bahnhof halte ich an und warte einen Moment. Da kein Zug kommt, fahre ich weiter Richtung Bremholm. Etwa am Ortsausgang liegt links die Villa, wo man Gummistiefelsohlen reparieren lassen kann. Die werden vulkanisiert, habe ich gelernt. Ich war schon einmal hier. Am Haus mit den bösen Jungs sause ich schnell vorbei. Dort sind Brüder, die Freude daran haben, vorbeikommende Kinder zu schlagen.
Nachdem ich durch das Tal bin und bergan strampele, sehe ich links den schönen Hof Lund und rechts einen großen Teich mit stattlichen Bäumen ringsherum. Es folgt eine lange schwache Steigung. Jetzt bin ich im vertrauten Gebiet, wo ich alle Leute kenne. Ich bin mit Ingrid zum Austragen der Kirchenzeitung mitgegangen und konnte überall hineinschauen. Hier, wo die Steigung aufhört, wohnen die netten Petersens. Nach kurzer und ebener Strecke rollt mein Rad den Söruper Berg hinunter. Ach, hier könnte ich über die Koppel von Rasch gehen und in den Wald schauen. Ich führe das Rad durch das Heckloch. Als ich es hinter dem Knick verstecke, sehe ich Hanni. Er beschäftigt sich mit dem Umtüdern der Kühe. Ich gehe zu ihm. „Du kommst wie gerufen.“ Er hat eine kaputte Tüderkette entdeckt und will eine neue vom Hof holen. „Kann ich dein Rad nehmen?“ Natürlich kann er das. Während Hanni Rasch sich auf den Weg macht, schaue ich wie schon oft den Kühen zu. Sie stehen im tiefen Klee und schlingen genüsslich ihre Zunge um Büschel der frischen Pracht.

Mein Waldspaziergang unterbleibt. Ich weiß, welche Kuh an der unsicheren Kette grast und passe auf. Für die Tiere bin ich gar nicht da. Sie sind soeben auf ein frisches Kleegebiet gekommen und fressen jetzt einen Kreis frei, soweit die Kette das erlaubt. Bald wird es hier so kahl sein wie dort, wo sie vorher waren. Auch grüne Fladen werden sie wieder kleckern.
Ich schaue zum Wald und denke an einen heißen Sommer. In der Schlucht hinter dem Staudamm war kaum noch Wasser und viele Karauschen fanden ihr Ende. Auch an das Moos, das wie große Inseln am Hang weiche Teppiche bildet und lange, zarte, braune Blütenstängel hat.
Hanni kommt wieder. „Dein altes Fahrrad fährt so gut wie ein neues!“ Ich freue mich darüber. Die Kette habe ich gefettet und so gespannt, dass sie locker läuft, aber nicht schlenkern kann. Hanni meint, ich sollte mich melden, wenn die Rübenernte ansteht. Ich hätte dabei gerne geholfen, als wir noch auf dem Hof wohnten. Das ist jetzt die zweite große Freude! Hanni weckt eine wunderbare Erinnerung. Das Leben auf dem Hof in Bremholm war wie eine Fortsetzung von Falkenau. Ich spüre, dass ich die stille Umarmung des Hoflebens vermisse. Ich bin jetzt 11 Jahre alt. Dreimal wurde ich schon fortgeweht. Ich muss weiter mit dem Wind ziehen. Die Schätze der Erinnerungen nehme ich mit.
Guten Mutes lass ich das Rad den Berg hinabrollen. Jetzt heißt es bremsen. Ich komme an der Stelle vorbei, wo vor etwa zwei Jahren ein Mann stürzte und sich schwer verletzte. Ich biege bei Rasmussen ab Richtung Flensburg. Ein Lehrer kommt mir zu Fuß entgegen. Wir nennen ihn Paul nach seinem Vornamen. Ich grüße artig und bin froh, dass ich keine Mütze trage. Das macht die Sache einfacher. Wenn er vom Nachhilfeunterricht kommt, trägt er eine gewichtige Aktentasche. Auf dem Hinweg ist sie leichter. Einige setzen ihre Talente ein, um zusätzlich etwas zu ergattern. Jeder nach seinen Möglichkeiten. Wir sind z. B. froh, wenn wir Ähren oder Kartoffeln nach der Ernte nachsammeln können. Bei Carstensen in Quegmai muss ich feste in die Pedale treten. Am Hof von Homfeldt ist die Steigung nur noch schwach. Jetzt geht es flott vorbei am Schumacher-Hof und auch wo mein Freund Peter Christiansen wohnt. Zu Hause reibe ich mein Rad mit einem öligen Lappen sauber. Es glänzt!

An einem Sonntag kommt Hans Bruno Carstensen. Er weiß, dass ich jetzt ein Fahrrad habe. „Willst du nach Flensburg mitfahren?“ Ja, natürlich mache ich das gern. Er hat bei Verwandten etwas abzugeben. Das ist dann schon eine ordentliche Tour. Meine Beine sind trotz des hohen Rahmens noch nicht länger geworden. Immer öfter trete ich stehend, weil es hinten schmerzt.

Es gibt das jährliche Scheersbergfest. Man bietet allerlei Unterhaltung mit Sport und Gesang.
Hunderte von Fahrrädern sind auf einer Wiese abgestellt. Sie werden bewacht. Das kostet Gebühr. Auch der Eintritt ist nicht umsonst. Dafür erhält jeder ein Fähnchen mit Abbildung des Turms als Anstecknadel. Alle Leute haben es angeheftet. Ich finde einen Motorradzündschlüssel und gebe ihn im Gasthof ab. Mit Klassenkameraden genieße ich den langen Nachmittag.
Ein späteres Scheersbergfest soll von meiner Schulklasse aufgewertet werden. Natürlich durch Volkstanz. In der Schule wird geprobt. Dass ich nicht dabei bin, fällt bald auf. „Heinz, du musst mitmachen.“ Ich sage, dass ich dafür kein Talent habe. Es hilft nichts. Ich muss mitmachen.
Es ist so weit. Meine Klasse stellt sich im Kreis auf. Besucher bemerken es und nähern sich. Zuschauer sind erwünscht. Das begleitende Lied wird angestimmt. Wir

Schüler singen mit. Jetzt klatscht Fräulein Todt rhythmisch in die Hände. Der erste Schritt, der zweite Schritt und immer noch einer. Wie war das beim Üben? Ich schaue es den anderen ab! „Heinz, was machst du denn da?“ Das hätte Fräulein Todt besser nicht so laut gefragt, denn das Publikum beginnt zu lachen. Sie könnten denken, das würde zum Programm gehörten. Jetzt bin ich blamiert. Aber meine Rache ist die Heiterkeit der Zuschauer. Ich mache mit, auf meine Weise.

Papa beschafft Brennholz. Es ist sehr mühselig. Im Wald findet man nirgends herabgefallene verwertbare Äste. Flüchtlinge streifen regelmäßig umher und nehmen auch dünne Zweige mit. Mit Einverständnis des Waldbesitzers darf man Baumwurzeln, wir sagen Stubben, von abgesägten Bäumen ausgraben, eine anstrengende Arbeit. Mama hilft beim Freilegen der Wurzeln. Dann wird gesägt und mit Keilen gespaltet. Nach Tagen ist alles in ofentaugliche Stücke zerlegt. Wenn ich Papa Brot und zu trinken bringe, plaudern wir, während er sich ausruht. Es ist immer sehr schön. Irgendwann ist das Fach für Brennholz im Schuppen voll.

Maieinsingen in Sterup ist ein Ereignis für alle. Eltern, Kinder, Omas und Opas gehen in den Garten des Bahnhofshotels. Unter den großen Bäumen ist genug Platz für Mädchen, die im Reigen Schleifen flechten und auch für viele Zuschauer. Schön anzuschauen ist, wie die bunten Bänder sich zum Zopf vereinen. Dann singen alle gemeinsam „Der Mai ist gekommen ...“ Die Veranstaltung scheint einigen Leuten nicht lange genug zu dauern. Auch nachdem das letzte Lied gesungen wurde. Natürlich ist es „Kein schöner Land...“ Beinahe alle stehen und plaudern in Gruppen. Wir Kinder toben übermütig durch den Garten. Der Mai ist gekommen!
Selten ist der Buchenwald am ersten Mai grün. Man kann es trotzdem schon zu Hause haben, wenn der Wald noch nicht so weit ist und man rechtzeitig Zweige in Wasser steckt, weiß Papa.

In Sterup soll ein Laternenumzug stattfinden. Alle Kinder und Eltern können teilnehmen. Ich möchte dabei sein und auch eine Laterne haben und überlege, wie ich sie basteln kann. Ein kleines Häuschen mit Fenstern ringsum, ein Kerzenhalter vom Tannenbaum unten im Boden, eine Öffnung im Dach und eine Wand zum Aufklappen, damit die Kerze hineineingesteckt und angezündet werden kann. Das habe ich geschafft. Damit die Kerze nicht ausgeblasen wird, müssen die Fenster geschlossen werden, aber durchsichtig sein. Butterbrotpapier könnte gehen. Aber das ist trist. Bei Kaufmann Hartwigsen frage ich nach, ob es etwas Farbiges gibt. Einfarbiges Transparentpapier ist nicht da, aber Pergament mit lila Streifen. Für wenige Pfennige bekomme ich einen großen Bogen. Viel bleibt übrig, aber es kann für etwas anderes gebraucht werden. Meine Laterne sieht gut aus und wird bei Kerzenlicht im dunklen Zimmer gelobt.
Ich bin also dabei, als es in Sterup losgeht. „Laterne, Laterne, Sonne, Mond und Sterne ...“, klingt es um mich herum. Außer mir haben nur wenige Kinder selbst gebastelte Laternen. Meine könnte einen Preis für solide Handarbeit erhalten. Davon sieht man im Dunkeln nichts. Außerdem spendet sie nur spärliches Licht. Die gekauften Mond- oder Sonnengesichter, die man wie eine Ziehharmonika spreizen und zum runden Kopf aufspannen kann, stellen alle anderen Lampions in den Schatten. Na ja, ich hatte mein Vergnügen beim Basteln und singen darf ich wie die anderen.

Wir bekommen in der großen Pause Schulspeise. Es ist immer Eintopf, der in der Meierei zubereitet und von zwei älteren Schülern abgeholt wird. Heute soll ich das

erste Mal einer der Abholer sein. Der Karren wurde gestern mit der leeren Kanne in der Meierei abgeliefert. Während wir die Deichsel halten, wird die schwere heiße Kanne aufgeladen. Es geht los, zunächst leicht bergan und dann ein Stückchen in Richtung Kappeln. Rechts, etwas zurückliegend, taucht die Schulbaracke auf. Über den Schotterweg gelangen wir zur großen Gruppe hungriger Schüler, die mit Schüsseln und Löffeln auf uns warten. Im Nu sind wir umringt. Unsere Lehrer sind natürlich auch da. Genau hier steht der Karren immer zum Austeilen der Suppe. Wir lassen die Deichsel los. Die saust wie von Geisterhand bewegt nach oben. Rums und Platsch! Da liegt die dicke Kanne hinter dem Karren. Der Deckel rollt davon und die Schokoladensuppe quillt heraus. Der wunderbare Duft erzeugt keine Vorfreude wie sonst, sondern verstärkt das Hungergefühl. Wir sind so nah an der Suppe und müssen verzichten!
Mein schlechtes Gewissen ist die einzige Strafe. Ein kluger Lehrer erklärt die Ursache des Malheurs. Wir sollen an der Meierei darauf achten, dass die Kanne vorne steht. So kann die Karre nicht nach hinten kippen. Vorne hat sie eine Stütze. Jetzt wissen alle Schüler, welche Folgen ein unbeachteter Schwerpunkt haben kann. Aus einem Schaden werden wir klug!

Schuhmachermeister Vogt nimmt mich manches Mal mit, wenn er für Besorgungen mit seinem Dreiradauto losfährt. Schnee liegt heute auf Straßen und Wegen. Das Vorderrad muss sich genau dort durchwühlen, wo vierräderige Fahrzeuge den Schnee liegen lassen. Es ist ein ständiges Hin und Her schlingern. Meister Vogt hat das gut im Griff. Konzentriert steuert er das Vorderrad nach jedem Wegrutschen zurück in den tiefen Schnee der Straßenmitte. Es ist abenteuerlich, ganz anders als auf sauberen Wegen. Wir halten bei mehreren Kunden aber immer nur kurz. Und dann rutscht das Vorderrad wie schon Hunderte Mal aus dem tiefen Schnee zur Seite. Das Auto bleibt stehen. Der Motor läuft weiter und heult beleidigt auf, als Herr Vogt stärker aufs Gaspedal tritt. Abschalten, Klappe aufmachen und schauen. Die Ursache der Panne ist schnell gefunden. Der Keilriemen ist abgelaufen. Die Befestigung am Motor, die den Riemen auf Spannung hielt, ist gebrochen. Die ursprüngliche Position lässt sich herstellen. Mit einem Holzkeil gelingt es, diese zu fixieren. Es geht weiter, aber nicht weit. Der Keil hat dem Schütteln nicht standgehalten und liegt hinter dem Dreirad. Natürlich ist es meine Aufgabe, ihn zu holen. Er wird erneut gebraucht. Herr Vogt startet den Motor. Wir schauen auf den Keil. Er bewegt sich kaum. Also Klappe zu und weiter. Bald liegt der Keil wieder hinter dem Auto. Als er nach Fummeln exakte Position hat, wird der Motor gestartet. Ich darf jetzt vorsichtig das Gaspedal treten. Herr Vogt klopft mehrfach sehr fest. Weiter geht es immer schön langsam bis zu einem Schmied. Die Reparatur dauert. Aber ich kann zuschauen, wie ein neuer Halter den alten ersetzt und dann festgeschweißt wird. Die Reise geht weiter. Nur noch ein kurzer weiterer Stopp und dann in Richtung Dingholz. Ich habe das Gefühl, in einem kerngesunden Dreirad mitzufahren. Wohlbehalten und ohne weiteren Motorschaden erreichen wir nach langer Schlingertour die Schuhmacherei.

Wir können wunderbar mit Schlittschuhen laufen. Hinter dem Kaufmannsladen von Hartwigsen ist eine große überschwemmte Koppel gefroren. Viele kommen. Wir bilden zwei Mannschaften und spielen Hockey. Eine Milchdose oder auch ein Holzstück schlagen wir über das Eis und versuchen Tore zu schießen. Der mutigste ist Torwart. Passiert ist nur wenig. Stürze mit blauen Flecken sind beinahe normal. Einmal verletze ich einen Jungen mit dem Schlittschuh an der Hand, als er nach dem Puck greift. Es ist nur eine kleine Wunde, aber für mich eine Lehre.

Sind nur wenige Eisläufer erschienen, sause ich schnell umher und ziehe Kreise. Eine beliebte Übung ist „Rückwärts Übersetzen." Dabei erreicht man hohe Geschwindigkeit. Wichtig ist schnelles Bremsen auf kurzer Distanz. Schwieriger ist das Fahren einer Acht. Man muss von Uhrzeigersinn in Gegenrichtung wechseln. Zuerst sieht das so aus wie mein Volkstanz auf dem Scheersberg. Aber ich werde besser.
Wenn wir zum Verschnaufen eine Pause einlegen, kommen interessante Themen vor. Ein Junge aus Löstrup behauptet, er könne unser Alter raten. Natürlich müssen wir ihm auf den Zahn fühlen. Als ich an der Reihe bin, gerät er ins Stocken. „Hast du im Winter Geburtstag?" „Ja!" „Dann bist du 12" entscheidet er richtig. Das war knapp, denn vorige Woche hatte ich Geburtstag.
Wenn wir einen Slickepin holen, lassen wir die Schlittschuhe an, klettern über den Zaun und nehmen die Straße mehr stolpernd als gleitend. Im Geschäft von Hartwigsen wird unser lauter Gang mit scharfen Kufen auf den Dielen ohne Kritik akzeptiert. Nach der Schlittschuhtoberei bin ich am Abend immer durstig und erschöpft.

Schlachten ist ein großes Ereignis. Es beginnt damit, dass Mama in der Küche Vorbereitungen trifft und draußen eine Schüssel hinstellt. Dort lehnt schon eine Leiter an der Stallwand. Auch der Brühtrog steht bereit. Dann ist Mama weg. Alles läuft nach Plan. Der Schlachter hat den Bolzenschuss-Apparat dabei. Das Blut fließt in Mamas Schüssel, das Schwein liegt im dampfenden Wasser und hängt bald an der Leiter. Es wird für die Trichinenschau vorbereitet, ist dafür senkrecht halbiert. Linke und rechte Hälfte können innen betrachtet werden. Der Tierarzt kommt, schaut genau und ganz genau dort, wo er kleine Einschnitte macht. Klatsch, klatsch und noch einige Male klatsch, landen die Stempel auf der Schwarte.
Mama ist wieder da. Sie kann es nicht ertragen, wenn ihr Liebling diese Welt verlässt.
Das Schlachten ist ein Meilenstein auf dem Weg in unsere neue Heimat. Mama und Papa machen alles wie in Ostpreußen. Zuerst gibt es Spirkel, das ist durchwachsener Bauchspeck. Der brutzelt heftig in der Pfanne, bis die Schwarte knusprig ist. Später essen wir gebratenen Bregen, das Innere des schlauen Schweinekopfes. Auch das mag ich gern, wenn es krossgebraten ist. Blutsuppe heißt bei uns *Schwartsuer*. Sie enthält verschiedene Teile der Innereien. Ich habe nur den kleinen Anstandshunger.
Das Weiterverarbeiten für die Bevorratung ist spannend. Schinken und Bauchspeck werden zum Räuchern vorbereitet. Lange muss der Hackwolf gekurbelt werden. Es entstehen verschiedene Würste, die z. T. geräuchert werden. Leber- und Blutwurst kommen zu Hause in Einmachgläser und werden eingekocht.

Am 11. März 1951 hat Ingrid Konfirmation. Wir dürfen in der Guten Stube von Vogt feiern. Die Pflege der Nachbarschaft ist in der Landschaft Angeln ausgeprägt. Dass sie auch uns Flüchtlingen zugutekommt, ist eine sehr schöne Geste. Es ist das erste Familienfest nach dem Krieg. Auch Onkel Gustaf und Tante Linda sind mit dem Zug aus Köln gekommen. Natürlich sind Freunde aus der Umgebung dabei. Ich bekomme einen riesigen Bleistift einer Kölner Baufirma. Der ist für den Schulgebrauch viel zu groß. Für meine Skizzen, die ich gern vor dem Basteln mache, ist er prima geeignet. Den finde ich auch zwischen diversen Werkzeugen.

Anfang Mai bekommen Buchen ihr frisches grünes Kleid. Spätestens am achten Mai „meinem Friedenstag" sind auch die letzten Buchen grün. Ich bin dann besonders

gern im Wald und denke an einen magischen Moment in Pommern als ich hörte: „Der Krieg ist aus!“
Hier, im Buchenwald der Landschaft Angeln, erfreut mich ein wunderbares Bild. Unter frischem grünem Dach hat sich ein dichter weißer Teppich aus Buschwindröschen ausgebreitet. Wenn die Sonne scheint, erlebe ich ein zauberhaftes Spiel aus Licht und Schatten.
Einmal beobachte ich eine Familie, die sich inmitten dieser Pracht auf einer Decke niedergelassen hat. Ich staune über ungewöhnliches Verhalten. Das ist nicht üblich! Dürfen sie das? Ich erkenne, dass man sich auch außerhalb der Norm etwas Wunderbares erobern kann. Solange ich niemandem etwas nehme, kann ich meiner Intuition folgen und Ungewöhnliches genießen!

Mama und ich sind im Groß-Ehrfelder Wald, genauer gesagt in der abschüssigen Schlucht, die in Richtung Kirchturm zeigt. Wir sammeln Himbeeren. Der Ertrag ist bescheiden. Wenn es nach mir ginge, würde ich alle guten Beeren essen und nur die kleinen in den Topf werfen. Aber das tut man selbstverständlich nicht. Es gibt nur ab und zu eine Gaumenfreude.
Ingrid kommt. Sie öffnet ein spitzes Tütchen. Darin sind runde braune Bonbons mit einer 1 in der Mitte drauf. Unten steht Mark. Die schmecken so gut, als würde jedes eine Mark kosten. Ingrid hat Kirchenzeitungen ausgetragen und den Lohn nicht für sich allein behalten, eine gelungene Überraschung. Die Himbeerernte in meinem Topf wird deutlich ertragreicher. Der Ersatz von Beeren durch Bonbons macht sich bemerkbar.
„Idiot!“ ruft Ingrid laut. Es ist ein neues Schimpfwort. Meint sie mich? Nein, sie meint nicht mich, sondern den Idioten, sagt sie. Ich höre jemanden in der Ferne rufen und glaube ihr. Meine gesammelten Beeren fallen weiter in den Topf. „Idiot“, höre ich wieder. Mama will das nicht. Sie sagt es deutlich. Ich erlebe soeben die Erziehung meiner älteren klugen Schwester, ein besonderes Ereignis. Die Erziehung funktioniert. Die folgende ernsthafte Stille ist unnatürlich, passt leider nicht zu dieser freundlichen Umgebung. Ingrid unterdrückt ihr Kichern. Sie ist albern, denke ich. Das Kichern wird deutlicher, steckt mich an. Also kichern wir beide. Aber anstandshalber hinter vorgehaltener Hand schauen wir zu Mama. Ingrid kichert, ich kichere. Es ist sicherlich besser zu kichern als das schreckliche Wort zu gebrauchen. Mama hat sich abgewendet. Sinniert sie über eine Lösung des Idioten-Problems? Unser Kichern ist nicht zu bändigen. Gleichzeitig belastet das Gefühl, Mama ungewollt zu reizen. Die Stimmung ist albern und zugleich auch bedrückt. Aus der Ferne erreicht uns das Krächzen einer Krähe. „Idiot!“, ruft Ingrid. Es klingt wie eine Befreiung. Das ist es auch. Wir drei lachen und lachen.

Ingrid und ich sind soeben an Quegmai vorbei und ziehen ein Wägelchen die Steigung hinauf. Beim Ruckeln purzelt der leere Drahtkorb auf den Asphalt, das Resultat unseres Übermuts. „Der Korb!“, rufe ich. Ingrid geht weiter, zieht den Wagen, als ob nichts wäre. „Ingrid, der Korb!“ Sie geht seelenruhig weiter. Ich begreife den Kampf um Willensstärke. Ingrid wird weitergehen. Sie weiß, dass ich „klein beigebe“. Sie irrt nicht. Ich laufe zurück und packe den schweren Metallkorb an beiden Griffen. Damit vor dem Bauch ist schlecht zu laufen. Ingrid erbarmt sich und wartet. Sie hat gewonnen.

Ich erschrecke nicht, als auf dem Schulweg Rindenstücke einer riesigen Pappel mit ihrer Rückseite leuchtend vor mein Fahrrad klatschen und eine gerade Linie quer über die Asphaltstraße ziehen. Ich schaue zum Baum am Straßenrand vor dem

Teich von Carstensen, Quegmai. Deutlich kann ich erkennen, wo die Rinde abgetrennt wurde.
Durch einen breiten Streifen leuchtet der nackte Stamm heraus. Ich sause weiter über den Rindenstreifen den Hang hinunter. Das muss ein Blitzschlag gewesen sein. Gehört habe ich nichts außer dem Aufklatschen der Rinde. In der Schule lieber nichts erzählen. Man kann schnell zum Spinner werden.
Auf dem Heimweg sehe ich mir den Spalt in der Rinde genau an. Vom Boden bis zur Krone verläuft er schnurgerade, etwa so breit wie meine Hand.

Im Hühnerhock steht ein Bienenhaus mit einigen Völkern, die in separaten Kästen leben. Manchmal schaue ich mir das Abfliegen und Ankommen der Bienen an und entdecke Wachtposten, die offensichtlich für eine Art Eingangskontrolle zuständig sind. So etwas macht neugierig. Aber in die Bienenkästen hineinsehen kann ich nicht. Eine Gelegenheit dazu bietet sich zufällig. Jemand hat einen Bienenschwarm entdeckt. Er hat sich auf dem Fliederbaum niedergelassen und bildet dort einen beinahe handballgroßen Klumpen. Es scheint eine bekannte Angelegenheit zu sein. Während wir aus sicherer Distanz auf den von Bienen umschwärmten Klumpen schauen, kommt Herr Vogt im weißen, einteiligen Anzug mit Kopfhaube und Netz, durch das eine räuchernde Pfeife steckt. Der Zweig, auf dem sich das Volk niedergelassen hat, ist in Reichweite und wird abgeschnitten. Der Bienenklumpen plumpst in den Eimer. In sicherem Abstand folge ich zum Bienenhaus. Dort werden Zweig und Bienen in einen freien Kasten getan. Auch herumschwirrende Bienen kommen und gesellen sich am Einflug zu Angehörigen ihres Volkes. Dieses schöne Schauspiel erscheint mir wie ein Wunder. Später darf ich dabei sein, wenn Herr Vogt die Kästen öffnet und die Honigwaben anschaut. Endlich wird meine Neugier über das Innere der Bienenkästen gestillt.

Peter Christiansen ist älter als ich. Er wohnt etwa 500 Meter in Richtung Sterup. Bei ihm komme ich mir vor wie ein kleiner Junge mit neuem Spielzeug. Sein Großvater hat einen Eisenbahnwaggon, der ohne Räder im Garten steht. Das ist seine Werkstatt. Peter und ich dürfen jederzeit hinein und auch werkeln. Auf dem Dachboden sind einige Schätze. Einer davon ist ein unvollständiges Fahrrad. Wir stellen es auf den Kopf und drehen fleißig am Vorderrad, damit der Dynamo die Lampe versorgt. Das funktioniert ganz normal. Aber wie wäre es mit einer Mutprobe? Ganz klar, Peter zuerst! Er fasst am Dynamo den Kontakt, wo das Kabel angeschraubt ist. Mutig hält er mein tüchtiges Drehen aus. Jetzt bin ich dran. Verflixt! Es zuckt heftig durch den Arm! Festhalten ist ausgeschlossen. „Das kommt davon, wenn du auch den Rahmen anfasst und nicht nur den Kontakt“. Hat Peter schon Nützliches in der Schule gelernt. Oder auch so wie ich?

Wir bauen einen Flitzebogen und schnitzen Pfeile. Das Zielen auf Baumstämme ist eine interessante Beschäftigung. Wir stellen fest, dass es gar nicht so einfach ist, zu treffen. An einem Knick liegen Schachteln mit Fett. Die wurden von Soldaten weggeworfen, weiß Peter. Wir versuchen das Fett anzuzünden. Es will nicht so recht klappen. Aber mit Zweigen und Papier brennt das Zeug qualmend. Indianer schießen mit Brandpfeilen. Das könnten wir auch versuchen. Das klebrige Zeug umwickeln wir an der Pfeilspitze mit Tuchstreifen. In eine Flamme gehalten, bringen wir unseren Pfeil in den gewünschten Zustand. Wohin zielen wir jetzt? Auf ein am Baum angelehntes Brett! Es klappt auch. Wir müssen warten, bis das Brett zu brennen beginnt. Das könnte dauern, denn auf der glatten Fläche hat es die Flamme schwer. Unsere qualmende Stinkerei dringt bis ins Haus. Peters Mutter kommt und hält einen

Vortrag. Sie verlangt, dieses Projekt endgültig aufzugeben. Für uns ein großes Opfer. Trösten würde die Erlaubnis eines anderen offenen Plans. Ob wir die geplante Höhle bauen dürfen? Wir könnten auch bei Regen draußen sein. „Sprecht mit Opa. Ich habe nichts dagegen, wenn er einverstanden ist."
Wunderbar! Jetzt können wir richtig loslegen. Peters Opa ist einverstanden, dass unser Bau direkt vor dem Knick zu Schumachers Acker gebaut wird. Wir besprechen das Bauwerk und bekommen von Opa einen wertvollen Tipp. Eine Höhle ganz unter der Erde würde bei Regen nass werden und könnte einstürzen. Wir müssten ein Dach mit Gefälle und Abfluss vorsehen. Das wird ein richtiges Bauwerk!
Mit großem Eifer graben wir etwa einen Meter tief auf einer Fläche von zwei Mal eineinhalb Metern. Lange Pflöcke, die im Boden der Grube stecken, tragen ein Satteldach mit Überstand. Aus vielen Brettern und einem alten Teppich entsteht ein Gebäude mit Eingang am Giebel. Das Abdichten des Daches bereitet uns Sorge. Dachpappe oder Wellblech haben wir nicht. Zweige und Lehm müssten es auch tun. Allerdings ist das keine dauerhafte Lösung. Später müssen wir immer wieder nach Regentagen ausbessern.
Das Ausheben der Grube haben wir unter Berücksichtigung einer Sitzbank vorgenommen. An der rechten Wand blieb unten ein entsprechender Teil des Erdreichs stehen. So entstand durch Auflage eines Brettes die Sitzbank. Rückenlehne und Sitzfläche sind inzwischen mit Teppich ausgestattet. Bei Kerzenschein genießen wir eine gewisse Gemütlichkeit. Wir sinnieren über einen Ofen, der auch Kochen erlaubt, eine schwierige Aufgabe. Auf dem Giebel gegenüber dem Eingang haben wir dafür einen erhöhten Platz vorgesehen. Unser Problem ist so groß, dass es sich herumspricht. Eine ausgemusterte Brennhexe, ein kleiner Herd aus Blech, wird mit dem Blockwagen abgeholt. Alles funktioniert. Mithilfe von Peters Opa können wir die Schamotteauskleidung ausbessern. Auch ein Ofenrohr ist aufzutreiben. Und dann wird Feuer gemacht! Unsere Höhle hat jetzt neuzeitlichen Komfort.
Unsere Wunschliste wird noch länger. Wir wollen uns nicht nur wärmen, sondern auch kochen. Peters Mutter unterstützt uns mit Topf und Gemüse. Von Mama bekomme ich eine dick geschnittene geräucherte Speckschwarte. Unser erstes Eintopfgericht schmeckt gut. Wir entwickeln mit Rat unserer Mütter allerlei weitere Suppen. Werden wir gefragt, wie es schmeckte, antworten wir stets „sehr gut." Das sagen wir auch untereinander, aber ich sage nicht immer ehrlich, was ich denke.

Karbid wird gefunden. Peter kennt einen großen Jungen, der als mutig bekannt ist. Ich schätze ihn eher als ruppig ein. Er kennt sich mit Karbid aus. Eine Flasche wird schnell fest verschlossen, nachdem Wasser und etwas Karbid eingefüllt sind. Sie soll mit einem lauten Knall zerplatzen. Der Mutige hält die jetzt brodelnde Flasche in der Hand. Ich bin schon zehn Schritte rückwärts gegangen und entferne mich noch weiter. Ist der Bursche mutig oder verrückt? Das ist für mich dumme und gefährliche Wichtigtuerei. Endlich wirft der Held die Flasche auf einen Stein, der einige Schritte entfernt liegt. Es knallt, Splitter fliegen in alle Richtungen. Ein unbekannter hässlicher Geruch breitet sich aus. Sind wir so doof, dass wir Krieg spielen wollen? Das darf sich nicht wiederholen. Peter sieht ein, dass er sich mit dem neuen Freund lieber nicht schmücken sollte.

Jetzt kenne ich die Wirkung von Karbid. Der Wunsch einer friedlichen Anwendung keimt. Peter lässt sich begeistern. Wir bauen in der Waggon-Werkstatt ein Boot, etwa einen halben Meter lang und entsprechend der Antriebsart gestaltet.

Es ist so weit. Am kleinen seichten Teich erfolgt die Jungfernfahrt. Im Boot ist eine Flasche eingebaut. Der Hals schaut mit seiner Öffnung hinten heraus und taucht ins Wasser ein. Das Prinzip ist simpel. In die leere trockene Flasche geben wir Karbid. Schwimmend nimmt sie hinten Wasser auf. Es dauert etwa eine Minute. Dann setzt sich unser Objekt in Bewegung und beschleunigt. Das Spektakel ist von kurzer Dauer aber genial! Von Nachahmung wir abgeraten. Das Verfahren ist allein uns Experten vorbehalten! Wir benutzen bei passender Gelegenheit den Spruch: „Karbid gefressen, Wasser gesoffen und geplatzt". Das sollte jeder vermeiden!

An einem schönen Sommertag hören Peter und ich ein Schwein quicken. Auf der Straße vor dem Garten liegt ein Läufer, so nennt Papa große Ferkel. Das Tier schüttelt sich und kommt langsam auf die Beine. Der Läufer ist größer als ein Glücksschweinchen, das man tragen kann. Das stellen Peter und ich fest, denn es ist schwer und glatt. Das Anfassen gefällt dem Ösch-Ösch nicht. Es wehrt sich mit Quicken, läuft in Richtung Sterup, biegt dann rechts ab in den Weg zum Hof von Thomsen in Hökeberg. Wir rennen hinterher. Ein Lastauto kommt rückwärts angefahren und hält, als wir an der Abzweigung angekommen sind. Ösch-Ösch höre ich wieder. Weitere Schweine sind auf der Ladefläche. Zwei Männer steigen aus. Sie haben gemerkt, dass ein Schwein verloren ging. Sie vermuten es im Seitenweg, womöglich weil wir dort stehen und schauen. Sie irren nicht und sehen unser Schwein. „Treibt es zurück", sagt einer der Männer. Peter und ich sind in die Landwirtschaft hineingewachsen. Wir kennen das Verhalten von Tieren und gehen auf der Koppel in weitem Bogen am Schwein vorbei und treiben es zurück. Es tippelt wie eine feine Dame vor uns her. Wir scheinen jetzt mit dem Schwein allein zu sein. Als unser Trio die Straße erreicht, kommen die Männer aus ihrem Versteck und stürzen sich auf das erschrockene Tier. Es gelingt ihnen, es zu packen und auf den Laster zu heben. Sie steigen ein und fahren los. Peter und ich begreifen den Unterschied zwischen einem Glücksschwein und ... nichts! Eine Mark, mindestens ein Groschen hätte es eigentlich sein müssen.

In der abendlichen Dunkelheit wollen wir mutig einen Bus stoppen. Das macht man mit einer rot leuchtenden Taschenlampe. Und tatsächlich: Der Bus hält. Peter und ich rennen weg. So mutig kommen wir uns dabei nicht vor. Man muss alle Projekte zu Ende denken. Das machen wir jetzt. Es ist wahrscheinlich, dass der Fahrer uns gesehen hat, als wir im Scheinwerferlicht mit unserer kläglichen Lampe fummelten. Dazu kommt, dass außer Peter hier niemand wohnt, der seine Mutprobe-Epoche erlebt. Jetzt meldet sich auch noch das schlechte Gewissen. Hat die Aktion von heute Folgen? Nein, es folgen keine Folgen. Aber die Ungewissheit hält uns Tage von weiteren Eskapaden ab.

Aber versehentlich passiert auch etwas. Peter und ich gehen über eine Weide. Auf dem Teich habe ich vor Wochen eine schwimmende Ringelnatter gesehen. Man könnte auch angeln. Wir wollen nachschauen, wie die Bedingungen dafür sind, weil uns das genau jetzt einfällt. Auf der Wanderung über die Weide sehen wir immer wieder Jungrinder, denen Speichel wie Fäden aus dem Maul hängt. Ach ja, man spricht über die Maul- und Klauenseuche. Als wir den Teich begutachten, nähert sich der Jungbauer. Vielleicht können wir ihm helfen? Nein, das können wir nicht. Peter ist ganz verdutzt, als er eine Ohrfeige erwischt. Der Mann schimpft *„verdreite Bussen"* und verschwindet. Aha, wir könnten die Seuche verschleppen, wenn wir auf andere Koppeln gehen. Auf dem Rückzug sehen wir mehrere Hinweisschilder. Mein Gott, sind wir zum Lesen zu doof?

Im Wald ist genug zu beobachten und zu bewundern. Zu jeder Jahreszeit erfreue ich mich am Anblick großer Bäume. In Groß-Ehrfeld steht an der Lichtung eine gewaltige Buche. Der Stamm ist wuchtig, wirkt gedrungen. Die Krone beginnt beinahe in Reichweite. Die weit ausladenden Äste bilden eine gigantische Kugel. Mein Freund muss schon sehr alt sein und viel erlebt haben. Hier an dieser Lichtung verweile ich gern. Ich habe Heinrich davon berichtet. Er wohnt in Sterup und sitzt neben mir auf der Schulbank. Er ist deutlich größer als ich. Das ist erstaunlich, da ich zwei Jahre zu spät eingeschult wurde. Bei einer Gesundheitsuntersuchung sagte die Ärztin zu ihm: „Du bist stark überaltert."
Auch Heinrich bewundert meinen Baum. „Lass uns Pick Pal spielen", schlägt er vor. Wir schneiden eine junge wuchernde Esche ab. Zwei jeweils einen halben Meter lange Stäbe werden an einem Ende angespitzt. Dass wir Taschenmesser dabeihaben, ist mehr als selbstverständlich. Nun geht es los. Heinrich fasst seinen Knüppel am stumpfen Ende, holt in hohem Bogen bis weit über dem Kopf aus und schleudert ihn heftig nach vorn in den Boden. Da steckt er nun einige Zentimeter fest in der Erde. Ich mache das auch aber stümperhaft. Nachdem es mir gelingt, den „Pal" zuverlässig im Waldboden zu versenken, folgt die nächste Stufe. Die heißt „ein Ziel treffen". Das gelingt mir mehr oder weniger, aber bald zunehmend besser. „Jetzt lass uns anfangen", sagt Heinrich. „Ich versuche deinen Pal zu picken." Er versucht seinen Pal schräg über meinem zu platzieren mit dem Ziel, meinen umzuwerfen. Das gelingt nicht. Jetzt bin ich an der Reihe, ziehe meinen Pal und eifere Herbert nach. Die Angelegenheit wird spannend. Durch die Attacken stecken die geschleuderten Pals nicht so fest wie beim einfachen Wurf. Der Clou besteht darin, den Gegner umzuwerfen, wobei der eigene Pal sicher steht und dem folgenden Angriff standhält. Die Zeit vergeht wie im Fluge. Der Waldboden wird gründlich aufgelockert. Wir müssen immer wieder etwas weiterrücken, damit wir auf festem Boden kämpfen. Am Sonnenstand erkennen wir, dass die Zeit für den Heimweg gekommen ist. Wir verstecken unsere Waffen im Gebüsch. Das wollen wir wiederholen. Es geschieht noch einige Mal.

Heinrich regt an, dass wir uns in dieser Umgebung als Indianer treffen und durch den Wald als Fährtensucher steifen sollten. Ich bin an Nachmittagen und Abenden bis zum Lichtausschalten fleißig. Es entstehen Mokassins, ein altes Hemd wird mit Fransen geschmückt und ein Stirnband gestrickt. Da wird die Adlerfeder hineingesteckt. Meine Familie kann jetzt den „werdenden Indianer" erkennen. Ich flechte ein Lasso, obwohl das eine Sache für Cowboys ist. Egal, einen Bogen und Pfeile werde ich morgen im Schuppen basteln.
Dann ist es so weit. Als ich nachmittags das Haus verlasse, habe ich das Gefühl: „Hoffentlich sieht mich keiner". Heinrich kommt etwas später als ich „in Zivil". So konnte er ohne aufzufallen bis hierher gelangen. Er hat seinen Indianer in der Tasche, ein Stirnband und einen bunten Gürtel. Meine Ausstattung findet seine Bewunderung. Die Krönung ist ein aus Leder geschnittener Luchskopf mit typischen Pinselohren. Das Kunstwerk bildet mit der Kordel eine Halskette und prangt als Amulett auf meiner Brust. Ich bin „Schleichender Luchs", verkünde ich stolz. Damit hat Heinrich nicht gerechnet. Er ist gefordert, hat aber recht schnell auch einen Namen: „Großer Adler." Er schlägt vor, dass wir das Kämpfen üben. Wir ringen und gehen dabei zu Boden. Heinrich lacht und hat seinen Spaß. Er ist stärker und gewährt mutige Attacken. Sein Spaß ist mein Ernst. Ich wundere mich, dass er in meiner Beinklammer stillhält und dann höre ich ihn jammern „hör auf, hör auf!" Ich bin verwundert. Heinrich japst ein wenig und dann spielen Indianer Pick Pal. Das hat man noch nie gesehen.

Bei einem weiteren Treffen könnte man uns Indianer nur schwer in Groß-Ehrfeld beobachten, denn die beiden vom Stamm der „Kalten Heimat“ verstehen es vorzüglich, sich beinahe unsichtbar zu machen. Sie suchen ihren Pfad stets in Deckung hinter Gebüsch und in geduckter Haltung. Kalte Heimat wird im Gespräch über Flüchtlinge gern erwähnt und eignet sich hier gut als Stammesname, denn wir beide sind Flüchtlinge.
Wir verlassen den Wald, schleichen hinter einem Knick entlang. Dort ist ein Krähennest! Die Möglichkeit, sich bei Bauern nützlich zu machen, bietet sich an. *Ausracken* nennt man das Herausnehmen der Eier aus dem Nest. "Sind da Eier drin? Wir klettern rauf.“ Das stellt sich als schwierig heraus. Der Baum steht auf dem Knick. Mit Anlauf und Hochspringen den untersten Ast ergreifen und an ihm hochhangeln, können wir nicht wegen des Stacheldrahtzauns. Heinrich klettert auf meine Schultern und zieht sich hinauf. Den nächsten Ast kann er nicht erreichen. Wie geht es weiter? Am Rande der Bullenweide schmieden Indianer am Fuße einer deutschen Eiche einen Angriffsplan. Sie sind Experten im Klettern. Heinrich hat einen stabilen Hosengürtel unter seinem bunten Kriegergürtel. Er zieht mich hoch. Das Schwierigste kommt noch. Heinrich steigt wieder auf meine Schultern und kann jetzt bis zum Nest weiterklettern. „Nur ein Ei!“ Er hält es zwischen Daumen und Zeigefinger hoch. Ich sehe das hellgrüne, braun gesprenkelte Ei. „Was soll ich damit machen?“ Er hat begriffen, dass das hier mein Revier und mein Ei ist. Wir einigen uns darauf, dass es im Nest bleibt. Die Krähen werden nicht verunsichert und legen bestimmt noch weitere Eier. Absteigend braucht Herbert meine Schultern und ich seinen Gürtel, weil ich mich wegen der Gefahr des Stacheldrahtes nicht fallen lassen kann. Endlich sind wir wieder unten. Beim Fortgehen beginnt in dem Wiesenteich das Froschkonzert. Ich freue mich, dass es auch Heinrich gefällt. Heute ist es spät geworden. Die Dämmerung hat schon begonnen. Also schnell nach Hause. Am Waldrand verabschieden sich die Indianer. Großer Adler muss durch den Wald und Schleichender Luchs unter freiem Himmel an zwei Einsiedlerhäusern vorbei. Er wird nicht gesehen.

In mir wächst ein Plan: Einen Raben im Käfig halten und dressieren. Das wäre großartig! Großer Adler findet das auch gut. Er hat damit nichts mehr zu tun, muss nur auf die Kunststücke des Raben warten.
Der Entwurf eines Käfigs reift zunächst gedanklich. Mein Vogel soll sich nicht am Maschendraht verletzen. Alle paar Tage gehe ich auf die Wiese und beobachte das Nest sachkundig aus unaufdringlicher Distanz. Endlich ist es so weit. Die Krähen füttern! Ich warte geduldig über zwei Wochen, bis ich mit Hilfe eines über den Ast geworfenen Seils hinaufklettere. Vier Jungvögel betteln um Futter. Das habe ich nicht dabei. Aber einen weichen Draht. Diese jetzt folgende Methode habe ich irgendwo aufgeschnappt. Ich entscheide mich für den kräftigsten Vogel. Um ein Bein ziehe ich einen Hühnerring. Der kann sich nicht zuschnüren und einwachsen. Den Draht befestige ich an einem starken Zweig des kunstvoll geflochtenen stabilen Nestes, das andere Ende am Ring. Der Vogel hat genug Bewegungsfreiheit. Zufrieden klettere ich hinunter und gehe erst fort, nachdem ich gesehen habe, dass die Raben das Füttern fortsetzen. Jetzt entsteht der Käfig nach Reifung im Kopf auch auf Papier mit Maßangaben. In freudiger Erwartung auf den Raben baue ich für ihn im Schuppen ein komfortables Heim.
Mein persönliches Werkzeug zum Basteln konnte ich im Wettkampf der Kindergilde erweitern. Wir warfen Schlagbälle auf Dosenstapel. Wenn die komplette Pyramide mit drei Würfen vom Tisch geputzt war, durfte ein Preis ausgesucht werden. Ich hatte ein Auge auf Laubsäge und Drillbohrer geworfen. Dieser Satz war optisch schön auf

einer Pappe befestigt. Zwei Dinge trennten mich noch vom Ziel. Ich musste möglichst vorne unter den Werfern sein, damit kein anderer diesen Preis wegschnappt. Und ich musste treffen! Es hat geklappt. Jetzt kann ich diese Werkzeuge gut gebrauchen.

Papa sieht meinen Käfig, bestehend aus Dach- und Bodenbrett mit Gitterstäben aus gleichmäßig dicken und geraden Haselnussruten. Er meint, es wäre eher Quälerei und würde nur mit Dohlen funktionieren. Wie ich denn die Krähe fangen will, möchte Papa wissen. Ich verspreche, meinen Dressurtraum zu begraben und den jungen Vogel vom Draht zu befreien.

Ich komme zu spät. Ich mag hier kaum meine Erinnerung niederschreiben, denn ich schäme mich und bereue. Im Nest befindet sich nur noch das Bein mit Hühnerring am Draht.

Dieses schreckliche Ergebnis behalte ich für mich. Dennoch gibt es bald furchtbare Schimpfe. Mama hat die Regenwurm-Dose aufgemacht, die ich zum Angeln brauche. Was sie da vorfand, hält sie mir vor Augen und Nase. Naiv, wie ich war, hatte ich geglaubt, dass das bisschen Erde und ein Loch im Deckel ausreichen würden. Über die Dauer der Wurmgefangenschaft hatte ich nicht nachgedacht oder ehrlich gesagt, ich hatte die Würmer vergessen. Das darf nicht geschehen. Ich muss jeden Umgang mit Tieren zu Ende denken!
Mein Gewissen quält mich. Ich möchte vom Erdboden verschwinden oder mich in Luft auflösen. Dieser Situation bin ich nicht gewachsen. Ich werde fortlaufen.
Damit meine Lieben nicht vergeblich auf mich warten, müssen sie informiert werden. *„Ich bin futsch“* (ich bin für immer verschwunden), schreibe ich in großen Buchstaben auf ein Blatt Papier. Das liegt jetzt auf dem Küchentisch. Mein *Juppat* wird mich nicht nur vor Kälte schützen, denke ich und nehme in der Dämmerung den Kirchweg. Bald meldet sich ein mulmiges Gefühl.
Meine Fantasie sortiert allerlei Qualen aus der Märchenwelt. Den bösen Wolf fürchtete ich in Ostpreußen, wenn es draußen dunkel war. An den glaube ich nicht mehr, aber die Furcht vor der Dunkelheit habe ich noch. Wie wird es sein, wenn ich in den Wald gehe und über Nacht bleibe?
Ich muss mir selber Mut beweisen und stolpere weiter. Es wird dunkler. Meine Schritte geraten ins Stocken. Es grummelt. Gibt es bald Gewitter? Ich muss weiter und darf nicht kneifen. Als ich am Wald ankomme, beginnt es zu tröpfeln. Ich bin in der Nähe des Krähennestes. Warum bin ich ausgerechnet hierhin gelaufen? Jetzt grummelt deutlich ein noch entferntes Gewitter. Ich zögere, nein, ich zaudere. Ein entfernter Blitz mit nachfolgendem Donnerhall entscheidet gegen meinen Willen zur Heimkehr. Gewitter war nicht eingeplant. Langsam gehe ich zurück. Beim nächsten Blitz und Donner beginne ich zu laufen. Die Tropfen fallen dichter. Ich flüchte vor dem aufziehenden Unwetter.
Zu Hause gilt mein erster Blick dem Küchentisch. Meine Nachricht ist nicht mehr da. Das passt gar nicht zur neuen Situation. Was soll ich sagen? Mama hat mich gehört und kommt in die Küche. „Komm mit rauf ins Wohnzimmer. Bei Gewitter soll man nicht allein sein!“ Ich hänge meinen *Juppat* an einen Haken im Flur und folge Mama. Das Gewitter wird heftig. Es regnet aus allen Kübeln. Das Unwetter hält an. Mehreren Blitzen folgt beinahe ohne Pause ein lauter Knall. „Das war ganz nah!“, sage ich mehrmals nach meinem Zusammenzucken. Das ist wohl wegen der Würmer. Ich sehe auch das Krähenbein am Draht. Ich bin der Mittelpunkt. Die anderen werden wissen, dass das Gewitter wegen mir so heftig ist.

„Ich bin futsch“, sagt Ingrid, nachdem Blitz, Donner und Regen abgezogen sind. „Ich kann doch nichts für das Gewitter, ich war schon weit weg“, versuche ich meine ungeplante Heimkehr zu erklären. Ingrid und die Eltern fangen an zu lachen, immer lauter. Oma bleibt ernst und sagt, dass es richtig ist, bei Unwetter nach Hause zu laufen. Das schlimmste wäre, sich an einem Baum unterzustellen. Die Albernheit der anderen will nicht auf mich überspringen. Der Wolf wäre nicht gekommen. Aber der Blitz hätte mich treffen können.
Endlich gehen wir alle schlafen. Ich bin wie immer bei Oma im Bett. Meine Gedanken sind noch unterwegs. Sie wechseln vom Krähennest zur Wurmdose und zurück. Ich spüre, dass Oma betet. Das macht sie abends immer. Ich weiß, dass es auch zu meinem Schutz ist. Die Bilder von Krähenbein und Würmern wollen nicht weichen. Mir gelingt es, auf den See unterhalb des Forsthauses Charlottenhof in Pommern zu schauen. Seerosen ruhen auf silbernem Wasser vor dem Tannenwald des fernen Ufers. Das Bild trage ich immer mit mir. Heute bin ich nicht allein. Das stille Mädchen kommt. Unsere Augen finden sich für einen Moment. Sie sitzt jetzt neben mir, ist gekommen wie so oft. Sie schaut wie ich auf den See. Es gibt nur uns und unseren See.

Der nächste Tag ist anders als sonst. Ingrid foppt mich: „Ich bin futsch, ich bin futsch!“ Ich schlucke das. Aber Ingrid ergötzt sich weiter. Ich werde ärgerlich und verfolge sie. Am Treppenaufgang schlägt sie die Tür vor mir zu. Ein Finger klemmt im Türspalt an der Seite der Angel. Ein Wahnsinnsschmerz schüttelt mich. Ich schreie und muss mich verbiegen, damit ich die Türe öffnen kann. Mein Finger ist platt und wird blau. Schnell die Treppe rauf und es Ingrid heimzahlen. Sie hat sich gebückt, kümmert sich wahrscheinlich um ein Schnürband. Ich stelle mich vor sie und schwinge drohend meine Fäuste. Und plötzlich steht Gretchen vor mir! Ich bin erschrocken und sprachlos. Während Frau Vogt zu lachen beginnt, feixt Ingrid sich eins. Irgendwie stottere ich heraus, dass ich meine Schwester verfolgte.

In den folgenden Tagen bin ich ein artiger Junge. „Darf ich Peter schieben?“ Ja, ich darf es gern, wenn der Kleine keine Angst vor mir hat. Lächelnd und mit ruhiger Stimme beuge ich mich über den Kinderwagen und bestehe die Prüfung nach einiger Zeit. Peters Gesichtsausdruck ändert sich langsam von skeptisch zu unbedenklich. Bald schiebe ich den schlafenden Prinzen im Garten vor dem Haus hin und her bis Gretchen ihn im Haus versorgen will.

Meister Vogt kennt meinen Gemütszustand. Wohl um mich zu trösten sagt er: „Pola ist lange nicht mehr rausgekommen. Du könntest mit ihr spazieren gehen.“ Pola sitzt neben ihm. „Weißt du, wo die Leine hängt?“ Ja, das weiß ich und schon bin ich damit zurück. Pola ahnt, was da kommen soll. Sie wedelt mit dem Schwanz und schaut mich an. Sie ist eine sehr schöne Schäferhündin, dressiert und klug. Herr Vogt zeigt mir, wie ich die Schlaufe ums Handgelenk legen und dann die Leine mit der Hand fest umschließen soll. Und dass Pola auf den Befehl „Platz!“, gehorcht, soll ich mir merken. Wenn ein anderer Hund kommt, soll ich mit beiden Händen festhalten. Pola begleitet mich, als wären wir schon oft unterwegs gewesen. Als ich in den Kirchweg einbiegen will, setzt sie sich, schaut in Richtung Chaussee. Gut so, warum nicht? An der Straße entscheidet sie sich für die Richtung Flensburg. Wir gehen schön an der linken Seite, Pola im Gras vor dem Graben. Ich erzähle ihr allerlei. Sie hört geduldig zu oder auch nicht? Egal, mir gefällt es. Pola hat Zeit, ich auch. An der Gabelung zum Löstruper Wald werde ich dorthin geleitet. Sie wird aufmerksamer, schnüffelt und zieht kräftig die Leine. Es gibt schöne schmale Waldwege. Hier sind wir gern.

Nach einigen Windungen sehe ich etwas Glänzendes in einem Sonnenfleck des schattigen Waldes. Ist das eine Schlange? Neugierig trete ich näher. Ja, eine Ringelnatter wärmt sich hier. Ich bin zu ungestüm und störe das ruhige Tier. Die Natter fühlt sich bedroht, pendelt mit dem Kopf und züngelt kurz. Pola macht ein furchterregendes Spektakel, ihre Nackenhaare stehen auf Kampf. Sie reißt heftig an der Leine, weicht dann wieder zurück. Und schon ist die Schlange elegant im Kraut verschwunden. Pola beruhigt sich endlich, nachdem ich „Platz!“, gerufen habe. Wir wenden und gehen zufrieden heim. Pola hat mich vor dem Ungeheuer beschützt. Ich streichle und lobe sie.
Wir unternehmen auch später noch einige lange Spaziergänge. Wenn wir zu Hause ankommen, öffnet Pola die Tür. Das bedeutet: „Jetzt nimmst du die Leine weg und hängst sie hier auf.“ Wir verstehen uns.

Angeln im Teich auf einem Hökeberg-Acker mag ich immer wieder gern. Besonders nachdem mir eine komplette Angel geschenkt wurde. Und ich habe ein gutes Gewissen, weil Herr Thomsen meine Leidenschaft kennt und es erlaubt. Die geschenkte Angel ist aus Bambus. Vier Teile kann man zu einer langen Rute zusammenstecken. Meine Ausbeute ist kläglich. Man könnte sagen, dass ich überwiegend Würmer bade. Wenn ich Glück habe, fange ich insgesamt vier Fische, Karauschen oder Schleie. Sie sind klein. Ein Silberkarpfen ist mein bester Fang. Er ist 25 Zentimeter lang und hat neben der Hauptgräte keine weiteren mitten im Fleisch wie andere Karpfenarten.
Eines Tages zuckt der Schwimmer wie oft, taucht dann unter. Die Schnur wird straff. Jetzt ist meine Stunde gekommen! Ich weiß, dass ich sanft gegenhalten muss und dann vorsichtig ziehen. Langsam nähert sich meine Beute dem Ufer. Ein dicker Kopf wird im Wasser sichtbar. Dann dreht sich der Fisch zur Seite. Ist der groß! Jetzt wäre der Moment für den Einsatz eines Keschers. So etwas Nobles habe ich nicht. Das Schicksal entscheidet gegen mich. Meine erhoffte Beute schwimmt unter das Kraut, einfach so! Die Schnur reißt. Der Traum ist aus!
Papa meint, dass der kleine Haken, wo die Schnur abriss, dem großen Karpfen nicht schadet. So schwimmt der stattliche Fisch mit meinem Andenken hoffentlich weiter gesund im Teich herum.

In der Schule erfahren wir von einem bevorstehenden Ereignis. Wir Jungs werden für die Treibjagd gebraucht. Wir melden uns beim Jagdpächter und sind etwa ein gutes Dutzend. Dann ist es so weit. Wir haben unsere Gummistiefel an, denn es geht querfeldein über Äcker und durch Knicks. Nach Einweisung in die Geheimnisse der Treibjagd werden Hasenklappern und Trillerpfeifen verteilt. Als wir in Abständen von etwa zwanzig Metern in einer Reihe stehen, ertönt das Startzeichen. Mit Pfeifen, Klappern und Geschrei geht es voran. Wir halten uns auf gleicher Höhe und schrecken mit unserer lärmenden Front Hasen und Kaninchen auf. Die bekommen wir erst richtig zu sehen, wenn wir uns der Reihe der Schützen nähern. Der Jagdpächter wird von Jägern anderer Reviere begleitet und von hiesigen Männern, die einen Jagdschein haben. Wir Jungs sehen, wie die erschreckten im Zickzack springenden Tiere getroffen werden und kaum zappelnd liegen bleiben. Mehrmals ziehen wir mit unserer lärmenden Kette über Äcker. Jedes Mal haben einige Jäger Erfolg. Wir erleben das traurige Ende vieler Hasen.
Nach Abschluss des Jagens werden die erlegten Tiere als „Strecke“ aufgereiht. Einer der Jäger bläst das traditionelle Halali. Wir Jungs sind auf geheimnisvolle Weise von diesem Moment ergriffen. Waidmannsheil, die Jagd ist zu Ende! Es wird nicht mehr geschossen. Dann ist ein Fuhrwerk da zum Abtransport der Beute und unseren

Lärminstrumenten. Wir Treiber erhalten unseren Lohn auf die Hand und gehen nach Hause. Die Jagdgesellschaft wird sich mit Zielwasser und Jägerlatein beschäftigen.

Einige Tage nach der Treibjagd besuche ich den Jäger. Ich darf einen Hasen von mehreren aussuchen. Zu Hause zieht Papa das Fell ab, entfernt Kopf, Eingeweide und Pfoten. Jetzt kann man ihn braten. Muss ich das später auch machen?

Ich gehe mit Oma nach Hause. Wir sind an Quegmai vorbei und haben schon eine lange Straßensteigung hinter uns. Oma bleibt stehen. „Ich kann nicht mehr, ich muss ausruhen". Was ist das? Sie hat ihren schweren Sack vom Forsthaus in Pommern immer allein geschleppt, wenn wir auf der Reise hierher umsteigen mussten. Jetzt hat sie nichts auf dem Rücken und ist schlapp? Die Pausen wiederholen sich. Auch in der folgenden Zeit erlebe ich Oma erschöpft.
Mama sagt, dass sie krank ist. Ihr Herz ist schwach. Es muss schlimm sein, denn sie wird nach Flensburg gebracht. In der Diakonie wird sie abgewiesen wegen Überfüllung. Im St. Franziskus Hospital will man sie auch nicht aufnehmen. Mama hat mit Frau Henningsen aus Sterup, die das Taxi fährt, eine Strategie besprochen. Das Auto wäre schon weg und sie wisse nun nicht, wie sie weiterkomme. Oma wird angenommen und liegt in einem Bett auf dem Flur. Es sind so viele Kranke dort, berichtet Mama. Und die Schwestern hört man singen und beten, während die Kranken Zuwendung brauchen. Oma fehlt mir. Jetzt spüre ich es deutlich. Sie war immer da, ganz selbstverständlich.
Als Mama wieder im Krankenhaus ist, findet sie Oma im Waschraum. Dass man sie dorthin geschoben hat, sei ein böser Hinweis, berichtet sie. Oma wäre sehr schwach. Sie stirbt am 10. Januar 1952, nicht ganz 61 Jahre alt.
Papa unterbricht seinen Berufsschulunterricht. Er ist Umschüler und seit Anfang des Jahres in Wahlstedt.

Oma liegt friedlich im großen Zimmer der „Guten Stube" von Familie Vogt. Es ist wieder eine sehr herzliche Geste gegenüber uns Flüchtlingen wie schon zu Ingrids Konfirmation. Unsere Familie steht andächtig am offenen Sarg. Ich denke daran, wie Oma mich im Krieg zu beschützen versuchte. Sie konnte Engel herbeirufen. Wie hätten wir sonst all das überstehen können?
Oma Ottilie heiratete, als sie 18 Jahre alt war, den 25-jährigen Andreas Baumgart. Er zählte zur vierten Generation seit dem Aufbau des Hofes und der Erschließung der Ackerflächen. Oma und Opa hatten drei Söhne. Das Leben auf dem Hof in Wolhynien änderte sich mit Ausbruch des Ersten Weltkrieges. Den Zarengetreuen mit deutschen Wurzeln traute man nicht. Denn Deutschland war jetzt der Feind des Zarenreichs. 1915 wurden die Siedler aus der Heimat verbannt und in Sibirien verstreut. Politiker befürchteten, sie könnten Partisanen werden. Oma durfte trotz der angeordneten Verbannung bleiben, weil ihr Andreas unter der Fahne des Zaren zu Felde zog. Er kämpfte an der Kaukasusfront gegen die Türkei. Oma und ihr Schwiegervater Samuel, mein Urgroßvater, bewirtschafteten den Hof. Mein Opa Andreas starb 1917 in türkischer Gefangenschaft.
Danach folgte Oma einem Ruf aus dem Deutschen Reich. Man warb Wolhynien-Deutsche für die Landwirtschaft. Es war eine schwerwiegende Entscheidung. Bald zurückzukehren, wenn es wieder Schulen gäbe und ein erträgliches Leben möglich sei, war Utopie. Uropa Samuel blieb. Oma verließ das inzwischen feindlich gesonnene Umfeld mit ihren drei Jungs und kam so nach Ostpreußen. Der Älteste war sechs, Papa fünf und sein jüngerer Bruder eineinhalb Jahre alt. Die Hoffnung auf

Rückkehr zerschlug sich 1921 endgültig, als die Region West-Wolhynien Polen zugeteilt wurde.

Den ältesten Sohn Richard, nach dem ich meinen zweiten Vornamen habe, verlor Oma 1939 den jüngsten Albert, 1945. Jetzt denken wir darüber nach, was sie alles hat durchstehen müssen und woher sie trotz ihres Schicksals so viel Lebenskraft hatte. Ich habe einen Traum und berichte Mama davon. „Oma ist in ein schönes Schloss eingezogen."
Hans Bruno sei da gewesen, berichtet Mama, als ich heimkomme. Er habe Oma noch einmal sehen wollen und wäre zu ihr in die „Gute Stube" gegangen. Ich freue mich darüber und denke an eine Begebenheit. Hans Bruno nahm mich eines Tages mit auf den Steruper Friedhof und zeigte die Grabstelle seiner Familie Carstensen aus Quegmai. Wir stehen ruhig, ein Moment der Ehrfurcht. Hans Bruno sagt, auch er würde hier ankommen. Ich begriff, dass Heimat kaum besser zu beschreiben ist.

Oma findet ihre letzte Ruhe im Erbbegräbnis von Familie Vogt. Diese herzliche Geste ist bewundernswert. Wenn ich Oma besuche, empfinde ich, je älter und reifer ich werde immer deutlicher: „Willkommen bei uns in Angeln!"
Im Zimmer steht noch Omas Spinnrad. Sie ist nicht mehr hier, aber irgendwie doch. Ich denke, sie setzt sich gleich und spinnt ihre feinen Fäden.

Der Winter bringt viel Schnee. Wir können die Straße nicht benutzen. Der treibende Schnee hat sich zwischen den Knicks zur Ruhe gelegt. Dort ist er sehr tief bis über zwei Meter. Wir gehen über die Äcker und sind rechtzeitig in der Schule und stellen fest, dass von den Kindern mit weitem Schulweg beinahe alle pünktlich sind. Einige mit kurzen Wegen aus Sterup haben sich schlau ausgerechnet, dass die Auswärtigen nicht kommen können und bleiben zu Hause. Aber das passiert in den nächsten Tagen nicht mehr.

Der Schneevogt stellt Mannschaften zusammen. Alle Bewohner, auch die, die nicht an der Flensburger Straße wohnen, sollen ihre Wege benutzen können. Es wird mehrere Tage geschaufelt. Ich darf mitmachen. An manchen Stellen können nur große Männer den geschippten Schnee hoch genug werfen, um ihn loszuwerden. Ich halte wacker mit und bekomme 18 Mark! Was für ein Haufen Geld!
Die Zeit mit viel Schnee wird von uns Kindern besonders genossen. Schneewände an der Straße laden uns ein, Höhlen zu schaufeln.

Auch hier gehen wir zum Rodeln. Die große Koppel in Hökeberg hat einen langen sanften Hang. Die Bahn steigt am Ende leicht an, sodass wir unten gefahrlos ankommen. Zum Rodeln gehört auch das gegenseitige Bewerfen mit Schneebällen. Wenn kalte Krümel in den Kragen gelangen und langsam tauend hinunterrutschen, ist es ein merkwürdiges Gefühl. Hier sind wir wenige Kinder. Der Solberg war nicht nur für die Bremholmer, sondern auch für die Steruper der nächste gescheite Rodelberg. Gedränge und die Gefahr, im Stacheldraht zu landen, haben wir hier nicht.
Meistens rodeln wir bis weit in die Dämmerung. Der Schnee erlaubt das Heimgehen auch wenn es eigentlich schon dunkel ist. Die Schulaufgaben habe ich vor dem Schneespaß erledigt, aber wohl nicht so gründlich, wie die Lehrer das in „unserem Interesse" empfehlen, denn wir lernen fürs Leben. Aber fängt das Leben erst nach der Schulzeit an? Wir leben doch jetzt schon und spielen besonders gern in der weißen Schneelandschaft!

In Hökeberg gibt es einen Teich an der Zufahrt von der Söruper Straße. Dort können wir schon Schlittschuh laufen, wenn es gefroren hat und noch keine Überschwemmungen entstanden sind. Es geht hier mehr ums eigene Vergnügen. Fürs Hockey mit zwei Mannschaften ist die Fläche zu klein. Ich laufe gern immer wieder „Rückwärts Übersetzen." Dabei bekomme ich gut Fahrt und kann schnell stoppen. Die Mädchen haben den Eiskunstlauf entdeckt und üben schöne Pirouetten. Dafür habe ich kein Talent.

Das Frühjahr kommt. Ich kann nach der Schule nicht nur herumstromern, sondern auch nützlich sein. Als der Holunder eine Fülle stattlicher Beeren trägt, darf ich im Baum sitzen und die einfliegenden *Spreen*, so nennen wir Stare, verscheuchen. Mir macht das Verharren nichts aus, denn ich habe eine wichtige Aufgabe. Die Vögel sind hartnäckig und müssen immer wieder durch Händeklatschen vertrieben werden. Auch mein Katapult kommt zum Einsatz. Diese Waffe haben sich viele Jungs selber aus Weckgummi, einem Stückchen Leder und einer kleinen Astgabel gebaut. Natürlich ist meine Zwille besonders schön. Bei einiger Übung kann man damit einen etwa haselnussgroßen Stein gut ins Ziel bringen. Aber ich soll die *Spreen* nicht töten, sondern nur erschrecken. Und die Beeren darf ich nicht fetzen. Von hier oben bekomme ich das Hin und Her der Hausbewohner, auch der Schuhmachergesellen mit, und die paar Sätze, wenn man sich begegnet. Ich sitze auf Ästen über dem Dach eines kleinen Stallgebäudes in einer Hülle aus dichtem Laub. Ich muss mein Versteck kurz verlassen. Auf der anderen Seite dieses Stalls befindet sich ein Blechverschlag. Ich pinkele in den dafür vorgesehenen Trichter wie die Männer das hier machen. Genau in der Ecke darüber hat eine Kreuzspinne ihr Netz gebaut. Der Geruch ist für ihre Zwecke eher förderlich. Sie hat oben am Rand des Netzes eine kleine Höhle. Dort wartet sie auf Beute. Ist eine Fliege in der Nähe oder ein anderes Insekt, kann es sich lohnen, auch noch zu verharren, wenn die Hosenknöpfe schon geschlossen sind. Verfängt sich Beute im Netz, ist die Spinne zur Stelle und verschwindet damit in der Höhle.

Es gibt auch noch eine andere Aufgabe zum Schutz der Ernte und von Vorräten. Spatzen sind zahlreich. Sie werden als Diebe eingestuft. Sie zu fangen oder zu schießen ist schwierig. Recht einfach ist das Plündern ihrer Nester, die sich unter Dachziegeln befinden. Nach dem Anlegen einer Leiter lüfte ich einzelne Ziegel am Giebel und kann Eier entnehmen. Da ich diese Arbeit etwa zweimal je Woche durchführe, sind sie nicht angebrütet. Zehn bis fünfzehn Spatzeneier sind für mich eine willkommene kleine Mahlzeit. Das Zubereiten kann ich bald allein. Ich muss nur eine Gelegenheit abwarten, bis Feuer im Herd ist.

Jetzt fällt mir auch ein, dass Ingrid und ich bei Familie Thomsen Mäusenester fanden, wenn wir in der Scheune Garben anhoben und zum Dreschen weiterreichten. Es ist makaber, aber wahr: Ingrid und ich töten die winzigen Tierchen mit der Heugabel und legen sie zum Zählen zur Seite. Für jedes Mäuschen erhielten wir einen Pfennig. Auch ohne Honorar würden wir töten. Wir sind Landkinder und können Mitgefühl unterdrücken, wenn es um Abwenden von Schaden geht.
Beim Dreschen sehe ich einen Sack am Strick nach oben schweben wie in der Tams-Mühle. Auch hier hilft ein Elektromotor bei der Arbeit! Das Hochtragen von Kornsäcken ist eine Plackerei, die auf diese Weise entfällt. Von der Schlinge am zugebundenen Sack bis zur Winde und den Strick am Zugschalter schaue ich mir alles genau an. „Nicht unterm Sack stehen! Der könnte runterfallen!" Da schau an: Auch Maschinen können etwas verlieren.

Wir Kinder dürfen am Erntefest teilnehmen. Während die Erwachsenen bei Muck sitzen, trinken wir in einer anderen Stube Fruchtsaft. Ein unhöflicher Geruch breitet sich aus. Hat jemand gepupt? Nein, so intensiv schafft das niemand! Die Mädchen haben eine Stinkbombe zerbrochen.
Auf dem Heimweg denke ich, dass Papa das Gatter am Ende der Apfelallee aufmachen will. Geht das so schwer? Mama meint, dass wir eine kleine Pause machen. Es gab viel Muck.

Ich beginne, Bücher zu lesen. In der Schulbibliothek kann man allerlei Schätze finden. Meine ersten Bücher handeln in der Steinzeit. Ich kann mir alles bildlich vorstellen, den Häuserbau und die Anfertigung von Waffen wie Pfeil und Bogen, Speer und Schleuder. Dann blättere ich gern in Darstellungen anderer Kulturen, von Ägypten bis Südamerika. Das geheimnisvolle China erschließt sich für mich nur durch Reisebeschreibungen von Sven Hedin in der Wüste.

Herr Vogt hat eine wunderbare Idee. Er will Ingrid und mir ein fast neues Realienbuch leihen. Ein Problem sieht er darin, dass auch der Nationalsozialismus beschrieben wird. Sein Sohn Johannes findet die Lösung. Mit der Schuhmacher-Nähmaschine zieht er eine Naht am Rand und eine zweite mitten über das Seitenbündel von oben nach unten. Jetzt sind alle kritischen Texte unzugänglich. Das Blättern in diesem Buch ist wie das Öffnen einer Schatztruhe. Ich bekomme Einblicke in aufwendige Technik, aber auch in Kunst. Alphabetisch geordnet finde ich Antworten auf viele Fragen. Gerne und oft blättere ich darin und entdecke die Welt.

In unserer Familie taucht ein Thema immer öfter auf. Papa ist mit der Landwirtschaft aufgewachsen. In Ostpreußen hat er die Landwirtschaftsschule besucht, erwarb Kenntnisse für selbstständigen Betrieb und erhielt den Bauernschein. Er hat gern bei Rasch gearbeitet und vermisst die vielfältige Arbeit auf einem Hof. Die Zeichen der Zeit stehen schlecht. Als Landarbeiter bekommt man nicht genug Geld zum Versorgen einer Familie. Papa möchte die Selbstbewirtschaftung eines Hofs. An Kauf ist nicht zu denken, erben wäre schön. Aber das war einmal in grauer Vorzeit. Also denkt Papa an Pacht. Zwei kleine Höfe, eher Katen, werden diskutiert. Papa ist der einzige Begeisterte. Wir anderen haben alle möglichen Argumente, es besser nicht zu machen. Auch Mama ist skeptisch. Sie kann sich vorstellen, wie sich das in Wirklichkeit abspielen würde. Sie sammelt Informationen und scheint mehrere Antennen zu haben. Dann die Überraschung. Oder nur eine wunderbare Idee und eigentlich ein Traum? Die Realisierung ist denkbar, aber von einer schwierigen Bedingung abhängig. Papa muss nachweisen, dass er mindestens einen Hektar Ackerland bewirtschaftet. Jetzt wissen wir alle, worum es geht. Das Ziel der Begierde ist ein Haus in Sterup-Schnabe. Wir sehen ein gesundes Gebäude im verwilderten Garten. Im Haus ist einiges zu machen. Das könnte in mehreren Schritten geschehen. Zu unserem Glück gefällt es Papa. Er hat scheinbar etwas Freude am Bauwesen gefunden und möchte das Haus für seine Familie herrichten. Das passt auch in die Wolhynien-Tradition. Damals hatten die Bauern einen zweiten Beruf, den sie nur dann ausübten, wenn es die Landwirtschaft erlaubte. Wenn das klappen würde, könnte ich auch meine Befürchtung vor lästigen monotonen Arbeiten und langen Matschwegen bis zur asphaltierten Straße vergessen.

Das Thema Haus mit Garten beschäftigt mich. Ein richtiges endgültiges Zuhause wäre wunderbar. Hier in der Umgebung von Sterup haben wir es gut angetroffen. Nichts erinnert an Krieg. Es besteht keine Gefahr, dass uns Überfälle aus der

Nachtruhe reißen. Hier ist Frieden. Nichts ist zerstört. Wo wir herkommen, werden andere Menschen ein neues Zuhause finden. Fange ich an, meine Heimat zu verleugnen? Wir wissen, dass ein Zurück nicht möglich ist. Nein, ich habe kein Heimweh, nur schöne Erinnerungen an Falkenau, aber auch schlimme an den Krieg, die vor dem Einschlafen auftauchen. Dann richte ich meine Gedanken auf den See unterhalb des Forsthauses und erfreue mich an den weißen Blüten auf dem glänzenden Wasser.
Diese Umgebung hier hat mich immer wieder neugierig gemacht, mich zum Herumstromern gelockt und mir viele schöne Aufgaben diktiert. Meine neue Welt hat mich erobert. So macht sich jeder seine eigenen Gedanken. Eins ist uns wichtig. Wir bleiben bei Oma.

Papa kommt freudig nach Hause. Er hat in Hökeberg von unserem Traum berichtet. Herr Thomsen denkt, dass ein Pachtvertrag die Lösung sein könnte. Er würde ihn so aufsetzen wie das Amt es wünscht. Wir könnten uns schon mal das Feld anschauen, das an der Flensburger Chaussee liegt, wo die zweite Zufahrt zum Hof beginnt. Dieser Weg ist uns vertraut. Oft sind wir ihn zum Helfen gegangen, Ingrid alleine, wenn sie ihre Schulfreundin Annelene besuchte. An diesen Weg habe ich Erinnerungen. Zuerst diese: Ingrid ist bei Annelene. Ich soll sie abholen, weil Mama vermutet, dass es dunkel werden könnte. Und es wird dunkel. Annelene begleitet uns durch die Apfelallee bis zum Gatter. Dann sagt sie tschüss und läuft zurück. Ihr helles Kleid verschwindet in der Dunkelheit. Das ist der Moment, wo Angst mich quält. Ja, ich habe Angst im ganzen Körper. Auch Ingrids Anwesenheit ist kein Kraut gegen dieses Gefühl. Wir hasten nach Hause, ich vorneweg, so schnell es geht. Soll ich Ingrids Beschützer sein? Na ja, ich bin einziger Sohn und Bruder. Wer sonst hätte Ingrid abholen sollen? Papa ist noch auf Arbeit. Ingrid selbst scheint keine Angst zu haben oder weniger als ich.
Zu Hause berichtet sie über ein Gespräch mit Annelene. Ihr Vater Christian wäre gefragt worden, warum er so ein großes Reitpferd habe. Ein kleineres würde das Aufsteigen erleichtern. „So bin ich den Engeln näher", war seine Antwort. Das fällt mir jetzt passend ein, wo die Engel vielleicht näherkommen und uns Heim und Heimat bringen.
Die zweite Erinnerung: Vor dem Gatter an dem Annelene umkehrte, befindet sich rechts ein winziger verkrauteter Teich. Es ist eine *Melchergrube*, wo Rinder ihren Durst löschen können. Ich nähere mich heute mit leisen Schritten, weil beinahe immer eine oder zwei Enten erschreckt fortflogen, wenn ich vorbeiging. Am Teich angekommen, beginne ich nach dem Entennest zu suchen. Ich hatte bisher keine Gelegenheit, eins zu sehen. Enten legen viele Eier. Die Kleinen verlassen früh das Nest und können gleich schwimmen und selber Futter finden. Kann ich von diesem Wunder etwas mitbekommen? Dass man keine Wildenteneier aus dem Nest nehmen darf, weiß ich. Nur ausgewachsene Enten werden geschossen.
Konzentriert schaue ich in das Kraut. Schritt für Schritt, so leise wie möglich, suche ich das Ufer ab und erkenne, dass ich scheitern werde, denn Röhricht wächst auch in der Mitte, wo Wasser glänzt. Ich kann kein Nest entdecken. Rrrrrr. Die Ente schreckt auf und fliegt davon. Aha, das Nest wurde auf irgendeinem Büschel mitten im Teich gebaut. Da kann ich nicht hineinschauen. Schnell fort und der Entenfamilie ihren Frieden lassen!
Ganz in der Nähe ist eine Kiesgrube. Dort werden alte Sachen hineingeworfen. Vielleicht finde ich Brauchbares? Kinder können Dinge verwenden, die bei Erwachsenen ausgedient haben.

Und noch eine Rückschau auf diesen Acker. Ich durfte ihn intensiv erleben. Mama, Ingrid und ich verdünnen Rüben. So nennen wir den Vorgang, wenn in einer wie an der Schnur gezogenen aufgekeimten Reihe von Pflänzchen an Pflänzchen nur eins auf einer Länge eines Schuhs übrig bleibt. Bei jedem Pflänzchen, das allein wachsen soll, muss ich an beiden Seiten die vielen anderen mit der Hacke abschneiden und darf dabei das „auserwählte Pflänzchen“ nicht verletzen. Also immer schön acht geben. „Mein Rücken schmerzt“. „Warum stehst du so krumm? Du bist klein und kannst bei der Arbeit grade stehen!“ Ich probiere es. Ja, Mama hat recht. So geht das ganz gut. Die Aussicht auf Lohn winkt, ja, richtigen Lohn und nicht nur ein Taschengeld. Aber wir sind erst in der zweiten Reihe. Wie viele sind es? Es sind sehr viele, alle länger als einhundert Meter. Das heißt durchhalten über mehrere Tage! Die Rübenreihen sind mit einem Durchgang nicht zufrieden. Nach einer gewissen Zeit ist Unkraut zu jäten. Das geschieht mit derselben Hacke wie schon beim Ausdünnen. So durfte ich den Acker unserer Hoffnung intensiv erleben und lernte wieder ein bisschen mehr über das Gedeihen der Ernte. Das Wunder, das wir brauchen, schwebt geheimnisvoll über diesem Hektar fruchtbaren Bodens.

Mama wachsen Flügel. Sie möchte unsere verbliebene Skepsis so schnell wie möglich zerstreuen und kümmert sich um die notwendigen Unterlagen auf Ämtern in Sterup und Flensburg. Herr Thomsen hat den Pachtvertrag geschrieben. Mama berichtet nach ihren Busfahrten stets zuversichtlich. Kein Problem kommt in die Quere.
Bald ist es vollbracht! Familie Schmidt erhält den Kaufbetrag. Es verbleiben uns noch 2000 Mark zur freien Verfügung. Wir sind überglücklich!

Willi Litchenhaus freut sich mit mir. Allerdings muss er bald seinen Schulweg von Quern nach Sterup allein radeln. Wir haben eine Steinzeitpost eingerichtet. Auf dem Milchbock an der Chaussee ist im hinteren Brett ein Astloch. Wenn wir von der Schule dort ankommen, legen wir unser Steinchen in diese Kuhle. Falls wir nicht gemeinsam eintreffen, legt ihn der Erste dort hin. Der Zweite sieht dann, dass der andere schon da war. Der Stein liegt für den nächsten Tag korrekt im Astloch. Morgens nimmt der erste den Stein fort und versteckt ihn am vereinbarten Platz und wartet auf den Klassenkameraden. Nur wenn der nicht in angemessener Zeit kommt, fährt der Erste allein.

Willi ist dabei, ein Modellboot zu bauen. Eines Tages meint er, ich solle ihn besuchen. Das tue ich gern. Er hat einen schönen Kahn gebaut, mit Planken aus Sperrholzstreifen, selbst sauber gesägt und in Klinkerbauweise akkurat geleimt. Stolz zeigt er, dass das etwa vierzig Zentimeter lange Modell in der Zinkwanne schwimmt und wasserdicht ist.

Ich habe schon lange ein Boot in Arbeit. Nach Bildern von Faltbooten entstand ein graziles Gerippe. Das hängt seit Monaten über der Schweinebucht und wartet auf Bespannung. Das Problem trage ich lange mit mir herum. Was kann ich dafür verwenden? Eigentlich nimmt man Persenning und teert sie mindestens zweimal. Natürlich könnte man Segeltuch in Flensburg kaufen. Aber das ist teuer und teeren ist auch nicht mal eben Kochtopf auf dem Herd erhitzen und pinseln. Ich denke schon länger an Wachstuch, das man für Küchentische braucht. Vor dem Umzug wird meine Konstruktion in Kleinholz verwandelt. Es gibt auch Projekte, die vor ihrer Vollendung scheitern.

Mit Ausdauer bewältigen wir in Schnabe Renovierungsarbeiten. Es ist anstrengend, aber auch lohnend. Wir arbeiten gemeinsam für ein schönes Heim.
Der Umzug geschieht mit dem Pferdegespann von Christian Thomsen, Hökeberg. Es geht nicht nur um unsere wenigen Möbel. Viel Brennholz ist noch im Schuppen.

Ich sehe Papa für eine weitere Fuhre auf den Hof vor Vogts Wohnhaus ankommen. Eine scharfe Linkskurve bringt das Verhängnis. Mehrere Dinge geschehen gleichzeitig. Die Vorderachse mit Rädern befindet sich plötzlich vor dem Kastenwagen anstatt darunter. Papa liegt zwischen dieser Achse und dem vorn herunterhängenden Wagen. Er hält die Leine noch immer mit beiden Händen. Die Pferde stehen ruhig, als wäre nichts gewesen. Kann das sein? Ja, es ist so! Papa sagt, dass Pferde bei solch einem Malheur scheu werden können und durchgehen. Das ist noch einmal gut gegangen!

Ja, wirklich! Ich war vor einiger Zeit Zeuge einer schrecklichen Situation.
Ich bin zu Fuß unterwegs. An der Esso-Tankstelle von Henningsen höre ich im Galopp fliegende Hufe. Ein offener Wagen kommt von Schnabe. Er schlägt an die Stützmauer des hoch liegenden Vorgartens von Bauer Hasche. Jemand springt ab in den Garten. Die Raserei geht weiter in Richtung Schule. Ein Mann kommt der wilden Fuhre entgegen. Ich sehe, wie er sich dem Pferd entgegenstellt und gleich neben ihm hängt. Er hat es geschafft, die Kandare zu packen und reißt so den Kopf des Tieres nach unten. Geschafft! Das Pferd steht und wird von dem inzwischen wieder aufrechtstehenden Mann beruhigt. Auch der Kutscher spricht beruhigend. Das Pferd ist außer Atem und erholt sich. In respektvollem Abstand bleibe ich stehen und bewundere den mutigen Mann. Er hat eine große Gefahr gebannt, wie man so sagt. Er ist ein Held. Diese selbstlose, mutige Hilfe beeindruckt mich nachhaltig.

Ursache von Papas Bruchlandung war die flotte, zu enge Wende ohne Ladung. Kaputt ist nichts. Papa nimmt den Wagen auseinander. Das geht ohne Werkzeug. So kann er das Kupplungsauge des Wagenhinterteils über den Zapfen legen und alles wieder zusammenbauen.
In Sterup-Schnabe kann das Fuhrwerk vor die Haustür und auch bis zum kleinen Stall fahren. Wir beteiligen uns alle fleißig am Umzug und schleppen viele große und kleine Sachen. Wir sind glücklich zu Hause angekommen!

Kapitel 7

Sterup im Kreis Flensburg

1953 - 1957

Aus Richtung Flensburg kommend, biegen wir in der Mitte von Sterup am Bahnhofshotel rechts ab. Hier beginnt der Ortsteil Schnabe. Hinter Uhrmacher, Lebensmittelgeschäft, Zahnarzt und Schlachter geht es am Café Iba vorbei und schon liegt unser künftiges Heim an der rechten Seite. Auf dem Balken über dem Eingang steht 1912, das Geburtsjahr von Mama und Papa. (Heute Nieharde 16, das Elternhaus von Liesbeth Schmidt. Sie wurde NS-Opfer. Auf dem Gehweg vor dem Haus befindet sich seit dem 15. Oktober 2016 zum Gedenken ein Stolperstein.)
Ich freue mich über den Anblick einer prächtigen Buche. Sie steht rechts nah an der Straße am übernächsten Grundstück und neigt sich über die Fahrbahn.

Bevor wir einziehen, haben meine Schwester Ingrid und ich allerlei unbekannte Arbeiten verrichtet. Wir halfen beim Renovieren der Räume. Papa reparierte Gipsdecken. Das ist nicht so einfach, denn der Unterbau besteht aus Reet. Die Tapeten konnten nur nach dem Einweichen von der Wand abgeschabt werden. Auf den Dielenbrettern standen wir in *schietigen* Pfützen. Unsere Mühe wurde belohnt. Dunkle Tapetenschichten mehrerer Epochen sind fort. Küche, Wohn- und Schlafzimmer leuchten jetzt freundlich und frisch. Das Herrichten eines „zu Hause" ist ursprünglich. Diese Arbeiten nahmen Menschen seit Jahrtausenden gern auf sich. Auch wenn es sehr anstrengend war wie z. B. die Rodung vieler Eichen und das Graben von Kanälen meiner Vorfahren in Wolhynien. Oma wusste es noch aus Erzählungen und kannte den Spruch: „Arbeit kannst kommen, ich fresse dich auf!"

Unser Hab und Gut haben wir ins Haus getragen. 1947 kamen wir nach zweieinhalbjähriger Odyssee mit unseren *Pungels*, einigen Beuteln mit Kleidung und Wäsche, nach Bremholm. Jetzt, nach sechs Jahren im Kirchspiel Sterup benötigen wir zwei Fuhren mit Pferd und Wagen, um unseren Hausrat von Dingholz herzuschaffen. Es geht deutlich voran mit dem Aufbau unsrer Existenz. Für Papa ist dies der dritte Neuanfang.

Unser Platz ist nicht üppig. Wir teilen das Haus mit zwei weiteren Parteien. Frau Rogall und ihre erwachsene Tochter leben im linken Zimmer zur Straße. Frau Schmidt bewohnt mit ihren kleinen Kindern das Dachgeschoss. Wir wissen, dass sie bald ausziehen wird. Jetzt erleben wir eine ähnliche Situation wie Einheimische sie haben hinnehmen müssen, als die Behörden viele Flüchtlinge verteilten. Die Küche haben wir überwiegend für uns allein, denn die anderen Parteien kochen ihre Speisen gern auf dafür geeigneten Öfen. Das Plumpsklo ist für alle da. In ähnlichen Umständen leben andere auch. Außerdem arbeiten wir fast immer. Ausruhen und Gemütlichkeit genießen können wir später.

Die Brunnenpumpe befindet sich in der Waschküche. Sie funktioniert, als wäre sie neu. Der Bodenablauf schluckt schnell das Abfallwasser. Der Waschkessel wird von Papa mit Schamotte ausgebessert. Er ist in die Ecke gemauert und hat einen riesigen Deckel. Auch Herd und Öfen werden mit Brennholz oder Brikett betrieben.

Das Aufräumen des Gartens ist nötig. Er war Abenteuerplatz für einige Kinder und ist verwildert. Unkraut fühlt sich wohl. Das bedeutet Umgraben, gleichzeitig Hügel und Kuhlen ausgleichen, um eine ebene Fläche zu erhalten. Allerlei Unrat bildet am Stallgiebel einen stattlichen Berg. Man kann schwer sagen, wo er aufhört, denn um ihn herum hat man auch Unbrauchbares hinterlassen. Umgraben des Ackers und Beseitigen des Müllbergs sind ein gemeinsames Projekt. Die Erde wird mit tiefen Spatenstichen Scholle für Scholle herausgehoben und gewendet. Ist eine Reihe geschafft, wird in die entstandene Rinne Unrat mit dem Spaten hineingestampft. Möglichst tief soll das Zeug. Das meiste sind gammelige Küchenabfälle, wohl von mehreren Jahren. Auch Konservendosen sind dabei. Die sollen verrosten. „Mama, werden davon die Kartoffeln braun?" „Wir essen sie, ob braun oder nicht. Rost ist kein Gift!" Ingrid und ich helfen gern mit. Wenn Papa Feierabend hat und uns lobt, ist es ein gutes Gefühl. Schon nach zwei Tagen sieht es um den Müllberg aufgeräumt aus. Das Umstechen des Gartens machen wir gründlich. Wir kommen nicht schnell voran, können uns nach jeder Reihe über die größer werdende fertige Fläche freuen. Der Müllberg wird zunehmend angeknabbert und ist mit dem kompletten Umgraben der vorderen Gartenfläche verschwunden.
Jetzt haben wir die Düngergrube freigelegt. Sie ist bis oben mit gutem Hühnermist gefüllt. Der wird auf der Rückseite des Hauses verwendet. Vor dem Giebel zur Straße hat man um eine Zypresse einen Ziergarten angelegt mit kleinen Hecken und Blumenbeeten. Das kann man trotz der zertretenen Fläche noch erkennen. Die Hecken pflegen wir so gut wir können und bereinigen die Wege.

Frau Schmidt zieht aus. Die Kinder waren ruhig und freundlich wie ihre Mutter. Jetzt hören wir die flinken Schritte über uns nicht mehr. Das Haus hat an Lebendigkeit verloren. Ich hoffe, dass die Familie ein neues gutes Zuhause bekommt.
Frau Rogall wohnt bald im Dachgeschoss im Zimmer zur Straße. Ihre Tochter kommt nur noch gelegentlich zu Besuch. Wir können es uns jetzt gemütlich machen. Ich darf das Dachgeschoss-Zimmer zum Sportplatz beziehen und befestige eine Leselampe an der Wand neben dem Bett. Auch das Kabel verlege ich selbst. Ingrid bekommt unten das von Frau Rogall verlassene Zimmer.

Wir sind passend zur Konfirmation eingezogen. Bei uns selbst findet keine statt, aber in der Nachbarschaft. Mama kauft beim Uhrmacher zwei Silberlöffel, das übliche Geschenk unter Einheimischen. Wir wagen zaghaft den ersten Schritt in diese Richtung. Ich darf die Löffel gemeinsam mit einer Karte abgeben.

Wir arbeiten fleißig und sorgen dafür, dass es um das Haus herum ordentlich aussieht. Ein Problem besteht darin, dass einige Leute von der Straße über das Grundstück zum Sportplatz gehen. Obwohl Papa die Pforte repariert hat und wir sie immer schließen, hört das nicht auf. Ein Zaun am Sportplatz ist die Lösung aber auch Basis für einige Diskussionen. Trotz Verständnis für die neue Situation beklagt man den Verlust des kurzen Weges. Auch Herr Callsen spricht mit meinen Eltern. Er ist nett, aber hartnäckig und kommt so in den Genuss eines Privilegs. Wenn er ein Fußballspiel sehen will, betritt er unseren Garten und schaut über den Zaun. Das macht er tatsächlich mehrmals. So sehe ich ihn aus meinem Zimmer dort stehen.

Beide verfolgen wir das Fußballspiel. Gern hätte ich mit ihm gesprochen, weil er Kapitän ist und sich in der Welt auskennt. Aber ich bin zu schüchtern. Das Kämpfen der Fußballer zu beobachten ist spannend. Es wird viel gefummelt. Das bedeutet, ein Spieler versucht am Gegner vorbei zu kommen, ohne dass der ihm den Ball abjagt. Es sind tolle Szenen. Thomas F[illegible]sch ist so ein wieselflinker Fummler. Ich sehe gern, wenn er den Gegner austrickst und nicht in die vorgetäuschte Richtung spurtet. Andere Spieler meiden den Zweikampf und schießen lange Pässe. Aber dabei muss der Ball vor dem heranstürmenden Mitspieler landen, was nicht einfach ist, denn alle rennen. Wenn der Ball ankommt, stehen die Spieler nicht mehr da, wo sie beim Abschuss waren. Und das Rufen! Ständig schreien Spieler, wenn sie sich anbieten oder fordern, den Ball anzunehmen. Man hört auch Schmerzschreie. Am Rand der heißen Kämpfe wird ebenfalls geschrien. Zuschauer scheinen die bessere Taktik zu kennen. Es kommt vor, dass Spieler im Eifer des Gefechts einen schmerzenden Tritt erhalten. Auch Verletzungen sind möglich. Spannend sind Eckschüsse. Ich stelle bald fest, dass die Torchance am größten ist, wenn der Ball sachte von oben kommt und etwa fünf Meter mitten vor dem Tor in das Spielergetümmel fällt. Chaos bedeutet Chance!

Elfmeter sind beinahe immer Treffer. Wenn Jupp schießt, ist es ein sicheres Tor. Aber einmal kommt es anders. Jeder Steruper weiß, dass er den Ball mit der Pike so hart tritt, dass der Torwart ihn nicht halten kann oder umgerissen wird. Jupp läuft an. Wie wird der Torwart aus Sörup diese Attacke übersehen? Weiß er, dass Jupp so zielt wie Wilhelm Tell auf den Apfel? Jupp trifft dem Ball akkurat. Von Zuschauern schallt es „Tooor! Tooor!“ Der Ball hüpft eiernd los und bleibt müde vor dem Tor liegen. Jupp hat den schon oft geflickten Ball zertreten!

Wenn wir Jungs Fußball spielen, nennen wir es Bolzen. Das ist treffender und hört sich so gefährlich an, wie es auch ist. Deshalb stecken wir uns alte Schulhefte vorne in die Kniestrümpfe.

Von unserem Haus sind es nur 300 Meter bis zur Ortsmitte mit Post, Meierei, dem Bahnhofshotel von Kapitän Callsen, der Tankstelle mit Autowerkstatt von Henningsen, Kaufmann Franzen und der Sparkasse. Arzt, Zahnarzt, Bäcker, Uhrmacher, Lebensmittelgeschäft, Schlachter, Café und Maler haben ihre Existenz in unserer Straße. Man könnte es nicht besser antreffen.

Ingrids Schulweg ist besonders kurz. Sie geht nur an Café Iba vorbei und ist dann schon an der Schulbaracke wo der Aufbauzug eingerichtet wurde. Ich habe im alten Schulgebäude Unterricht. Dahin brauche ich zu Fuß kaum zehn Minuten. Das ändert sich bald, denn ich wechsele zum Aufbauzug und gehe jetzt auch nur auf das Grundstück nebenan in die Baracke mit vier Klassenräumen. Eine Aufnahmeprüfung ist nötig. Das Schriftliche regt mich nicht auf. Aber die mündliche Prüfung wird von Lehrer Brunkert, er ist als Literaturspezialist bekannt, groß angekündigt. Ich soll mich mit einem Kurzbericht über New York befassen, erfahre ich nach der Schriftlichen. Er gibt mir ein Blatt mit einer halben Seite Text. Da sitze ich zu Hause und weiß nicht, was ich genau damit soll. „Aus Dunst und Nebel tauchen die Wolkenkratzer von Manhattan auf ....“, beginnt der Text. Was soll ich in Sterup mit New York anfangen? Um ganz sicherzugehen, lerne ich den Text auswendig. Die Mündliche ist für mich sehr aufregend. Aufregend deshalb, weil ich ständig fürchte, aufgerufen zu werden. Dunst und Nebel geisterten in mir herum. Wieder wird ein anderer Schüler gerufen. Und noch ein weiteres Thema folgt. Kein Dunst, kein Nebel, nichts dergleichen. Und dann ist die Fragestunde vorbei, wirklich vorbei? Kein Dunst? Kein Nebel? Keine

Wolkenkratzer in der Aufnahmeprüfung? Dunst und Nebel begleiteten mich nach Hause und auch noch in den Schlaf.

Nach Ostern 1953 besuche ich die M 7. In meiner neuen Klasse sind wir eine große Gruppe aus Sterup. Wir kennen uns gut. Bald verwischen sich die Herkunftsorte. Wir werden eine Gemeinschaft. Über den Daumen gibt es doppelt so viele Mädchen in der Klasse wie Jungs. Warum das so ist, weiß ich nicht. Später vermute ich, dass die Mädchen sich auf einen Beruf vorbereiten, wo sie am Schreibtisch arbeiten oder Kunden beraten. Die Jungs spucken in die Hände und packen in der Landwirtschaft tüchtig an.

Gern schaue ich ins KAUFHAUS ANGELN. Herr Börger und seine Tochter Ingrid sind abwechselnd da und haben nichts dagegen, wenn sich Kinder umschauen. Das Klingeln der Kasse und gleichzeitiges Klackern beim Herausfahren der Lade mit Wechselgeld sind Geräusche, die hier zu Hause sind. Man hört es bis in den letzten Winkel.
Die großen mehrstufigen Regale sind sehr interessant. Ich sehe Töpfe, Pfannen und viel Porzellan. Auch Spielsachen und Geschenke für Erwachsene sind dabei. Ich lebe mit dem Prinzip „Sehen und nicht haben wollen“ ganz gut. Manchmal denke ich schon, das wäre etwas für meine große Schublade oder für die Fensterbank. Aber das ist vorbei, wenn ich anderswo hinschaue.
Draußen befindet sich ein Bodentank für Petroleum. Das Schöpfen mit dem Becher an einer Kette ist spannend. Nach dem Abfüllen wird der Deckel zugeklappt und das Vorhängeschloss durch die Öse gehakt.
Ich sehe im Schaufenster eine Schüssel. Auf dem Preisschildchen steht Sülze. Die ist schön grob durch das klare Glas zu erkennen. Das muss Mama wissen! „Sechzig Pfennig ist nicht zu teuer für so viel Sülze.“ „Bis wann muss ich die Schüssel zurückbringen?“, frage ich Ingrid. „Die könnt ihr behalten!“ Zu Hause sehen wir auf die schöne Schüssel, die auf dem Tisch steht. Sie ist dickwandig und außen geprägt wie ein Schildkrötenpanzer. Jetzt besitzen wir eine noble Salatschüssel, ein Geschenk!
Mama geht bald auch regelmäßig zum Schaufenster. Es könnte ein Schnäppchen warten! Tatsächlich! Sie bringt einen „Durchschlag“ mit. So nennen wir einen Topf mit Löchern. „Das war ein Stahlhelm“, sagt Papa. Ja, das können wir uns vorstellen. Stahlhelme kennen wir von Soldatengräbern. Viele sahen wir auf der Flucht, haben sie auch in die Hände genommen.
Ingrid Börger begleitet Schulklassen, wenn sie mehrtägige Reisen unternehmen. Sie ist dann die „ältere Freundin“ unserer Mädchen, ist unauffällig, aber immer da. Ich denke, dass sie das von Herzen gern macht. Sie ist mir beinahe so vertraut wie meine Schwester Ingrid, obwohl ich sie nur im Geschäft erlebte. Vielleicht war ihre Schulzeit nicht schön? Nein, bestimmt nicht wie unsere! Besser als bei uns kann es nicht gewesen sein! Egal, sie macht das wirklich gern!

Papa meint, es sei im Wohnzimmer zu dunkel. Die Ursache ist eine stattliche Zypresse zwischen Giebel und Straße. Dieses an sich schöne Exemplar muss weichen! Zunächst darf ich die unteren Äste mit Beil und Säge entfernen. Ein gerader Stamm kommt zum Vorschein, unten etwa dreißig Zentimeter dick. Das fachmännische Fällen folgt. Papa schlägt eine tiefe Kerbe. Das ist die Fallrichtung. Dann sägen wir gemeinsam. Der Stamm ist saftig. Späne kleben am Sägeblatt. Aber wir ziehen wacker und dringen immer weiter in den Stamm Richtung Kerbe. Papa setzt einen Stahlkeil, als der Sägeschnitt zu klemmen beginnt. Als nur noch zwei

Zentimeter bis zur Kerbe fehlen, schlägt er den Keil tiefer. „Geh zurück!“ Mit beiden Händen drückt er gegen den Stamm. Es knistert als der noch nicht gesägte Rest bricht. Und dann sagt es Wuuums! *„Ohauahauaha!“* Das ist nicht ostpreußisch! Das ist Angeliter Platt! Papas Ruf klingt erschrocken. „Beinahe hätte es die Pforte erwischt.“
Jetzt sägt er die dicken Äste ab. Die Dünnen oben schaffe ich mit dem Beil. Zweige stapeln wir so gut es geht. Junge Junge! Ist das ein Berg! Der Stamm wird hinter dem Stall aufbewahrt. Dafür hat Papa schon eine Verwendung. Der grüne Stapel wird bald entdeckt. Einige Nachbarn holen Zweige zum Abdecken von Gräbern. Das sieht gut aus und die Toten freuen sich.

Das Dach des Anbaus wird neu gedeckt. Eternitplatten ersetzen Dachziegel Die Latten müssen auch neu. Es ist schon Dezember und kalt. Papas Kollege kommt auch. Ich darf mithelfen, als es darum geht, Löcher in die Platten zu bohren und festzuschrauben. Das Dach ist glatt und erlaubt das Ablegen von Bohrmaschine und Schrauben nicht, ohne dass alles runterrutscht. Damit das nicht passiert, bin ich dabei. Die langen Holzschrauben bekommen zum Abdichten je eine Stahl- und Bleischeibe übergestreift. Vor dem Festziehen mit der Ratsche werden die Schrauben mit dem Hammer eingeklopft. Bald sind wir im Rhythmus und kommen flott voran.

Frau Rogall hat ein riesiges Radio, das immer öfter komische Geräusche anstatt Musik produziert. Heute ist es soweit. Es funktioniert gar nicht mehr. Nur ungleichmäßiges Knistern ist zu hören. Ich bekomme es mit, denn mein Zimmer liegt gegenüber. Könnte das eine Gelegenheit sein, in das stattliche Gerät hineinzuschauen? Ich frage, ob meine Hilfe gewünscht ist. „Kannst mal sehen.“ Das fängt ja gut an! Ich will die eingestöpselte Antenne herausziehen. Autsch! Da habe ich auch schon eins gewischt bekommen. Meine Grundkenntnis in Elektrotechnik ist gefordert. Es gibt Plus- und Minuspol. Nachdem ich den Stecker anders herum eingesteckt habe, fasse ich mutig zu. Meine kleine Maßnahme hatte Erfolg. Frau Rogall sagt, dass sie schon einige Mal zuckte und erschreckte, als sie hinten fummelte. Aber das Radio knistert nur, keine Musik und keine Worte. Ich darf die Rückwand öffnen. Also Stecker genau betrachten, damit er später wieder „in friedlicher Position“ eingesteckt wird. Stecker raus, Antenne raus und Werkzeug holen. Ich brauche eigentlich nur einen Schraubenzieher. Aber man kann ja nicht wissen, was anfällt. So nehme ich nach Fantasie einige zusätzliche Sachen mit. Vorsichtig lockere ich die Rückwand voller Erwartung der bislang verborgenen Geheimnisse. Der Anblick des Innenlebens überwältigt mich. Demütig lege ich die Rückwand zur Seite. Jetzt ist angebracht, schlau zu tun, anstatt zu kneifen. „Ich muss mir alles genau anschauen“, sage ich und gewinne Zeit. Da ist wohl nichts abgebrochen. Als ich eine Glasröhre anfasse und wackle, um zu testen, ob sie festsitzt, habe ich auch schon eine Spur in dicker Staubschicht hinterlassen. Alles ist gut einsehbar, denn ich habe den Apparat gedreht, sodass das Tageslicht hilft. Jetzt Antenne und Stecker rein. Einschalten! Es knistert. Ich kann erkennen, woher es kommt, denn kleine Funken sprühen. Der Staub ist überall, auch da, wo es knistert. Mit einem Lappen komme ich dort nicht hin. Vielleicht mit einem Pinsel? Also abschalten und Stecker ziehen. Auf dem Weg zum Pinsel arbeiten nicht nur meine Beine. Das Hirn meldet sich. „Pusten wäre gut!“ Aber das schaffe ich nicht. Ich höre wieder das Hirn. „Nimm die Luftpumpe!“ Ich will meine erste Idee nicht gleich verwerfen. So sieht Frau Rogall mich mit Pinsel, aber auch mit Fahrradpumpe ausgerüstet zurückkommen. „Was willst du mit dem Rohr? Das Radio ist

empfindlich!“ Schützend steht sie vor ihrem kostbaren Gerät. Ein Spezialist muss seine Methode mit verständlichen Worten erläutern, sonst wird er nicht akzeptiert. Das begreife ich intuitiv. Zunächst erhalten Röhren und glatte Teile sanfte Streicheleinheiten mit Pinsel. Das beruhigt die Szene wieder. Behutsam betätige ich dann die Pumpe weit genug entfernt vom Radio, um Panik zu vermeiden. „Mit dem sanften Luftstrahl kann der Staub aus allen Ritzen gepustet werden.“ Das darf ich. Meine Aktion erzeugt eine anwachsende Wolke. Das Fenster wird geöffnet. Ich schaue über die Schulter. Frau Rogall hat inzwischen so viel Hoffnung wie ich. Dann folgt der Test bei offener Rückwand. Es funkt nicht mehr, sondern funktioniert!
Aus dem Nachbarzimmer kommen wieder vertraute Klänge des soliden Apparates zu mir herüber, auch Kuchen und 50 Pfennig.

Der Winter bringt erst Eis und später Schnee. Zum Schlittschuhlaufen in den Maien an der Straße nach Westerholm treffen sich viele Jungs. Die Überschwemmung ist riesig. Es gibt keine störenden Zäune. Da kommt richtig Fahrt auf mit meinen neuen Hudora-Trabant Schlittschuhen. Sie haben Hohlschliff und erlauben enge Kurven ohne wegzurutschen. Hockey spielen wir, wenn etwa acht oder mehr Jungs da sind. Stunden geht es dann wild zu und auch laut. Den Durst spüre ich erst zu Hause. Mit zitternden Händen fülle ich ein Glas bis zum Rand mit Buttermilch. Ich hebe es an den Mund. Nach einem Klatsch und Klirren ist meine Erfrischung auf dem Terrazzoboden dahin. Ingrid hilft mit guten Ratschlägen zur Beseitigung der großen Pfütze mit Scherben. Es ist wie eine Folter. Die Buttermilch habe ich so nötig, um meinen Durst zu stillen, und jetzt wische ich sie fort! Endlich kann ich wieder ein Glas füllen. Das wird leider nicht mehr voll. Die Buttermilch ist alle.

Es *fükt* sagt man hier in Angeln, wenn feiner Schnee alle Ritzen zwischen den Dachziegeln findet und sich in interessanten künstlerischen Formen auf dem Dachboden niederlässt. Bei Rasch und Vogt haben wir so etwas nicht erlebt, denn Schiefer- und Blechdach haben keine offenen Fugen. Wir schippen und fegen, bevor Tauwasser versickert, am Abend vor dem Schlafengehen und morgens früh. Der Wind schläft nach zwei Tagen ein. Jetzt geht es draußen weiter. Wir schaufeln Schnee auf dem Grundstück und dann einen Fußweg entlang der Straße, ein langes Ende über fünfzig Meter. Ich habe jetzt Zeit zum Schaufeln, denn Schlittschuhlaufen ist unmöglich.

Wir basteln Futterglocken für unsere Singvögel. Kleine Blumentontöpfe haben ein Loch im Boden. Ein Zweig wird passend geschnitzt und hineingesteckt. Nachdem ein Gemisch aus Rindertalg und Körnern eingefüllt ist, lassen wir die Masse abkühlen. Wir freuen uns, dass sich Meisen bald am Stöckchen der Glocke festhalten und munter picken.
Vögel im Garten sind wie fliegende Blumen. Das möchten wir auch im Sommer haben. Papa kann bei Schneewetter oder Frost nicht mauern. Er werkelt gern. Ein Nistkasten entsteht. Blaumeisen sollen darin wohnen. Papa weiß, wie groß das Schlupfloch sein muss. Der Pflaumenbaum ist ein guter Platz. Der Nistkasten wird im Schatten der Blätter hängen und kann später von der geplanten Laube aus beobachtet werden.
Das Frühjahr lockt in den Garten. Mama ist besonders aktiv. Sie will neben der Zufahrt und an der Hecke entlang Blumen haben. Das will gut geplant und vorbereitet sein. Papa hat eine Idee, den oft kräftigen Westwind zu mildern. Er pflanzt Mirabellen den kompletten Zaun zum Sportplatz entlang. Sie wachsen gut an.

Unter den Obstbäumen an der Seite zum Café entsteht zur Straße eine Rasenfläche. Die durch das tiefe Umgraben entstandenen Schollen werden mit der Harke zerstoßen und geglättet. Rasensamen streuen wir sorgfältig gleichmäßig. Dann trete ich alles gründlich fest mit so einer Art kurzen Skiern. Bretter mit Schlaufen sind schnell angefertigt.
Der Kartoffelacker wird mit einem Fußweg zur geplanten Laube vom Rasen getrennt. Als Wegbegrenzung verwenden wir alte Dachziegel vom Anbau. Es sieht ganz gut aus.
Auch ein Komposthaufen entsteht. Auf der anderen Seite des Hauses sind ebenfalls Obstbäume. Darunter sollen auch Kartoffeln geerntet werden. Ein Stück wird für Gemüsebeete und Erdbeeren verwendet.
Äpfel und Birnen werden uns praktisch in den Schoß fallen. Wir müssen nichts für das Gedeihen tun. Auf der Südseite rankt Wein an der Hauswand.

Am 4. April 1954 wird meine Konfirmation gefeiert. Der mir zugeteilte Bibelspruch will nicht so recht gefallen, auch der Konfirmandenunterricht nicht immer. Wenn die zehn Gebote abgefragt wurden, wusste ich schon beim Ersten, was bald kommt. „Das sechste Gebot? Baumgart!" „Du sollst nicht Ehe brechen!" Ob die anderen Teilnehmer auch merkten, dass immer genau ich mit dem sechsten Gebot aufgerufen wurde? Mich stimmt diese Sache zunehmend nachdenklich. Erinnere ich den Pastor an einen Sünder? Oder läuft sein Unterricht wie ein Leierkasten? Ich komme zu dem Ergebnis: So etwas werde ich niemals machen! Auch Pastoren unterlaufen Fehler!
Ich bekomme eine Armbanduhr, eine wahre Sensation! Aus der Ostzone kommt ein Päckchen mit Naschsachen und einer sehr schönen Brieftasche aus weichem Krokodilleder. In meinem Dankschreiben erkläre ich ausführlich die Vorteile der Uhr. Beinahe vergesse ich den Inhalt des Päckchens.

Hans Bruno hat mir sein Luftgewehr geliehen. Ich schieße auf Scheibe und denke an die Kindergilde. Darüber hinaus weiß ich zu Hause nicht so recht, was ich damit in unserem Garten anfangen kann. In Quegmai wusste ich, dass die Bleikugel auf einsamem Acker landet, aber hier? Gut, in Richtung Sportplatz kann ich schießen. Da ist nachmittags niemand. Aber es findet sich kein Ziel und auch kein Sinn dafür. Doch! Auf der Spitze des Giebels singt eine Amsel ihr wunderbares Lied. Ich stehe mit dem Rücken an der Hecke zur Straße und schaue auf den fröhlichen Vogel. Dich werde ich erschrecken! Ich drücke ab. Die Amsel fällt mir direkt vor die Füße. Der liebliche Gesang ist tot. Die Kugel traf in den offenen singenden Schnabel. Ich bin erschrocken. Das wollte ich nicht! Beschämt vergrabe ich den Vogel. Ich bin traurig und weiß nicht damit umzugehen. Dieses Erlebnis verfolgt mich lange und taucht unverhofft wieder auf. Was dachten Soldaten, wenn sie bewusst getötet haben? Wie hätte ich da gelegen, wenn mich die Kugel in Pommern in den Mund getroffen hätte und nicht mit einem Zischen am Ohr vorbei sauste?

Ingrid und ich suchen Ostereier im Garten. Schnell ist die erste Beute entdeckt. Mama und Papa gehen hin und her. Es muss noch mehr versteckt sein. Wir suchen weiter. Es wird sich lohnen. Ja, so ist es. Hier noch ein Ei und dort Schokolade. Wir sind zufrieden. Ingrids und mein Häufchen auf der Treppe sind groß genug für die Ostertage. Papa steht an der Pforte und hat den Überblick. Mama geht mit den Händen auf dem Rücken hin und her. Unser Grundstück ist 1300 Quadratmeter groß. Wo soll ich suchen? Dort, wo Mama zufällig hinschaut!

Unsere Familienfeier beginnt mit üppigem Essen und endet mit Fröhlichkeit. Herr Tessmer kann so schön von Ostpreußen erzählen. Ein eleganter fremder Herr fragt in feinem Hochdeutsch, welcher Ort das hier sei. Der Angesprochene versteht nichts. Auch die Wiederholung der Frage hilft nicht weiter. Schweine suhlen sich nebenan. Eine Sau erbarmt sich und lässt einen sausen. „Ach Fischhausen!", sagt der Fremde und geht weiter.

Oma Johanne Gensing, geb. Pohl, kommt im Mai 1954 aus der Ostzone zu uns. Sie ist 71 Jahre alt. Im Januar 1945 hatte sich die ostpreußische Bevölkerung für die Flucht vorbereitet. Aber Gauleiter Koch unterband den Aufbruch mit allen Mitteln. Als er sich klammheimlich davongeschlichen hatte, machten sich alle anderen viel zu spät auf den Weg. So auch Opa Gottfried mit Oma, den Tanten Martha und Hertha mit ihren beiden Mädchen und Kurt, dem jüngsten Sohn. Opa war als Kämmerer dem Rittergutsbesitzer Hans-Dietrich Moldzio verpflichtet, der selbst seit Kriegsbeginn an der Front war und im Range eines Majors den Zusammenbruch der Ostfront erlebte. Im großen Treck begaben sich alle Gutsleute auf die Flucht. Opa nahm 50 Trakehner mit. Schon nach wenigen Tagen war für die vielen Tiere kaum noch Futter aufzutreiben. Opa entschied sich zur Umkehr. Es ging also zurück gen Osten, wo beim Aufbruch die Scheunen noch voll waren. Sie erlebten eine furchtbare Veränderung. Herrenhaus und Wirtschaftsgebäude waren zerstört. Opa und neun weitere Männer des Gutes wurden nach Sibirien verschleppt. Nach wenigen Monaten schon waren einige gestorben, auch Opa mit seinem Magenleiden.
Oma, zwei erwachsene Töchter, der jüngste Sohn und Enkelkinder richteten sich ein, so gut es ging. Mein Onkel Kurt war nicht zur Wehrmacht eingezogen worden, weil er Lernschwierigkeiten hatte. Das verstand ich nicht, denn er hatte mir eine schöne Peitsche geflochten.
Oma und ihre Töchter haben ein furchtbares Erlebnis. Ein russischer Soldat kommt ins Haus. Er treibt den immer freundlichen Kurt mit dem Karabiner hinaus. Es knallt. Da liegt er nun und kann nie wieder freundlich sein. Kurt ist tot.
Zwangsarbeit und Nahrungsmangel wurden zur Qual. Die kleinen Mädchen starben an Unterernährung.
Oma erlebt die Zerstörung ihrer Familie und den Niedergang eines ostpreußischen Kleinods mit Familientradition. Das Rittergut Dietrichswalde war mit seinem prächtigen Herrenhaus und der 700 Meter langen Lindenallee eine Attraktion in Ostpreußen. Das auf 3000 Jahre geschätzte „Preußengrab" im Gutshofwald war Ziel von Schulklassen und Spaziergängern.

Im Juli 1947 wurde Oma mit ihren Töchtern von der polnischen Behörde ausgewiesen. Man brachte sie in die Ostzone nach Sandau an der Elbe. Dort lebte sie im Haushalt von Tochter Martha. Sie und ihr Mann Ernst Langerwisch setzten sich in den Westen ab und bauten eine Existenz in Süddeutschland auf. Oma wurde in fremde Nachbarschaft umquartiert und war jetzt das erste Mal ohne Familie. Auf der Verwaltung erhielt sie unsere Anschrift. Über Berlin und Celle konnte sie offiziell die DDR verlassen und in die Bundesrepublik einreisen.

Oma hat mir einen bunten Pullover mitgebracht. Er ist nicht aus kratziger Schafswolle. Ich trage ihn gern. Im Osten gibt es schicke Sachen, denke ich mir. Oma ist gern fröhlich. Ich lerne sie jetzt erst so richtig kennen. In Ostpreußen beschäftigte ich mich überwiegend mit Opa. Er hatte immer etwas Neues für mich. Oma hat Briefkontakt mit Hans-Dietrich Moldzio, der in Südwestafrika mit seinem

Sohn Erhard eine Farm aufbaut, eine für uns spannende Geschichte. Wir bekommen Post und Bilder aus Afrika!
Jetzt bin ich wieder bei Oma. Es ist bald *„Johanni"*. So nennt man in Ostpreußen den Johannistag. Sie hat schöne Erinnerungen an frühere Feiern in großer Runde und erzählt gern.

Und auch wir vom Aufbauzug bekommen einen eigenen Eindruck. Wir sind auf dem Scheersberg. Ein riesiger Haufen aus Holz und Reisig wird am Abend angezündet. Wir sind viele Kinder und Erwachsene. Es knistert und lodert. Hitze schlägt uns ins Gesicht. Der Kreis um das Feuer erweitert sich durch unser Zurückweichen. Es wird gesungen und noch mal gesungen bis zum obligatorischen „Kein schöner Land". Ich bleibe, bis die Glut erloschen ist und nehme ein erwärmtes Herz mit auf den Heimweg. Das restliche Tageslicht erlaubt den ersten Sternen zum Vorschein zu kommen. Auf dem Fahrrad spüre ich den lauen Wind und höre das Summen der Reifen. Grundstücke mit schönen Bäumen fangen meinen Blick. Die Dämmerung will sich beinahe unmerklich davonschleichen und der Nacht weichen. Aber ich bin schneller. Als ich zu Hause ankomme, brauche ich kein Licht, um das Schlüsselloch zu finden.

In Sterup wird eine zentrale Wasserversorgung gebaut. Gebaut klingt wie Haus errichten. Eigentlich müsste man sagen, dass lange Rohre vergraben werden. Auf allen Straßen hebt man neben der Fahrbahn Gräben aus. Da hinein kommen die Rohre mit ihren Hausabzweigungen. Frostsicher tief, sagt Papa. Na klar, auch im Winter wollen die Leute fließendes Wasser haben. Ich muss immer wieder zusehen, wie das gemacht wird. Wichtig ist, dass die Rohre in feinen Sand eingebettet werden. Es entstehen auch Hydranten, denen die Feuerwehr unbegrenzt Löschwasser entnehmen kann.
Papa baut mit großem Aufwand eine Klärgrube mit drei Kammern. Ich weiß, wofür die ist, und mache mir so meine Gedanken über die Funktion. Aha, vor dem Abfluss in die Drainage verhindert ein Riegel unter der Abdeckplatte, dass da nichts Dickes in das Rohr schwimmt.
Bei uns wird eine Leitung zum Haus verlegt. Drinnen geht es weiter. In der Waschküche soll ein Handwaschbecken installiert werden und ins Klo soll eine Spültoilette. Herr Rohde, unser Schmied nimmt Maß und kommt bald mit passenden Rohren. An den Enden wurden in der Schmiede mit einer Kluppe Gewinde geschnitten. So nennt man diese Technik. Die Rohre werden mit Winkeln oder Muffen aneinandergeschraubt. Damit alles zuverlässig dicht ist, werden Hanffasern in die Gewindegänge gewickelt. Rötliches, klebriges Curil kommt mit einem Pinsel darauf. Mit Rohrzangen zieht Herr Rohde alles sorgfältig fest.
Dass ich nicht immer gern gesehener Zuschauer bin, merke ich, als ich auf eine dumme Frage die passende Antwort bekomme. „Woher kommt das Wasser auf dem Boden?" „Das kannst du fragen, wenn ich fertig bin!" Es ist jetzt besonders spannend, denn der Druckspüler wird geprüft, nachdem das erste Mal Wasserdruck ansteht. Ich schaue mit langem Hals durch die Tür in den engen Raum. Dies ist das erste Spülklosett in Sterup. Herr Rohde ist jetzt fertig. Der Fußboden ist trocken und das Werk vollbracht.
Jetzt kommt der Genuss. Jeder muss mal. Das ist völlig klar. Aber jetzt heißt es, jeder darf mal! Und damit ist es noch nicht genug. Wir bekommen aus der Nachbarschaft Klobesuch! Ja, in Sterup kann man ein Spülklosett benutzen wie in der großen Stadt Flensburg!

Onkel Gustav und Tante Linda kommen mit Motorrad aus Köln, ein großes Ereignis. Mein Onkel braust gern mit mir durch die Umgebung. Ich darf auf dem Sozius mitfahren, um Papa auf der Baustelle zu besuchen oder auch einfach ins Blaue fahren. Soweit bin ich noch nie herumgekommen. Wenn er mich fragt, wie wir jetzt zurückfinden, ist es nur ein Scherz. Onkel Gustav braust mutig drauflos. Auf ein paar Kilometer mehr oder weniger kommt es ihm nicht an.
Es gibt lustige Abende, aber auch ernste Gespräche, wenn das Thema Krieg mit Elend und Sterben aufkommt.

In den Ferien reisen Erhard und Renate mit der Bahn an. Sie sind mehrmals umgestiegen. Wir passen im Alter gut zueinander. Aber Vetter und Cousine sind Stadtmenschen und haben Angst vor Tieren. Wenn sie erzählen, sind Ingrid und ich froh, mit ihnen hier zu sein und nicht in Köln. Dort wären wir naiv.
Am Rand des Sportplatzes können wir ihnen zeigen, welche Spiele wir in der Natur finden. Aus Röhren von Kälberkropfstielen schnitzen wir Pfeifen und sogar eine Blockflöte. Ein zwischen den Daumen eingespannter Grashalm kann bei kräftigem Anblasen einen schönen Lärm erzeugen und wie eine Trompete klingen. Aus Distel-Kletten bauen wir allerlei Gefäße und Figuren, bis die Hände verkratzt sind. Aus dem Biologieunterricht mit Fräulein Hostrup weiß ich, welche Vielfalt von Kleinlebewesen in dem Tümpel auf der anderen Seite des Platzes zu beobachten ist. Und tatsächlich erkennen wir verschiedene Käfer, die munter herumschwimmen. Flott und lustig sind die Wasserläufer, die beinahe schwebend über die Oberfläche gleiten. Eine Libelle ist so freundlich und setzt sich auf einen Blütenstängel, um Nahrung zu finden. Unsere Welt bietet eine ganze Menge. Am Strand sind die Kölner so gern wie wir. Bolzen können wir auf dem Sportplatz. Erhard und ich sind auch gern mit dem Fahrrad unterwegs.

Ein neuer Wasserkessel kommt. Die alte *„Waschballig"* wird ausgebaut. Das bedeutet auch das Wegstemmen von Mauerwerk. Die Waschküchenecke wird von Papa schön sauber geputzt mit feinem Mörtel. Nachdem der Raum gekalkt ist, strahlt er freundlich weiß. Der runde Kessel von Ahlmann steht frei in der Ecke. Er hat eine schöne, hellbraune gekieselte Oberfläche. Auch der große Deckel und die Feuertüre sehen gut aus, ein Schmuckstück!
Die Badewanne unter dem Fenster und das Waschbecken haben die Waschküche in ein Badezimmer verwandelt. Ein Vorhang müsste sein, meint Ingrid. Sie denkt, wenn sie badet, sieht das Dorf zu wie im Kino. Dabei ist auf der Seite niemand, der ihr etwas weggucken könnte.

Papa hat etwas ganz Besonderes gebaut. Eine Räucherkammer! Ja, eine richtige Räucherkammer für Holzqualm. Und Papa räuchert wunderbar. Schinken, Bauchspeck und verschiedene Wurstsorten.
Es wird Tradition, dass Mama und Papa etwa zum Beginn des Winters ihre Freunde in Norgaardholz mit Würsten und einer Flasche Schnaps besuchen. Bei Fischer Karl-Heinz Lietzow kaufen wir oft Fisch am Stand. Papa meint, im Winter kann der fleißige Fischer anstatt Fisch Wurst essen. Der selbstständige Fischermeister, stammt auch aus Ostpreußen und hat hier seine neue Heimat gefunden.

Während des Scheersbergfestes, es ist der 4.Juli 1954, ein Sonntag, geschieht das Wunder von Bern. Mehreren tausend Gästen wird die Radioreportage des Endspiels der Fußball-Weltmeisterschaft über einen Lautsprecher geboten. Schon die Technik allein ist eine Sensation. Dieser aktuelle Bericht direkt aus Bern fesselt alle. Ob auf dem Gelände gleichzeitig weitere Unterhaltungen dargeboten werden, kann ich nicht sagen, denn ich gehe bei Beginn der Übertragung auf die große Wiese, von wo ich den Lautsprecher sehen kann. Deutschland spielt gegen Ungarn, ein großartiges Ereignis. Wie ein Wunder kam unsere deutsche Mannschaft ins Endspiel. Der Höhepunkt ist bekannt. Als unsere Mannschaft den Rückstand von zwei Toren schon lange vor der Halbzeit aufgeholt hat, sind wir voller Hoffnung und bibbern von Minute zu Minute dem erhofften Sieg entgegen. Als Helmut Rahn dann kurz vor Ende der zweiten Halbzeit das dritte Tor schießt, hört man den Kommentar von Herbert Zimmermann: „Tor! Tor! Tor!“ Und nach dem Schlusspfiff: „Aus! Aus! Aus! Das Spiel ist aus! Deutschland ist Weltmeister!“ Irgendwie geht hiervon ein Zauber aus, der unser Gemüt beflügelt. Wer das erlebt hat, empfindet in der Erinnerung noch heute diesen Rausch des Glücks.

Im Herbst baut Papa im Anbau eine Kartoffelgrube. Sie ist etwa einen Meter tief. Die geernteten Kartoffeln passen genau hinein. Hat Papa eine geheimnisvolle Formel dafür? Er kann auch mit Bindfaden das Gewicht eines Schweins bestimmen. Mir kommt es so geheimnisvoll vor wie Mamas Schicksalsfindung, wenn in Pommern ein Ehering am Faden über einem Bild pendelte.

Johannes- und Stachelbeersträucher werden gesetzt. Der Garten wird wieder umgegraben, was jetzt viel einfacher als voriges Jahr ist. Einige Reste von Konservendosen tauchen auf. Sie bleiben im Acker. Bald werden sie restlos verrostet sein. Unsere Kartoffeln wurden nicht rostbraun von vergammelnden Dosen.

Papa baut einen Hühnergarten. Unser italienischer Hahn hat sein Leben lassen müssen. Wir waren stolz auf ihn. Er hatte viele schillernde Farben und kümmerte sich reizend um seine Hühner. Einmal war er nicht sehr wählerisch. Er setzte sich auf den Kopf eines blonden Mädchens mit üppiger Pagenfrisur. Erschrecken und schlimme Kratzer sind die Folgen.
Der Hahn war nicht nur eitel, sondern auch recht mutig. Standhaft wich er nicht aus, wenn wir uns näherten. Aber mit solcher Attacke hat niemand gerechnet. Die Gockelsuppe mit *Kielkes* (Kartoffelklößen) war lecker und reichte für zwei Tage. Natürlich haben wir begriffen, dass es eine Art von Bestattung ist und verhielten uns entsprechend würdevoll. Das Mädchen erfuhr bald vom Ende unseres Italieners und auch, dass der neue Hahn eingesperrt wird.

Unser Federvieh erhält zusätzliches Futter von der Thams-Mühle. Denn der Sportplatz ist inzwischen tabu. Das Futter hole ich gern. Ich schaue mich immer wieder dort um. Das Räderwerk ist kein großes Geheimnis. Wie die Drehkraft der Flügel den Mühlstein erreicht, kann ich verfolgen. Die Handwerksarbeit beeindruckt mich. Das Fertigen der Räder mit Verzahnung ist eine hohe Kunst. Der Müller hat immer Tippzettel auf dem Schreibtisch, wenn ich zum Bezahlen ins Büro gehe.

Der alte Küchenschrank mit kleinen Fächern wird ersetzt. Auch weitere Möbel kommen vom Stellmacher. Ein Küchentisch mit zwei Spülschüsseln, die wie eine Lade herausgezogen werden können, und ein schwarz gebeizter Schrank für das Wohnzimmer, ein Prunkstück mit zwei großen Glasscheiben zum Schieben.

Die Speisekammerregale füllen sich langsam mit Eingewecktem vom Schlachten und aus dem Garten. Sauerkraut und Gewürzgurken sind im Fass. Diese typische

Angeliter Speisekammer liegt nach Norden und einen Meter tiefer als der Küchenboden. Sie ist immer kühl.

Für Jungs sind Lederhose und Fahrtenmesser ein Statussymbol. Lederhosen sind teuer. Ich sehe ein, dass das nicht sein muss. Das Fahrtenmesser mit Gürtelfutteral ist bei fleißiger Erntearbeit im Bereich des Möglichen. Aber Papa möchte das nicht. Dass er mit seiner Meinung nicht allein ist, erfahre ich bei Bruno Nielsen. Er hat ein prächtiges Exemplar. Als ich mal wieder bei ihm bin, berichtet er von seinem Kummer. Der Vater ist Melker und arbeitet lange bis in den Abend. So merkte er erst nach Wochen, dass Bruno ein Fahrtenmesser hat. Er legte es auf die Steinschwelle und schlug hefig mit dem Hammer darauf. Bruno weiß jetzt nicht, ob das die Strafe war. Er ist unsicher und versteckt das kaum verkratzte Messer vor seinem Vater. Dieses Leiden muss ich nicht ertragen. Bei Bruno gibt es eine Überraschung. Herr Seydel kommt mit seinem Bäckerwagen. Frau Nielsen kauft Brot und einen ganzen Bienenstich. Das sehen wir durch die Zweige der Kopfweide, auf der wir sitzen. Wir werden gerufen. Frau Nielsen schneidet den großen Bienenstich in vier Teile, eins für Bruno, eins für mich, eins für sie und eins bekommt der Vater später. Ich bin dankbar, genieße und wundere mich über die Großzügigkeit. Abgeben, wenn man genug hat! Das ist jetzt nicht nur im Moment sehr lecker, sondern ich erkenne hier eine edle Tugend, unvorstellbar während des Aufenthaltes in Pommern! An einem anderen Tag warte ich auf Bruno. Ich sitze wieder auf dem Kopf der Weide und schaue über die Wiese auf Straße und Lippingau-Brücke. Es ist ruhig. Nichts bewegt sich. Doch, jetzt kommt ein Radfahrer von Sterup und ist gleich auf der Brücke. Genau in dem Moment begegnet ihm ein Auto. Mensch, denke ich, wenn die zusammengerasselt wären, würde das sehr schlimme Folgen haben. Mir fällt der Unfall ein, als in der Dingholzer Kurve bei Hartwigsen ein Motorrad frontal in einen Omnibus geriet. Jetzt kann ich mir vorstellen, mit welcher Geschwindigkeit so ein Aufprall passiert. Also immer schön aufpassen! Bruno kommt bald zu mir. Er hat das Fahrtenmesser am Gürtel. Sein Papa sieht es nicht.

Silvester ist für uns Jungs eine Pflicht zu Knallerei und „Leute ärgern". Meine Zeit des Gedichte-Aufsagens ist vorbei, weil ich dafür zu alt bin. Ich muss auf altersgerechte Weise der Tradition folgen. Das Knallen ist nicht meine Sache. Ich mag das nicht, und es kostet auch einige Groschen. Aber ich kann wie die anderen laut rufen und die Leute im Haus stören, damit sie rauskommen und uns vertreiben. Einmal freuen wir uns, als das Licht im Flur angeht und niemand herauskommen kann. Vorsorglich hatten die Bewohner die Pforte in den Schuppen geschlossen, damit wir damit nicht für unliebsame Überraschung sorgen können. Wir entdecken eine vergessene Kette. Die befestigen wir an der Türklinke und ziehen sie stramm. Am anderen Ende streifen wir ein Glied über die obere freie Angel der Pforte. Nach lautem Singen *„Fru mak de Dör op"* und ausdauerndem „hiii, hiii, hiii" -Rufen laufen wir fort und warten still in sicher Entfernung auf die Reaktion der Bewohner. Es dauert, bis jemand aus dem Hintereingang kommt. Das Schimpfen empfinden wir als Kompliment.

An Neujahr gehen einige Jungs früh los und suchen nach Knallern, die nicht gezündet haben. Mutig halten sie ein Feuerzeug an den verkohlten Zündfaden und werfen den Knallkörper fort, bevor er explodiert. Das ist mir zu gefährlich. Ich bin in anderer Mission unterwegs. Am Wagenstand von Odefey war gestern reger Andrang. Es wurden viele Knaller und Zigaretten gekauft. Mir fiel auf, dass jemand Geld auf dem Boden suchte. Jetzt schaue ich, ob etwas zu finden ist. Meine Ernte ist erstaunlich gut.

Täglich bewegt Familie Odefey den Wagen nach Hause und am nächsten Tag bergauf zurück zum Standort am Wiegehaus. Das ist anstrengend. Ich glaube, alle Leute hier im Dorf beobachten das mit Respekt. Wer zufällig kommt, hilft schieben.

In der Schulbaracke ist im Winter immer schon gut vorgeheizt. Der Schuldiener hat mit den großen Öfen in vier Klassenräumen und im Lehrerzimmer viel zu tun.
Am Anfang der ersten Stunde wird manches Mal gebetet und gesungen. Während der Adventszeit ist es bei Kerzenschein beinahe wie in der Kirche. Aber dann wird es ernst. Der Unterricht ist nicht zum Ausruhen oder Dahindösen geeignet. Oft werden Fragen gestellt. Überwiegend kommen die dran, die sich melden. Man muss damit rechnen auch gefragt zu werden, wenn man ruhig sitzt. Es gibt knifflige Fragen. Kein Finger zeigt nach oben. Meistens meldet sich dann Emma hinten links. Natürlich hat sie die richtige Antwort parat. Es kommt selten vor, dass wir vergeblich auf Emmas hochgereckten Arm warten. Dann schauen wir nach hinten rechts. Da sitzt Audi. Bis sich sein Arm angewinkelt leicht hebt und endlich auch der Zeigefinger krumm hochschaut, dauert es eine Weile bei absoluter Stille. Audi möchte gar nicht schlauer sein als der Rest der Klasse. Aber er erbarmt sich, wenn es um den Ruf von uns Jungs geht. Oder der ganzen Klasse? Es darf sein Geheimnis bleiben. Aber wir Jungs denken: „Siehste Emma, der Punkt geht an uns!“
Von den Mädchen ist Gerda Franzen uns gegenüber unbefangen, als wäre sie auch ein Junge. Während des Unterrichts genießt sie ein stilles Vergnügen. Sie sitzt vorne links und ist für das Lüften über das Fenster zuständig. Oder hat sie das Amt als eigene Idee übernommen? Sie stellt den Flügel so ein, dass im Spiegelbild genau der erscheint, dem sie ihre Gunst erweist. Oder irre ich mich? Das stört den Unterricht nicht. Aber Gerda fällt einmal in Ungnade. Während der Musikstunde spielt Herr Hohmann auf dem Harmonium eine Melodie, die wir singen sollen. Wir schauen auf seinen Rücken. Er hat ein feines Gehör. Das ist so fein, dass er Gerdas Fröhlichkeit heraushört. Er dreht sich kurz um und schaut sie streng an. Dann spielt er weiter. Bald dreht er sich erneut und schaut strenger. Unser albernes Gekicher stört ihn. Sein Rücken wird steif. Er erhebt sich und ist ganz Autorität. „Jerda! Ich habe dich schon zweimal angekuckt und du lachst immer noch!“ Wir reißen uns zusammen und losgeht der erste Versuch: „Freude schöner Götterfunken ...“ Ja, wir sehen ein, das müssen wir wirklich üben!
Einmal erzeugt das Harmonium eine Staubwolke. Es könnte sich um Mehl handeln. Die Wolke wird durch das Betätigen der Pedale ausgelöst. Nein, ich war es nicht. Aber ich habe einen Verdacht. Herr Hohmann ist zwar ärgerlich, aber der Situation gewachsen. Er ignoriert Harmonium und Wolke, wendet sich uns zu. Man kann auch ohne instrumentelle Begleitung singen. Der Übeltäter hat vermutlich mit mehr Aufregung gerechnet.

Auch Erdkunde haben wir bei Herrn Hohmann. Neben mir am Gang sitzt Peter. „Bodenschätze in Jugoslawien, Heinz!“ Ich bin erschrocken und kann keinen dieser Schätze nennen. Peter wispert fröhlich. „Erdnüsse, sag Erdnüsse!“ Ich muss ernst bleiben, obwohl ich losprusten möchte. Mein gequälter Gesichtsausdruck ist hilfreich. Der Kelch mit dieser Frage wird weiter gereicht. Peter und ich können das Lachen nicht unterdrücken. Zum Glück ignoriert Herr Hohmann das Geglucksе. Er ging auch einmal zur Schule und hat es nicht vergessen.

Wir haben eine weitere Gerda, Gerda Schmidt. In Biologie geht es um Vererbung. „Vater Hase hat lange Ohren und Mutter Hase hat kurze. Wie sehen die Ohren der

Hasenkinder aus?“ Bevor jemand zur Antwort aufgerufen wird, ertönt Gerdas Stimme: „Ein langes und ein kurzes!“

Eine Familie fährt jeden Sonntag nach Flensburg in die katholische Kirche. Ich wundere mich über den Aufwand, 22 Kilometer hin und auch noch zurück. Sie haben eins der wenigen Autos im Dorf. In einer Religionsstunde frage ich Fräulein Todt nach dem Unterschied zu uns Evangelischen. Sie muss nachschauen. Bald erfahre ich, dass die katholische Kirche sieben Sakramente hat und wir zwei, fünf mehr! Bewundernswert, dass die Familie einen derart langen Weg auf sich nimmt. Würden wir auch regelmäßig die Kirche besuchen, wenn sie so weit entfernt ist?

Ob auf Anordnung oder aus kollektiver Erkenntnis wird in Eigenleistung das Klassenzimmer renoviert. Am Nachmittag treffen sich willige Mädchen und Jungs. Wir sind eine kleine Gruppe, vielleicht ein halbes Dutzend. Nach der Inspektion von Farbe, Gips, Spachtel und Quast geht es los. Der Fußboden wird an einer Seite mit Papier abgedeckt. Die Dielen sollen nichts abbekommen. Die Decke ist zuerst dran. Wir sind mit Expertenwissen gesegnet. Aber es hapert an Fertigkeit. Kalkfarbe läuft am Arm herunter und kleckert tüchtig aufs Zeitungspapier. Man kann das lustig finden. Otto dreht auf, als er mich so bekleckert werkeln sieht. Er greift den Zeigestock, springt herum und sticht mehrmals tüchtig in die lockere Faserdecke. Jetzt können wir zeigen, was in uns steckt! Das mit den Löchern ist eine schwierige zusätzliche Arbeit. Wir schaffen alles zu unserer Zufriedenheit. Auch unbeteiligte Mitschüler und Lehrer loben bald das Ergebnis.

Papa lässt eine ganze Fuhre Torf aus den Steruper Maien kommen. Ich habe einmal beim Torfstechen mitgemacht. Meine Aufgabe bestand im Aufschichten der ausgestochenen handlichen Stücke. Immer zwei Teile parallel mit Abstand und dann quer darüber wieder welche. Vielleicht zehn Schichten bildeten einen kleinen Turm. Mehrere Hundert Türmchen sehen aus wie eine Stadt auf einem anderen Planeten.

Wir haben zwei besonders freundliche Leute im Dorf, Klein Erna und Pedi. Klein Erna scheint ständig zu spazieren. Ich treffe sie oft. Meistens ist sie in ein Kurzgespräch vertieft. Einen Satz hörte ich regelmäßig: „Ich habe einen Freund!“ Wenn dieser Satz fällig ist, steht sie kerzengerade, ist ganz Dame, spricht dann betont vornehm. Ob andere das auch so herausgefunden haben? Wenn ich Erna entfernt beim Klönen sehe, kann ich den Satz erahnen, wenn sie stolze Haltung annimmt. Sie ist nicht nur freundlich, sondern auch vorlaut und fröhlich. Einige Kinder veräppeln sie. Aber für Klein Erna sind alle gleich. Sie nimmt nichts krumm und bleibt freundlich.
Pedi ist gern mit seinem Fahrrad unterwegs. Meistens führt er es. Das ist auch gut so. Sonst wäre er viel zu schnell durchs Dorf und wir hätten nichts von ihm. Er ist nicht gesprächig, aber antwortet nett auf alle Fragen. Ich nutze die Gelegenheit, zum Üben. Er versteht mein befremdliches Platt. Gott sei Dank, dass wir ihn haben!

Ganz das Gegenteil ist Peter Trübsal. Auch heute ist er ins Dorf gekommen und bleibt nicht lange allein. Kinder begleiten ihn in respektvollem Abstand. Ich bin zufällig auch dabei. Von Weitem könnte man sagen „Peter der Große“, aber wenn man ihn anschaut, passt „Peter Trübsal“ besser. Er erinnert mich an einen bösen Mann, der in Pommern im Wald herumstreifte. Er lenkt einen Blockwagen. Neben ihm geht sein Schäferhund und zieht an einem Strick, der am Gurt befestigt ist. So teilen sich beide die Arbeit des Vorankommens. Peter ist gesegnet mit Haar- und Bartwuchs. Das wilde Gestrüpp unter seinem Hut wirkt bedrohlich. Seine ewige schlechte Laune kann man hören. Auch die Kleidung scheint seine Laune zu teilen. Der Hund tut, was er muss, schaut niemanden an. Wir Kinder sind ihm wurscht. Peter Trübsal murmelt vor sich hin. Er schimpft auf irgendwas. Oder sind wir gemeint? Seine merkwürdige Erscheinung weckt Neugier und diktiert gleichzeitig Distanz. Dies ist heute wie immer ein besonderes Schauspiel. Mit einigen anderen Jungs begleite ich ihn auf der gegenüber liegenden Straßenseite, weitere folgen ihm. Niemand sagt etwas. Keiner will Ziel seines Zorns werden. Als Peter Trübsal rechts in Richtung Genossenschaftsmühle abbiegt, gehe ich geradeaus nach Hause.

Peter Trübsal kommt aus Grünholz, wo er auf einem schmalen Grundstück an der Straße lebt. Sein kleines Haus wirkt auf mich geheimnisvoll. Ich versuche mehrmals vergeblich die am Giebel angehängte Kiste zu entdecken. Es wird erzählt, dass das Schlafzimmer zu kurz ist und seine Füße draußen schlafen. Andere sagen, dass da kein Kasten sei. Aber draußen wäre besser wegen der frischen Luft.
Eine kleine Geschichte gibt es dazu. Peter Trübsal bittet einen Vorbeigehenden, den Arzt zu rufen. Dann legt er sich hin. Der Doktor fragt nach dem Gebrechen. „Ich habe furchtbare Schmerzen und kann nicht laufen. Es sind wahrscheinlich die Füße. Die machen schon lange Probleme." Der Doktor fängt bei den Knien an. „Wo hast du denn deine Füße?" „Die sind draußen", antwortet Peter. So erzählt man es gern. Und dann ist Peter Trübsal tot. Man hört, er wäre bettlägerig und man hätte ihn ins Krankenhaus gebracht und gewaschen. Daran sei er gestorben. Einen Tag später hört man, dass es beim Rasieren passierte.
Seine Ziege, die an einer Laufkette neben der Straße graste, wird nicht mehr gesehen. Peter Trübsal war eine außergewöhnliche Erscheinung, die viele in Erinnerung behalten haben. Vielleicht stiftet jemand ein Denkmal, damit auch unsere Nachfahren etwas von „der guten alten Zeit" erfahren?

Trübsal des einen ist die lustige Unterhaltung der anderen. Wo wir schon beim Schmunzeln sind, hier noch etwas. Papa ist beim Friseur und schaut auf den Fußboden. Zwei schwarze Tierchen bewegen sich zwischen seinen Füßen. Nur die Köpfe sind vor dem Saum des Friseur-Umhangs zu sehen. Sie verschwinden und kommen wieder. „Welche Tiere krabbeln hier herum?" Der Friseur geht zur Seite und sieht unter den Stuhl. „Da ist nichts." „Ach so, das waren deine großen Füße!" Papa erzählt das nicht nur zu Hause. Ob ihm die Geschichte einfiel, weiß ich nicht. Aber zutrauen kann man es ihm. Wenn es sich herumspricht, gehen Männer nach Grünholz, um es auch zu sehen.

Während des Winters haben wir im Saal des Bahnhofshotels Turnen. Wir bauen die Geräte selber auf und räumen sie dann wieder fort, weil hier ebenfalls Veranstaltungen stattfinden. Barren, Bock, Reck und schwere Matten sind zu bewegen. Es hat einen besonderen Reiz, hier zu turnen. Ich bin zwar kein guter Turner. Aber ich mache das gern. Es werden keine großen Mutproben verlangt. Ab und zu bringt man uns nach Scheersberg. Da können wir auch an Ringen herumhangeln. Das gefällt mir. Ich bin ein Leichtgewicht und habe bei der Arbeit in der Landwirtschaft die Arme trainiert. Hier gibt es auch einen Turm. Die Besichtigung mit der gesamten Schulklasse ist eine besondere Attraktion. Schrift auf Steinen verrät die Spender, die den 30 Meter hohen Bismarckturm gefördert haben. Das Hinaufsteigen wird mit zunehmender Höhe beschwerlicher. Wir brauchen ordentlich Puste. Aber alle kommen oben an, einige früher, andere später. Für uns ist der Weitblick neu. Aber noch interessanter ist die Beobachtung der Leute, die unten gehen. Mein Gott sind die klein! Sie sehen wie platt gedrückt aus.

Im Wohnzimmer wird ein großer Metallofen aufgestellt. Schön sieht er aus, emailliert mit riesiger Backofenklappe. Ein Herd für Betrieb mit Holzfeuer oder Gas auf der anderen Seite ist eine Neuheit. Papa sieht auf Höfen solche Sachen. Er weiß dann auch, wo man sie bekommen kann. Wenn ich ihn bei der Arbeit besuche, habe ich ebenfalls Gelegenheit, diese schönen Dinge zu sehen. Auf den Höfen findet man stets zwei Wohnungen. Die ältere Generation zieht nach der Übergabe in die sogenannte Abnahme. Die wird vorher schön und modern eingerichtet.
Papa erweitert das Klo. Eine Dusche entsteht. Ein Durchlauferhitzer mit Gasheizung schaltet sich automatisch ein, wenn man den Warmwasserhahn öffnet. Jetzt haben wir fließend warmes Wasser. Aber nur in der Dusche. Später bekommt das Waschbecken einen kleinen, elektrisch beheizten Druckspeicher.

Ingrid erhält leihweise eine Schreibmaschine aus der Schule. Sie nimmt an einen Kursus für Maschinenschreiben und Stenografie teil. Im Frühjahr 1955 macht sie ihren Schulabschluss mit Mittlerer Reife im Aufbauzug und beginnt eine Ausbildung in Verwaltungslehre auf dem Landratsamt in Flensburg.

Auch Papa schafft einen großen Schritt. Er hat am 6. April 1955 den Gesellenbrief erhalten und ist jetzt Maurer. Wir freuen uns über das wunderbare Ostergeschenk, ebenfalls ein Grund zur Freude und zum Feiern. Papa spielt Mundharmonika. Wir singen fröhlich mit. „Jetzt ist es schön!“, denke ich und erinnere mich an Angst und Elend. Aber das liegt hinter uns! Dies ist mein Moment der Dankbarkeit.
In Ostpreußen musizierte Papa mit seinen Brüdern. Sie sangen zu Mandolinen und Geige, nicht nur unter sich zum Spaß, sondern ebenfalls zum Tanz. Heute musiziert er das erste Mal nach dem Krieg.
Er wollte Schmied werden. Aber das „Herrchen“ in Fuchshöfen bei Bartenstein erlaubte es nicht. Sein Schmied wartete noch nicht auf einen Nachfolger. So musste Papa nach dem Schulabschluss 1927 seinen Wunsch aufgeben. Unfreiwillig folgte er der Anordnung und wurde Landarbeiter mit Berufsschulbesuch und Zeugnis. Er fand Freude an der Arbeit auf dem Acker und im Stall. Sein geschickter Umgang mit Pferden hatte zur Folge, dass ihm ein Vierergespann anvertraut wurde. Er kutschierte auch die Herrschaft.

Es hatte ganz anders kommen sollen. Oma Ottilie war im Mai 1918 mit ihren drei kleinen Söhnen aus Wolhynien als „Rückwanderin“ nach Ostpreußen gezogen. So fand das unabhängige Leben auf eigenem Hof ein Ende in den Wirren des Ersten Weltkriegs und dem Zusammenbruch des Zarenreichs. Das Schicksal nahm eine bittere Wende, als der Familienvater Andreas Baumgart 1917 nach dem Einsatz in der Kaukasusarmee in türkischer Gefangenschaft starb.
Jetzt hat Papa einen zweiten Beruf wie die Bauern in Wolhynien. Die haben sich neben der Landwirtschaft gegenseitig mit unterschiedlichen Fertigkeiten geholfen. Papa wird Häuser bauen. Es werden noch viele Wohnungen gebraucht.

Am 5.5. 1955 gehe ich nach Groß-Ehrfeld. Dieses Datum erscheint mir wichtig, weil man es sich gut merken kann. Ich schnitze es in die Rinde einer Buche, die mir gefällt und recht jung ist. Darunter setze ich mein Monogramm H B. Vielleicht sieht man mein Werk noch nach hundert Jahren? Dieser Wald ist meine vertraute stille Welt. Hier kann ich allein und ganz still sein, alles hören, was sich da hören lässt. Es sind die Stimmen der Vögel, manchmal Grillen bei schönem Wetter auf der Lichtung und das vielstimmige Geräusch des Windes. Wenn möglich, will ich immer am 5. Mai meine Schnitzerei besuchen.

Unser Sattler Matzen hat seine Werkstatt am Weg zur alten Schule. Er kennt mich, weil ich mit Papa mehrmals bei ihm war. Ich bekomme ab und zu einen Auftrag von ihm. Meistens soll ich nach Mohrkirch zum Käseholen oder einen Stuhl irgendwo hinbringen. Er ist gesprächig. Fragt, was ich denn so mache. Ich will viel, aber oft bleibt es beim Wunsch. Ich möchte gern zelten. Camping ist das Zauberwort. Und siehe da. Er hat ein Zweimannzelt von der Wehrmacht. Das darf ich ausleihen!

Mit Peter aus meiner Klasse unternehme ich die erste Campingtour. Es ist wie eine Expedition. Zelt, Kleidung und Kochausrüstung auf den Fahrrädern sind ungewohnt. Am 11. Juli 1955 geht es los. Unser Ziel ist die Prinzeninsel im Plöner See. Die 125 Kilometer wollen wir an einem Tag schaffen. In Einfeld, etwa 30 Kilometer vor Plön, folgen wir auf Anraten unserer Popos und Beine einem Campingplatzschild, obwohl es erst halb vier Uhr ist. Wir werden von anderen nett empfangen und bauen das Zelt auf. Am Abend ist die Stimmung prima. Jeder erzählt etwas, woher er kommt und wohin es noch gehen soll. Jemand spielt Gitarre zum gemeinsamen Gesang.

Der Zeltplatz Prinzenbad ist ein schattiger Wald. Unser Zelt steht nur zwanzig Schritte vom Wasser entfernt. Es ist windstill und die Sonne scheint. Am Kiosk zeigt das Thermometer 30 Grad. Wir fühlen uns gleich wohl und erleben wieder das gemeinsame Plaudern und Singen zur Klampfe.
Am Morgen brechen wir auf nach Plön. Eine Wonne ist das Radeln ohne Gepäck! Der Weg am Wasser entlang ist wunderbar. Wir sind einerseits im Wald und auf der anderen Seite schauen wir zwischen Bäumen hindurch auf den See. Am Schloss überqueren wir ein Bahngleis. Wir müssen absteigen und schauen, ob ein Zug kommt. Das Rad heben wir über die Schienen. Gleich danach sind wir in der lieblichen Stadt und kaufen Milch, Brötchen und Würstchen. Und dann entdecke ich grüne Götterspeise. Das wird ein köstlicher Nachtisch!
Unsere Suppe wird so gut wie gestern mit Knorrbeutel, Brühwürfel und Nudeln, dazu für jeden ein Würstchen. Die Götterspeise will nicht steif werden wie zu Hause. Ein Tipp von erfahrenen Jungs „stell das Zeug ins Wasser!" Das ist nicht so einfach. Ich muss ein tiefes Gefäß auftreiben. Es findet sich eine Konservendose. Alle paar Minuten in den See waten hilft nicht. Der Nachtisch bleibt suppig. Es dauert und dauert. Umkommen lassen wir nichts. Und so schlabbern wir die labberige Speise. Peter und ich fahren noch einige Male hierhin. Es wird zur Routine, Hin- und Rückfahrt jeweils an einem Tag zu schaffen.

Wir erleben schöne Klassenfahrten mit dem Omnibus von Herrn Genske aus Scheersberg. Es geht nach Haithabu und Laboe. Herr Genske hat es gern, wenn wir singen. Und wir freuen uns, wenn er schnell fährt. Die Jungs vorne rufen in der Kurve „fünfzig" und bei geradeaus „siebzig". Wir wissen, dass der Bus jeden Tag irgendeine Reparatur erlebt. Just wenn wir mit ihm fahren wollen, ist er kerngesund.
Auf der Fahrt nach Haithabu halten wir in Schleswig. Im Landesmuseum sehen wir die fruchtbaren Ahnengötter. Der Unterschied von Mann und Frau ist gut erkennbar. Die rothaarige Moorleiche ist gruselig. Das sogenannte Nydamboot imponiert. Den Namen hat es vom Fundort Nydammoor. Es ist über 20 Meter lang und gut drei breit. Das Ruder ist seitlich mit Tauwerk befestigt. Rechts ist die Steuerbordseite. Die mehr als 1600 Jahre vermutet man nicht. Wikinger segelten damit auch auf den Atlantik hinaus. In Haithabu wandern wir über den uralten Ringwall der früheren Handelsstadt

mit Ostseeanschluss über das Haddebyer Noor. Heute ist ein Tag, an dem der Geschichtsunterricht über das Leben der Wikinger anschaulich wird. Auch meine Lektüre aus der Schulbibliothek regt die Fantasie an. Hier wurden neben vielen Dingen des täglichen Bedarfs handwerkliche Kunststücke vollbracht. Ich erinnere mich an die Konstruktion von Spanten des Bootes, die aus mehreren Teilen bestehen. Die damalige Bevölkerung von Haithabu hat uns mit dem noch vorhandenen Wall ein anschauliches Denkmal hinterlassen.

Ein Ausflug nach Laboe hat neben der Fahrt durch die schöne Landschaft zwei Höhepunkte. Beide betreffen das Ehrenmal. Dieser hohe Bau ist der Bugform eines Wikingerschiffes nachempfunden. Das kennen wir von Haithabu. Was Architekten alles zustande bringen! Wir klettern die 85 Meter hinauf und spüren die beinahe dreifache Höhe des Scheersbergturms nicht nur in den Knien. Der Rundumblick ist grandios. Wie eine Landkarte liegen Meer und Land unter uns. Wir schauen und schauen und ruhen dabei aus. Das Hinuntergehen strengt auch an. Es ist leider nicht so, dass alle Wehwehchen vom Aufstieg beim Abstieg verschwinden. Es kommen noch Weitere hinzu.
Und jetzt der zweite Höhepunkt. Unser Lehrer, Herr Nietz, hat seine Frau mitgenommen. Sie ist Opernsängerin. Wir sind unten im Gedächtnisgewölbe. Als sie zu unbekannter Melodie anhebt, bin ich nach kurzem Erschrecken ergriffen. Vielleicht ist mir eine Ankündigung oder Erklärung des Ehrengedenkens entgangen. Andächtig höre ich den Gesang. Es ist großartig, dass uns das Erlebnis geschenkt wird. Heute erleben wir zweimal Kunst. Die Gestaltung eines Architekten und das Werk eines Komponisten.
Das Ehrenmal erinnert an ertrunkene Marinesoldaten beider Weltkriege aller Nationen und mahnt, nur noch friedlich auf den Meeren zu fahren. Ja, friedlich über Meere fahren. Das kann ich mir vorstellen!

Mit Audi und Bodo fahre in den Sommerferien 1956 über die holsteinische Schweiz nach Lüneburg, wo wir Onkel Ernst und Tante Irmgard auf einem Heidehof besuchen. Dann geht es in den Harz, besser gesagt auf den Harz. Das auf etwa 800 Meter über Meereshöhe gelegene Torfhaus erfordert Kraft und Ausdauer. Wir staunen über die noch folgenden hohen Berge. In St. Andreasberg geht sehr steil hinab. Wir sind unsicher und steigen ab. Das Führen des Fahrrads ist nicht so einfach wie gedacht. Die abschüssige Fahrbahn hat zur Folge, dass wir beinahe neben dem Vorderrad gehen und nicht in der Mitte zwischen den Rädern wie in ebenem Gelände. Das Gepäck schiebt nicht nur mächtig, sondern versucht das Fahrrad hinten zur Seite zu drücken. Also bei festem Tritt immer schön Balance halten. Papas Worte, dass es bergab anstrengender sein kann als bergauf, fallen mir ein. Müssen wir überhaupt da hinunter? Nein, das müssen wir nicht! Also wenden! Camping in den Bergen kann sehr beschwerlich sein.
Am folgenden Tag begegnen wir einem Ochsenkarren. Er verabschiedet uns vom Harz, einer anderen, auch schönen Welt. Aber unser Angeln strengt nicht so an. Jetzt geht es abwechselnd rauf und runter. Unser Zeitplan erscheint auch heute wieder sehr optimistisch. Einer Stunde bergauf folgt eine viertel Stunde ohne Treten als Belohnung zum Ausruhen. Dieser Wechsel vermittelt das harte Leben in den Bergen. Hier sind die Getreidefelder noch mehr vom heftigen Regen niedergedrückt als vor dem Harz. Ich sehe es mit einer Art von Traurigkeit.
Am Abend haben wir es endlich bis Hannoversch-Münden geschafft. Ein wunderbarer Zeltplatz liegt genau auf dem Dreieck, wo Werra und Fulda sich zur Weser vereinigen. Das Wetter ist endlich wieder gut. Auf dem Platz herrscht eine

ansteckende Heiterkeit. Liegt es am Wetter oder an der Umgebung? Die Antwort erahne ich am Morgen. Was mich beinahe erschreckt, ist das unbefangene nackte Auftreten von Schweden im Waschraum. Sie freuen sich wie Kinder über das kalte Wasser. Sie kommen weit aus dem Norden nach langem Winter und genießen den kurzen Sommer. Ich vermute, sie werden bald auch mit ihrem Winter zurechtkommen. Diese gute Laune der glücklichen Menschen kann nicht mit dem Sommer verschwinden.
Der Edersee ist das entfernteste Ziel. Der Staudamm beeindruckt besonders mit dem Blick in die Tiefe. Bei der Weiterfahrt regnet es wieder. Auf einem Hof erlaubt uns eine freundliche Frau, das Zelt aufzubauen.
Dann lassen wir uns von Bodos Onkel und Tante in Vlotho verwöhnen. Wir erfahren, dass kürzlich die Weser an einem Tag von 1,5 auf 6 Meter Pegel angestiegen ist. Vielen Menschen brachte es abgesoffene Zimmer und Kummer. Auch Ernten sind zerstört. Aber uns geht es blendend. Es gibt alles, was das Herz begehrt. Wir schlafen in der Wohnung und werden am Morgen mit üppigem Frühstück gestärkt. Der herzliche Abschied mit allen guten Wünschen beschert uns auch noch eine Auffrischung der Reisekasse.
Am nächsten Tag sehen wir die Schachtschleuse bei Minden. Das Bauwerk erlaubt Binnenschiffen, auf dem Mittellandkanal die Weser zu überqueren. Das ist für mich großartige Technik.
Es ist jetzt leichter, voranzukommen. Flussabwärts geht es wieder gen Norden. In der Nähe von Verden an der Aller überholt uns ein Bus. Fröhliches Kreischen lenkt unseren Blick auf winkende Arme. Was flattert da herum? Der Bus entfernt sich und hinterlässt herum liegende Zettel. Jetzt sammeln wir nicht Blaubeeren wie mit meinem Onkel in der Heide, nein, wir sammeln Adressen! Jeder hat mehrere. Am besten gefällt mir der Zettel von Magdalena aus Gütersloh. Ich verstaue ihn wie einen kleinen Schatz im Portemonnaie. Weiter geht es heimwärts durch flaches Land. Ich habe ein gutes Gefühl. Da ich fleißig Karten schrieb, wussten alle, wie es mir geht und mussten sich keine Sorgen machen. Der Briefverkehr mit Magdalena erfrischt mein Herz. Das Foto zeigt ein kesses Mädchen mit blonden Locken. Ich habe eine Schreibfreundin!

Auch mit der Schulklasse fahren wir nach diesen Ferien in den Harz, genau gesagt, nach Seesen am Harz. Papa gefällt es nicht. Zweimal in einem Jahr in den Harz. Das erscheint ihm wie Übermut! Meine Lehrer überzeugen ihn von dem Sinn einer Klassenreise. In der Herberge sind mehrere Schulklassen. Zu den Essenszeiten ist der Saal gedrängt voll. Da summt, brabbelt und kichert es in allen Tonlagen. Wir Jungs leiden nicht gerade unter der Überzahl der Mädchen in unserer Klasse. Aber das hier ist viel, sehr viel mehr. Wir sind unter Mädchenklassen geraten. Am Tage fahren wir mit dem Bus herum und sehen steile Berge. Der Hexentanzplatz mit vielen Felsbrocken zwischen mächtigen Tannen ist nicht zum Herumkraxeln geeignet. Da können Hexen tanzen? Das müssen ganz verrückte Biester sein!
Aber es gibt auch Engel. Eine Klasse aus Berlin schafft es, dass wir Jungs uns mit ihnen am Waldrand oberhalb einer Wiese treffen. Wir sind irritiert zwischen den albernen Gänsen. Oder sind es schon junge Damen? Na ja, die Berlinerinnen sind etwas mondän. Was sollen wir hier? Uns fehlen die passenden Vokabeln für berlinerisch. Dann ist es simpel. Die Mädchen meinen, wir sollten nur den Hang hinab laufen. Ach ja, ausbüxen aus dem Gackern wäre nicht schlecht. Aber nein! Kaum sind wir gestartet, schnappen die Engel uns und schon knuddeln wir alle durcheinander. Die große Horde hat ab jetzt ein gemeinsames Geheimnis. So etwas verbindet. „Ich bin Ingrid," sagt sie, „Ingrid von Clermont aus Berlin-Siemensstadt."

Mit Sterup kann ich nicht auftrumpfen gegen Berlin. Aber mir fällt etwas ein. „Ich bin Heinz von der Ostsee.“ Das klingt auch ein bisschen nach etwas. Ich muss sie nie suchen. Sie findet mich. Wir sprechen über Berlin und Angeln, das gleich nach dem Paradies kommt.
Während des Abendessens wird ein Absender gesucht. „Hier ist eine Karte an Ingrid von Heinz ohne Adresse.“ Unter fröhlichem Lachen hole ich meine Karte ab. Ingrid meint, die hätte ich ihr direkt geben können. „Meine Schwester heißt auch Ingrid.“ Damit habe ich den Glanz des Ostseeadels bekleckert! Ich komme mir richtig blöde vor.
Tagestouren zeigen uns romantische Städte, Berge, Täler und Wald. Das Herumwandern ist abenteuerlich. Bad Grund sehen wir tief unter uns liegen. Auch zum Edersee fahren wir und gehen über die Staumauer und unten hinein.
Wegen schöner Aussicht oder Erleichterung im Wald wird die Busfahrt unterbrochen. Da heißt es „Jungs links, Mädchen rechts.“ Wir angehenden Männer müssen dabei die Straße überqueren. Was wir in Gemeinschaftskunde hörten, sollen wir jetzt anwenden. „Erst nach links und dann nach rechts schauen. Wenn keine Gefahr besteht, könnt ihr ruhig und gerade über die Straße gehen!“ So lernen wir nicht nur fürs Leben, sondern auch fürs Überleben in unserer hektischen Welt mit schnellen Autos.

Papa arbeitet zu Hause nicht nur nach Feierabend fleißig. Wenn die Kartoffeln gehäufelt werden sollen, macht er das schon früh am Morgen, bevor er zur Arbeit fährt. Er hilft, wenn ein Grab auszuheben ist. Es wird selbstverständlich auch wieder zugeschaufelt. Auf dem ordentlich geformten Hügel liegen bald viele Kränze. Papa meint, die Trauergemeinde ist besonders daran interessiert, so schnell wie möglich zu sehen, ob alles gut angeordnet ist und die Schleifen auch zu lesen sind. Man sollte länger bei Kaffee und Kuchen sitzen. Dann könnte er das Grab noch schöner herrichten. Jetzt schaut er, ob sie kommen und sputet sich.
Auch wenn die Kirche sehr voll ist, hilft er. Der Kirchendiener geht auf einer Seite mit dem Klingelbeutel und Papa auf der anderen. Einer beginnt am Altar und der andere am Ausgang, damit sich die langen Beutelstangen nicht gegenseitig stören, denke ich mir. Unsere Gemeinde besitzt also zwei Klingelbeutel und beide klingeln! Die Klingel ist zum Aufwecken gedacht. Es wäre schade, wenn ein Spender die Gelegenheit zur Nächstenliebe verschläft. Papa erzählt, dass auch schon mal ein Knopf im Beutel gefunden wird. Diesen Frevel kann das Glöckchen nicht verhindern.

Das Grab von Oma, die mit Papa aus Wolhynien kam, liegt auf dem neuen Friedhof weit hinten, beinahe am Kirchweg, den ich so gern nach Dingholz ging. Nach der Kirche am Sonntag besuchen wir sie. Das tut gut. Ich will Oma nicht vergessen. Wenn ich am Grab stehe, denke ich an schöne und furchtbare Erlebnisse. Vielleicht habe ich meine Liebe zum Wald von ihr geerbt? Oma war mit der Natur vertraut. Jetzt denke ich an Pilze. „Warum findest du so schnell so viele?“ „Ich gehe nur Pilze sammeln, wenn sie mich rufen. Dann kann ich sie riechen.“ Ja, ich rieche sie auch, wenn ich sie an die Nase halte. Im Wald gibt es viele andere Düfte.
Auf dem Rückweg schaue ich die 700 Jahre alte Kirchentüre an. Sie ist aus Eiche. Viele Eisenbänder sind im Quadratmuster als Verstärkung darauf befestigt. Auch uralte Handwerksarbeit kann begeistern.

An einem Heiligabend gehen wir in die Kirche. Wir sind früh genug da, aber es ist kein normaler Sonntagsgottesdienst, wo die Frauen mit ihren Hüten links und die Männer rechts sitzen und noch viele Plätze frei sind.

Wir gehen den Gang entlang. Alle Reihen sind beinahe gedrängt voller Menschen. Wir gehen zurück. Nur in der letzten Reihe auf der rechten Seite ist noch Platz. Die freundlichen Leute stehen auf und lassen uns rein. Ich darf mich als Erster vorbeizwängen und setze mich in die Ecke. Und bald warte ich auf den Segen, den Ausgangssegen! Es ist warm. Dann ist es sehr warm und bald heiß. Neben mir verläuft senkrecht das Heizungsrohr. Herr im Himmel ist das heiß! Vorne beim Pastor leidet der zarte Jesus unter der Kälte der halben Nacht in Bethlehem. Und ich knöpfe hier hinten meinen Mantel auf. Diese Dreiviertelstunde ist eine der längsten in meinem Leben! Zu Hause gibt es Schraubennudelsalat anstatt dem gewohnten Kartoffelsalat. Die Würstchen sind lang, knackig und heiß wie immer. Lieber heißes Würstchen als heißes Rohr! Das werde ich nicht vergessen!

Im Bahnhofshotel können wir Veranstaltungen erleben. Sie sind selten und gut besucht. Es gibt Tanzabende, Kindergilde und Fasching, wofür die Leute sich ausputzen und mal ganz was anderes sein wollen als jeden Tag. Wer keine Lederstiefel hat, putzt seine Gummistiefel mit Wichse und Bürste blitzeblank.

Es kommen auch interessante Menschen. Heino Conti singt Westernlieder. Er hat zwei Colts an den Hüften, die er ab und zu wirbeln lässt, so perfekt, als wäre er im Zirkus. Sein Gesang ist ergreifend. Ich habe beinahe Sehnsucht nach dem Wilden Westen. Stürmischer und anhaltender Beifall der begeisterten Besucher belohnt ihn. Der Abend ist großartig!

Und dann kommt der bekannte Segler Hannes Lindemann, genauer: Dr. Hans-Günther Lindemann. Von der Sonne gebräunt steht der blonde Mann vor uns. Er ist kürzlich von einer Atlantiküberquerung, die er allein in einem Serien-Faltboot geschafft hat, heimgekehrt. Zunächst schildert er seine erste Überquerung von Las Palmas nach Haiti in einem ausgehöhlten Baumstamm. Das schaffte er 1955 in 65 Tagen. Er erklärt, wie er sein Durchhaltevermögen aufbaut. Das Zauberwort heißt „autogenes Training". Er ist Arzt und möchte diese Methode anderen Menschen vermitteln, die ungewöhnliche Dinge planen. Er hat sich vier Befehle eingeprägt: Ich schaffe es! Nicht aufgeben! Nimm keine Hilfe an! Kurs West! Mit diesen eisernen Vorsätzen startete er 1956 die Überquerung mit dem Faltboot. Er schildert die Notwendigkeit dieses Prinzips an Beispielen seiner einsamen Fahrt durch stürmische See, wo körperliche und geistige Kräfte schwinden. Der trainierte Wille mit den vier Vorsätzen blieb auch in kritischen, schier ausweglosen Situationen wach. Nach 72 Tagen hatte er es geschafft. Er ernährte sich mit rohem Fisch und Regenwasser. Den größten Teil des Proviants warf er über Bord, weil das Boot zu tief im Wasser lag.
Die extremen Leistungen hat er auf sich genommen, um seine Erkenntnis des autogenen Trainings zu untermauern und bekannt zu machen. Seine Leidenschaft ist das Segeln mit seiner Jacht in verschiedenen Regionen der Welt. Die Dias sind eine Mischung aus Abenteuer auf See und Idylle in den Tropen. Ich bin beeindruckt. Sein eiserner Wille sollte auch Leitlinie für mein Leben sein.

Es ist schwer vorstellbar, dass jemand Hannes Lindemann das Wasser reichen könnte. Und dann kommt auch noch der Seeteufel. Er steht in Kapitänsuniform mit Mütze und Tabakpfeife auf der Bühne und verrät seinen Namen: Felix Nikolaus Alexander Georg Graf von Luckner. Beifall erhält er jetzt schon. Es folgen Schilderungen seiner Seefahrt als Matrose und über die Seefahrtsschule. Er erklärt das Kapitänspatent A6, streckt die Arme aus und ruft: „Kapitän auf Schiffen jeder

Größe und auf allen Weltmeeren!“ Beifall! Es wird schnell spannend. Er berichtet von seinem Kommando im Ersten Weltkrieg auf SMS „Seeadler“. Wie der Feind mit Attrappen an Deck getäuscht wurde. Und dann schildert er Auftritte in Amerika, wo er das Telefonbuch von New York durchriss. Das kann er hier nicht machen, denn wir haben nur unser mickeriges von Flensburg Land. Er kann unglaublich packend erzählen. Beifall und immer wieder Beifall. Man kann auch sein Buch „Seeteufel“ am Ende des Abends kaufen. Es interessiert mich, ist aber teuer.

Am folgenden Nachmittag komme ich nach Hause. Was ist das? Schon an der Haustüre höre ich Mamas lautes Lachen und noch eine dröhnende Lachstimme dazu. Ich bleibe im Flur stehen. Mama unterbricht ihr Lachen. „Ein alter Kerl klaut Pflaumen!“, dann lachen beide wieder um die Wette. Ich bin sicher, dass es kein heftiger Streit ist, aber was sonst? Vorsichtig öffne ich die Tür zum Wohnzimmer. Da sitzt der Seeteufel auf dem Sessel, der für ihn irgendwie zu klein ist. Er ist in Zivil. Aber die Kapitänsmütze hat er dabei und auf dem Knie liegen. Ich rieche das angenehme Aroma seiner Pfeife. Die beiden lachen immer noch. Nein, er will nichts trinken. Er möchte nur die Pflaumen probieren, die sie gepflückt haben. Einige sind in der Schale auf dem Tisch. Luckner isst langsam eine Pflaume und noch eine. Das sei eine nette Nachbarschaft, findet er. Ja, er ist unser Nachbar. Wir haben beobachtet, dass er in einem kleinen Bus auf dem Sportplatz wohnt.
Zum Abschied gibt Mama ihm noch Pflaumen und sagt, er kann sich gern melden wenn er was braucht. Luckner meint, ich könne mitgehen und sehen, wie er wohnt. So lerne ich auch seine schwedische Frau kennen. Sie ist richtig schick gekleidet, hat die Haare schön, einen knallroten Mund und ist sehr freundlich. Die beiden berichten von einem Kinderhilfswerk. Sie sind unterwegs, um mit Vorträgen Geld dafür zu sammeln. Der Seeteufel ist ein Engel! Luckner möchte, dass ich ihm morgen nach Schulschluss das Dorf zeige. Ich glaube, mich zu freuen, spüre eine Hemmschwelle. „Na klar, ich hole Sie ab!“
Ich schlafe spät ein. Der Seeteufel geistert im Kopf herum. Dabei taucht aus dem müden Nebel eine abwegige Idee auf, wird klar wie Glas und mit der Müdigkeit zum Traum. Als ich wach werde, erkenne ich meinen Wunschtraum als Realität. Es ist möglich! Zweifel dürfen nicht sein! Ich bin sicher, meine Mitschülerinnen machen das! Ich erzähle in der Schule davon und spreche mit Christel und Luise. Die beiden verstehen sich gut. Das sehen wir jeden Tag, wenn sie untergehakt vor der Schulbaracke auf und ab gehen. Ob sie meinen Traum wahr werden lassen? Die Erdkundestunde mit Paulchen, so nennen wir Herrn Hohmann unter uns, wäre passend. Jetzt gibt es zwei Fragen: Trauen sich die beiden Mädchen hinzugehen? Ist Luckner bereit, in den Erdkundeunterricht zu kommen?
Die Stunde fängt an. Paulchen vermisst die Abwesenden. Seine Fürsorge können wir zerstreuen.
Wir sind irgendwo in Osteuropa. Paul ist ganz bei der Sache, wir Schüler hoffen und bangen. Endlich klopft es laut. Die Tür wird kräftig geöffnet und Luckner kommt herein, Christel und Luise folgen. Sie setzen sich artig. Die beiden können wirklich stolz sein! Luckner bleibt vorn und begrüßt uns. Herr Hohmann ist überrascht und irritiert. Er erfasst die Situation schnell und hält sich im Hintergrund. Der Seeteufel ist in seinem Element. Mitreißend schildert er aus der Fülle seiner Abenteuer. Ob Seemannsgarn oder nicht. Das ist uns egal. Er ist auch für Zauberei bekannt. Eine Kostprobe: Er nimmt den Zeigestock und lässt sich einen
Fingerring geben. Den steckt er in seine Hosentasche. Er hält jetzt den Stock an beiden Enden und macht eine Bewegung, als solle etwas um ihn wirbeln. Und tatsächlich. Der Ring dreht sich um den Stock. Wie kann das sein? Der ist in seiner

Tasche verschwunden. Er zieht ihn herunter, gibt ihn der Besitzerin zurück und reicht ihr auch den Stock. „Versuch es auch!“ „Zaubern kann ich nicht.“ „Steck einfach den Ring rauf und lass ihn kreisen.“ Und dann unsere Verblüffung. Der Ring ist für den Stock zu eng. Der passt gar nicht! Über diese Unterrichtsstunde sprechen wir stolz mit Schülern anderer Klassen. Paulchen wird bestimmt auch im Lehrerzimmer berichten.

Am Nachmittag darf ich mein Versprechen einlösen. Der Bammel von gestern vor diesem Akt hat sich zerstreut. Im Unterricht hat der Seeteufel das Eis gebrochen. Ich glaube, dass alle ganz entspannt mit ihm gehen würden.
Er ist bereit. Über den langen Fußweg hinter Café Iba gehen wir an der Schulbaracke vorbei und erreichen die Straße. Ich erkläre, wer hier alles wohnt und was sie so machen. Die Auslagen des Uhrmachers interessieren ihn nicht. Er schaut kaum hin. Das ist schon mal der Beweis, dass er ganz andere Dinge kennt als ich. Gegenüber bei Bäcker Ochs bleibt er stehen. „Das sieht gut aus“ sagt er vor dem Schaufenster. „Mittagsstunde“ sage ich, nachdem er vergeblich einzutreten versucht. „Dann später.“ Am Geschäft von Friseurmeister Hinrichs sagt er „Friseure verkaufen Tabak.“ Und schon stürmt er die Stufen hinauf. „Guten Tag, hast du Tabak?“ „Ja, ja, ja, in der Vitrine!“ Herr Hinrichs öffnet die Glastür. Und dann kann er nur noch staunen. Luckner nimmt eine Packung, reißt sie auf und schnuppert. Er legt sie zurück, schnappt sich eine andere. Die landet auch aufgerissen und verknautscht an ihrem Platz. Die dritte Sorte gefällt ihm. „Die nehme ich.“ Er bezahlt und wir verschwinden. Ich traue mich zu fragen, ob andere Kunden wohl die offenen Packungen kaufen. „Wenn du einmal berühmt bist, musst du das auch so machen. Der Friseur wird seinen Kunden stolz die zerrissenen Packungen zeigen. Viele werden extra zu ihm gehen und den Tabak kaufen, den ich genommen habe. Die offenen Packungen wird er aufheben. „Das war der Seeteufel“, wird er stolz verkünden. „Vorgestern Abend haben Sie gesagt, sie sind Weltbürger.“ „Ja ich bin Weltbürger Nummer eins! Ich bin überall zu Hause.“ Das klingt überwältigend. „Kann ich auch Weltbürger werden? Wie viele gibt es?“ „Mein Freund ist Nummer zwei. Andere kenne ich nicht.“ „Dann könnte ich Nummer drei werden! Wo kann ich die Prüfung machen? “„Es ist ein langer Weg. Du musst die Welt kennenlernen, weit herumkommen, am besten auf allen fünf Erdteilen. Dann musst du lernen, alle Völker, Kulturen, Rassen und Religionen zu respektieren. Alle Menschen haben gleiches Recht, auf dieser Welt in Frieden zu leben. Und dann musst du bedürftigen Kindern helfen, soweit du das vermagst. Du wirst vielen armen Kindern begegnen. Bereite ihnen Freude.“ „Wenn ich das alles geschafft habe, wo kann ich den Schein bekommen?“ „Es gibt keinen Schein. Weltbürger ist man mit dem Herzen. Frage dein Gewissen, wenn du glaubst, es geschafft zu haben. Es wird dir sagen, ob du Weltbürger bist.“ Das hatte ich nicht erwartet. Edel sei der Mensch hilfreich und gut, fällt mir ein. Eine Ahnung für Größe und Persönlichkeiten erfasst mich.

Die Glocken läuten. Einige Leute gingen schon in Trauerkleidung an uns vorbei. „Da ist wohl eine Beerdigung?“ „Die sind erst noch in der Kirche.“ Ich zeige unsere Schulgebäude und die Kapelle. Als wir am Pastorat sind, läutet die Glocke wieder, aber anders. Jeder im Dorf weiß, was das bedeutet. „Jetzt wird der Sarg aus der Kirche getragen“, sage ich. „Die Beerdigung interessiert mich.“ Sagt Herr Luckner. Über den Kirchenweg erreichen wir das Friedhofstor an der Tischlerei. Auf der Vorderseite der Kirche ist nichts zu sehen. Auf der anderen Seite hat sich die Trauergemeinde in der Nähe von Omas Grab versammelt. Ich werde unsicher. Soll ich zurückbleiben oder ihn aufhalten? Er geht auf die Gruppe zu. Er wird sich

hoffentlich nicht dazwischen drängen? Wie sich das für einen Weltbürger ziemt, stellt er sich andächtig hinter die Gruppe. Nebeneinander erleben wir die Bestattung und hören auch den Pastor. Ich bin zu klein, um etwas sehen zu können. Nach dem Vaterunser ziehen wir uns beinahe unbemerkt zurück. Graf Luckner wurde bestimmt von der uns folgenden Trauergesellschaft erkannt. Gestört haben wir nicht.
Seine Frau empfängt mich wieder freundlich. „Such doch bitte ein Bild heraus", sagt Luckner. „Warte, ich habe etwas für dich." Er schreibt. Und dann: „Kannst du das lesen?" In feiner, gleichmäßiger Schrift, so gerade als wären da Linien, steht: *„Kieck in den Sünn min leve Heinz un nich in dat olle Muslok."* Und darunter ist seine Unterschrift. Ich freute mich so sehr, dass ich nicht weiß, wie der Abschied war und wie ich nach Hause kam.

Mama hat den Garten mit vielen Blumen und Sträuchern ausgestattet. Überall blüht immer etwas. Die Farben sind nach Jahreszeit ausgesucht und verwöhnen uns mit wechselnder Pracht. Der Garten ist Mamas Wohnzimmer, aber auch ihr intensiver Arbeitsplatz. Dass ihr die Arbeit gefällt, können wir hören. Mama singt Volkslieder. Ihre feste Stimme erreicht auch Passanten auf der Straße. Manch einer verlangsamt seinen Schritt und lauscht. Ihr unbefangenes Singen beeindruckt mich. Diesen Schatz hat sie von Ostpreußen mitgebracht. Für mich ist ihr Gesang eine Brücke zwischen alter und neuer Heimat.

Schulaufgaben erledige ich überwiegend bei mir oben, heute im Wohnzimmer. Mama ruht sich aus. Sie hat die Zeitung beiseitegelegt und scheint zu schlafen. „Rudolf! Mit Papa ist was passiert!" „Mama, das ist nicht möglich. Du hast geträumt!" „Das ist kein Traum! Ich spüre es!" Mama zwingt sich zur Ruhe, bleibt aber aufgeregt. Sie fängt an herumzugehen. Auch ich werde unruhig.
Ein Auto hält. Ich renne raus. Papa ruft: „Der Arm ist kaputt!" Er habe Schmerzen. Das Auto fährt weiter. Da stehen wir nun, Mama und ich schauen hinterher. Ich renne los. Aha, sie halten bei Dr. Waldenburg und gehen ins Haus. Ich warte. Bald kommt der Fahrer. „Der Doktor sagt, es ist nichts gebrochen. Er hat die Schulter schon eingerenkt. Sie war ausgekugelt." Ich laufe zu Mama und berichte. Wir warten. Dann kommt Papa mit nach vorn gewinkeltem Arm auf einer Stütze, einem sperrigen Gerüst. Da sitzt er nun und berichtet. Er und Kollegen waren dabei, einen alten Stall abzubrechen. Die morschen Dielen gaben nach. Er landete eine Etage tiefer und fiel auf die Schulter. Der Arzt hat ihm eine Spritze gegeben. Es tut nicht mehr so weh wie vorher. „Jetzt muss ich das auskurieren und kann zu Hause nichts machen." Das ist für ihn eine seltene Gelegenheit, spazieren zu gehen, nicht nur ins Dorf. Er wandert gern die Wege zwischen den Äckern entlang und schaut sich Weizen und Roggen an. Er erkennt, wann das Getreide blühen wird. Zur Blütezeit geht er wieder hin und erzählt, dass es eine gute Ernte geben kann wenn das Wetter passt.

Eines schönen Tages fällt beim Öffnen meines rechten Fensterflügels die Scheibe hinunter. Sie landet senkrecht vor dem Hintereingang und schneidet einen kleinen Spalt in die Betonplatte. Wenn da jemand gewesen wäre? Nicht daran denken! Das untere Rahmenteil war verrottet und ist abgefallen, eine Arbeit für den Fachmann. Also erst zu Tischler Knutzen und dann zu Maler Wölfert, der auch eine Scheibe einpasst und sauber kittet.
Ich habe eine ganz besondere Arbeit gefunden. Ein Dachstuhlbalken, der unter dem Dachüberstand am Giebel herausschaut, ist faul, hat sich schon etwas geneigt und könnte irgendwann herunterfallen. Von unten erkannte ich den Schaden und überlegte, was da zu tun ist. Ein Ersatzbalken ist bald aufgetrieben. Das Profil an der

Stirnseite wird eine kniffelige Arbeit. Nach zwei Tagen mit fummeligem Sägen und Nachputzen mit Stemmeisen bin ich zufrieden. Nach dem Anstrich ist das Anbringen ein Akt, den Papa von der Leiter aus erledigt. Das Ergebnis gefällt mir.

Wie auch andere Haushalte gehen wir mit der Zeit und schaffen moderne Sachen an. Ein Staubsauger ist für mich etwas ganz Neues. Mama sagt, der wäre gar nicht neu. Der Vorbesitzer hat ein noch moderneres Modell gekauft. Ich wundere mich. Es gibt schon seit Jahren Staubsauger und ich weiß es nicht!
Die nächste unvergessene Neuanschaffung ist eine echte Neuheit. Ein großes Radio mit UKW, und oben befindet sich unter einer Klappe ein Plattenspieler. Zwei Schallplatten haben Mama und Papa gekauft. Der Radetzkymarsch klingt viel besser als aus Lautsprechern. Bei der Platte „Im Grunewald ist Holzauktion" bin ich erstaunt. Es wird gesungen! Dass auch Stimmen wiedergegeben werden, erscheint mir wie ein Wunder. Papa hat ein Verlängerungskabel besorgt. Es ist 30 Meter lang und reicht bis zur Laube, die jetzt fertig ist. Bei schönem Wetter hören wir draußen Radio oder Platten. Einmal nehme ich das Gerät zu einem Klassenfest ins Café Iba mit. Dort hat Papa im Anbau einen größeren Raum renoviert. Jetzt können Schüler feiern, ohne Gäste zu stören.

Es gibt neuerdings Wäschestampfer, mit denen man Luft pumpen kann. Ein Topf mit Löchern verschwindet beim Stampfen gegen Federdruck in einer Glocke und pustet in die Wäsche. Man muss den Stampfer jedes Mal aus dem Wasser herausheben, damit er sich wieder mit Luft füllt. Wir waschen in der Badewanne. Dabei hat man eine bequeme Position. Aber es ist wie bei anderen neuen Dingen. Der Spaß lässt bei mir schnell nach, wenn ich weiß, wie es funktioniert. Ohne Zweifel sind auch monotone Arbeiten bis zum Erreichen des Ziels auszuführen, leider.
Die neue elektrische Trockenschleuder ist eine sympathische Sache. Man legt nasse Wäsche hinein und erlebt zunächst Rummeln. Wenn das meiste Wasser herausgeschleudert ist, hört man friedliches Summen. Bei schlecht verteilter Wäsche hüpft die Schleuder und will ausbüxen. Bald sagt Mama, dass sie so ein elektrisches Gefühl habe, wenn sie einschaltet. Ich denke an das Radio von Frau Rogall. Also den Stecker anders herum einstecken und eine Markierung anbringen. Nur mit dieser Stellung wird künftig geschleudert.

Schüler aus England kommen. Quartiere sind bereitzuhalten. Es gibt eine Liste. Ingrid hat sich eine Sheila ausgesucht, die im Alter passt. Sie wird bei uns wohnen. Alle Engländer unterzubringen ist schwierig. Also kommt auch noch ein Junge zu uns. Nach dem offiziellen Empfang mit Bürgermeister vor eingetroffenen Gästen, Lehrern, Schülern und einigen Gasteltern gehen Ingrid und ich mit beiden nach Hause. Sheila ist eine blasse Lady, Peter eher ein heranwachsender Lord. Während er sorgfältig die lange Reihe seiner Westenknöpfe schließt, habe ich mein Butterbrot gegessen. Wir bevorzugen Schwarzbrot. Das essen unsere Gäste nicht. Es muss Weißbrot sein, jeden Tag frisch!
Peter kann meinen Namen nicht so recht aussprechen. Ich schlage Henry anstatt Heinz vor. No, no, Namen darf man nicht ändern. Das Problem erledigt sich ganz einfach. Er ist You und ich bin You!
Peter sieht in unserer Straße am Geschäft von Frau Rittstieg eine LUX-Werbung. Das erinnert ihn an England. Da gibt es auch LUX. Drinnen gefällt ihm die schöne Schachtel. Und schon hat er etwas zum Mitnehmen. Bei uns zu Hause meint er, dass deutsche Seife sehr viel leichter ist als Englische. Wie er darauf komme, frage ich.

Wenn die Seife so groß ist wie die Schachtel, müsste die Schachtel schwerer sein". „Das ist keine Seife. Das sind Zigaretten!"
Es folgt eine spannende Zeit. Bus- und Schiffsausflüge werden organisiert. Mein englischer Wortschatz bleibt im Verborgenen. Ich spreche die fremde Sprache nicht gern und lerne sie, weil Fräulein Todt es wünscht. Aber etwas verstehe ich. Als jemand das dritte Mal sagt: „Please, close the window!", begreife ich, dass das Fenster im Bus gemeint ist. Ich erkenne so den Sinn einer fremden Sprache.
Eine englische Schülerin ertappt mich mehrmals, wenn ich sie unbemerkt betrachte. Meine Augen wandern immer wieder zu ihr. Sie lächelt verlegen wie ich. Ich bin zu schüchtern, sie anzusprechen. Für eine so komplizierte Angelegenheit hat Fräulein Todt uns nicht vorbereitet. Aber lächeln ist international. Gelegentliches Lächeln ist ja auch ganz nett. Aber sie hat keine blauen Augen und ist auch nicht blond. Ihre üppigen, krausen braunen Haare hat sie zu einem buschigen Pferdeschwanz gebunden. Und dann ertappen ihre braunen Augen mich wieder. Es ist nicht wie in Pommern. Meine Erinnerung fixierte sich auf blau und blond. Es gibt wohl noch etwas anderes als Farbe.
Auf dem Söruper Bahnhof nehmen wir Abschied von unseren englischen Mitschülern. Der Zug hält. Das Einsteigen unserer Gäste beginnt. Saras braune Augen finden meine, kommen auf mich zu und schon umschlingen mich ihre Arme. Mein Herz klopft. Was ist das? Ich bin wach geworden.

Der Schüleraustausch oder auch Kurzreisen von Schülern nach England sind gute Gelegenheiten zu erfahren, dass es dort genau so viele Menschen wie hier gibt, die ganz normal in Frieden leben wollen und gar keine Lust haben, Feind zu sein.
Die Reise einer Steruper Schülergruppe wird überschattet. Einer der Schüler ist im Bad ausgerutscht und hat sich eine schlimme Schnittwunde am Arm zugezogen. Man leistet sofort und später auch in Deutschland jede mögliche Hilfe. Es wird befürchtet, dass eine eingeschränkte Bewegung des Arms zurückbleibt.

In Quern ist eine Apotheke. Dort werden die Rezepte von Dr. Waldenburg eingelöst und den Patienten gebracht. Das erledigt jemand aus Sterup. Ich muss einmal hinfahren, um etwas umzutauschen. Auf der Rückfahrt sause ich bergab, ohne zu treten. Ich schaue auf das Vorderrad. Es läuft schnurgerade, hat keinen Schlag. Aber der Dynamo ist etwas nach hinten gelappt. Das ist kein Problem. Ich drücke ihn sachte mit dem Fuß nach vorn. Und dann knalle ich kopfüber auf die Straße. Ich bin noch mitten in Quern. Eine Frau kommt angelaufen. Sie sieht, wie ich merkwürdig verrenkt meinen Fuß zwischen Gabel und Reifen herauszuziehen versuche. Es gelingt nicht. „Wie kann ich helfen?" „Können Sie das Vorderrad festhalten?" So klappt es. Ich kann aufstehen. „Komm rein und dann sehen wir mal, was wir tun müssen." Mir tut etliches weh. Ich weiß nicht was alles. Die Ellenbogen sind am schlimmsten. Unter kaputten Ärmeln haben sie Schrammen abbekommen. Es blutet etwas. „Hast du dir nicht den Kopf gestoßen?" „Nein, da tut nichts weh." Ich bin schon dabei, das Fahrrad zu kontrollieren. Von der Lampe ist etwas abgebrochen. Das Teil passt in die Hosentasche. Das bekomme ich wieder hin. „Fahr vorsichtig!", höre ich hinter mir.

Wenn wir in der Laube sitzen, spendiert Oma gerne Eis. Dann gehe ich schnell rüber zu Iba und hole alles, was das Herz begehrt. Ich höre gern zu, wenn wir gemeinsam naschen und sie gut gelaunt von Ostpreußen erzählt. Da war mal eine Frau in Bartenstein und musste mal. Sie hat sitzend an der Kette gezogen. Es rauscht und rauscht. In ihrer Vorahnung ruft sie: *„Jreußt Vodake un Mutteke, eck pess mi dout!"*

Ein junger Mann hat in Schippenbeil sein neues Motorrad abgeholt und fährt nach Hause. Man erwartet ihn und hört endlich das Knattern. Zum Erstaunen der Schaulustigen fährt er weiter, wendet auf dem Hofplatz und hält immer noch nicht. Alle können sich an seiner Kunst erfreuen. Er dreht schon die dritte Runde „Was ruft er?" Niemand hat verstanden. Da kommt er wieder. „Ich kann nicht anhalten!" Und er verschwindet dort, wo er herkam.

Es kann lustig, aber auch ernsthaft sein. Wir sind jetzt wieder in Sterup. Eine Frau kommt und teilt mit, dass jemand gestorben ist. Ohne Moin und Tschüss. Es ist merkwürdig befremdlich, aber auch eindringlich. Wir erfahren, dass es ein überlieferter Brauch ist. Man soll selbst gar nichts antworten. Aber man überlegt, ob man Nachbarpflicht hat oder nur zur Bestattung geht.

Schulfunk höre ich so oft es möglich ist. Besonders Berichte über andere Länder. Dänemark und seine höfliche Bevölkerung sind heute Thema. Das Wort tak ist dort sehr oft zu hören. Tak heißt danke. Bei jeder sich bietenden Gelegenheit sagt der Däne „tak", z. B. wenn jemand die Tür aufhält. Das kenne ich nicht. Ich werde darauf achten, wie die Höflichkeit hier ist. Dänemark ist nicht weit entfernt. In unserer Straße befindet sich eine dänische Schule!

Wegen einer Überraschung wird der Unterricht unterbrochen. Wir können Sportkleidung kaufen. Lehrer Peter Brunkert kommt in unsere Klasse. Hans Bruno Carstensen folgt ihm. Jetzt stehen sie vorn. Der Lehrer mit blonder Tolle und der Schüler mit akkuratem Fasson-Schnitt, auch blond. Beide gehören zur ersten Riege der Angelner Männerwelt. Sie verkörpern zwei Generationen. Hans Bruno hat die neue Kluft an. Schwarze kurze Turnhose mit roten Seitenstreifen und ein schulterfreies Trikot mit rotem Rand am Ausschnitt betonen seinen athletischen Körper. Oh ja, das sieht schick aus! Herr Brunkert erläutert unser künftiges gemeinschaftliches Erscheinungsbild. Wenn wir in Anwesenheit anderer Schulgruppen so auftreten, kann man erkennen, dass wir aus Sterup sind. Den Preis erfahren wir auch. Nun liegt es an uns, das Projekt mit dem Geld unserer Eltern ins Leben zu rufen. Wir diskutieren das Thema im Hauseingang von Iba. Der sieht aus wie eine offene Veranda. Nur selten erlaube ich mir Luxus. Heute wähle ich einen Negerkuss anstatt Eis.

Die Filme vom Immenhof sind wie für uns Kinder und Jugendliche gemacht. Wir sehen sie besonders gern. Die Zelttouren mit Peter Jacobsen zur Prinzeninsel im Plöner See scheinen genau diese Welt zu sein. Auf meinen Fahrradrunden durch Angeln entdecke ich, dass es bei uns um Sterup herum ebenso schön ist. Man könnte auch hier solche Filme mit uns drehen. "Angeln kommt gleich hinter dem Paradies" taucht wieder auf, der Spruch des indischen Bischofs.

Fräulein Hostrup ist unsere Biologielehrerin. Sie steckt tief in Blütenkelchen und kennt auch alles, was krabbelt. Wie Fledermäuse ihre Jungen im Beutel aufziehen, scheint für die Kinder in Sterup besonders wichtig zu sein. Wir hören wiederholt, dass die Neugeborenen hinein kriechen, dort Milch und Schlaf finden. Die Betonung dieses Kriechvorgangs mit Ziel Beutel ist nur die Hälfte der Geschichte. „Wie kommen die Fledermauskinder zur Fledermaus?" „Nach der Geburt sind sie da!" Jetzt sind wir aufgeklärt. Dabei wissen wir Landkinder vom Zuschauen, wie Tiere auf die Welt kommen und auch, wie sie gemacht werden, psst!

Auf dem neuen Friedhof wird eine Biologiestunde abgehalten. Fräulein Hostrup kennt alle Sträucher und Blumen. Wir erfahren einiges über Gartenarchitektur. Beim Anlegen dieses Friedhofs hat man wie bei einem Schlosspark auf sinnvolle Verteilung verschiedener Pflanzen geachtet. Das Gesamtbild soll harmonisch sein mit gemischten Farben und wechselnden Formen und vom Frühling bis in den Herbst blühen. Auch Mama macht sich immer wieder Gedanken, wie sie ihre Blütenpracht vervollkommnen kann. Ich kenne seit dieser Unterrichtsstunde die Forsythie.

Unsere Welt wird noch moderner. Mama und Papa kaufen bei Henningsen neue Fahrräder Marke NSU. Beim Elektriker kann man fernsehen. Im Schaufenster steht ein Apparat. Es gibt zu bekannten Zeiten Unterhaltungssendungen und Nachrichten. Bis zu etwa 20 Leute stehen davor und sehen Filme und Reportagen. Es ist oft so, als schaue man durch Schnee. Flackern und auch Abreißen der Übertragung sind normal. Wir genießen, was ankommt und hoffen, dass Störungen gleich wieder vorbei sind. Über Monate werden die Sendungen stabiler. Als ich begreife, dass Übertragungen aus der weiten Welt zeitgleich bei uns zu sehen sind, ahne ich, was man unter Fortschritt versteht.
Ich kann es kaum glauben. Plötzlich haben wir einen Fernseher. In einem schönen Schrank sind zusätzlich Radio und Plattenspieler untergebracht. Ich muss oft fummeln, um ein gutes Bild zu empfangen. Papa kümmert sich erfolgreich um die Antenne. Bei uns wird es Brauch, die Abendnachrichten gemeinsam zu verfolgen und darüber zu sprechen. Die Sendung mit Hans-Joachim Kulenkampff „Einer wird gewinnen", sehen wir immer.

In der Schule gibt es Gegenwartskunde. Nacheinander berichten wir über die Politik der vergangenen Woche. Die gibt es im Flensburger Tageblatt und im Radio, jetzt auch in der Schule. Es liegt daran, dass wir bald erwachsen sind. Ohne Politik wird das nichts mit der Entfaltung ins Erwachsenenalter. Ich habe den Hauptgewinn gezogen. In meiner Berichtswoche wurde ein Pakt geschlossen. Er gleicht einem wesentlichen Meilenstein der Schleswig-Holstein-Geschichte: *„Op ewig ungedeelt"*, heißt es da. CDU und CSU beschließen für alle Zeiten gemeinsam für das Wohl des deutschen Volkes zu sorgen. Gott sei Dank erkenne ich den Hintergrund nicht. Dass wir künftig beinahe immer einige bayerische Minister haben werden, die sich einen Schmarrn um uns im Norden scheren. Die Euphorie aus Bonn hat mich erreicht. Freudig versichere ich meiner Klasse, dass uns goldene Zeiten erwarten.

Bei unseren Bauern helfe ich gern. Es ist nicht nur der Lohn. Das gemeinsame Arbeiten draußen gefällt mir und die Stimmung am großen Tisch danach. Meistens bin ich bei Herrn Jordt. Er ist Lehrer für junge Männer, die Landwirtschaft studieren. Seine beiden Knechte sind etwa fünf Jahre älter als ich. Wir passen gut zueinander durch Ergänzung. Die Studenten finden eher Spaß an der Arbeit als echte Leidenschaft zur Leistung. Es reicht auch, wenn sie wissen, wie es gemacht wird und wozu. Sie wollen später verwalten und nicht dienen.
Wir laden zu dritt Rüben auf. Herr Jordt geht auf der anderen Seite des Zweispänner-Kastenwagens und lenkt die Pferde. Eigentlich ist es wie bei allen monotonen Arbeiten. Die Studenten haben allerlei Faxen im Kopf. So ist diese Aktion recht unterhaltsam und kurzweilig, obwohl ich nur Zuhörer bin. Zu den klugen Sprüchen der beiden habe ich nichts Ebenbürtiges beizutragen.
Immer wenn der Wagen voll ist, steigen alle auf. In der Scheune wird abgeladen. Nach der letzten Fuhre waschen wir uns die Hände und setzten uns an den großen Tisch. Die Knechte sind auch da. Es ist üppig zum Abendbrot gedeckt. Man kann

nicht soviel Brot essen, um alles zu probieren. Schinken, verschiede Wurst, Käse und auch Marmelade lachen mich an. Dann folgt eine Zeremonie. Herr Jordt geht mit mir in das Zimmer mit dem großen Schreibtisch. Er nimmt Platz und öffnet die Lade. Jetzt steht vor ihm die offene Schachtel mit Geld. Er zählt und gibt mir den Lohn. „Warte noch!" Er zählt wieder. „Das hast du heute extra verdient. Du hast mehr Rüben aufgeladen als die beiden anderen zusammen". Eine tolle Überraschung!

Als ich an den Zimmern der Knechte vorbeigehe, stehen die Türen offen. Ich besuche sie wie schon manches Mal für einen kurzen Schnack. Jeder hat ein schönes Zimmer. Einer hat ein neues Radio. Er zeigt, dass er mehrere Sender gut empfangen kann. Das Besondere der Unterkunft ist, dass sie ebenerdig liegt mit Gardinen und einem Garten davor.
Zufrieden radle ich nach Hause, ein schöner Kilometer, wo es allerlei zu sehen gibt. Steinmetz, zwei Bäcker, Stellmacher, Kirche, Sattler, drei Kaufmannsläden, Meierei, Post, Tankstelle, Bahnhofshotel mit Gastwirtschaft, Genossenschaftswaage, Sparkasse, Uhrmacher, Mühle, Schlachter, Zahnarzt, dänische Schule, Café und Maler. Der Hof von Hasche liegt mitten im Dorf. Vor dem stattlichen Wohngebäude befindet sich ein Ziergarten, etwa einen Meter über dem Straßenniveau. Dieses Anwesen mit großen Bäumen vor dem Haus ist ein attraktiver Ortsmittelpunkt. Hier helfe ich auch gelegentlich. Im Souterrain steht ein langer Esstisch. Nach fröhlichem Kartoffelsammeln sitzen wir beisammen und genießen immer noch gut gelaunt das Essen. Ein Mädchen, etwas älter als ich, wird mit seinen Eltern nach Kanada auswandern. Die junge Dame hofft, dass es ihr dort gefallen wird. Aber noch besser als hier? Für mich ist es eine interessante Angelegenheit, denn Papa hat Verwandte in Kanada. Angeln für immer verlassen? „Kein schöner Land in dieser Zeit..."
Am Sonntag wird die Familie in der Kirche verabschiedet. Es geht nach Toronto. Bibelspruch und Gesang mit Orgel lassen bei mir so ein merkwürdiges Gefühl der Endgültigkeit aufkommen. Was ich soeben erlebe, ist wie ein Band zur weiten Welt. Ich möchte viele Reisen unternehmen, aber heimkehren!

Das ist auch der Traum einer anderen jungen Dame aus Sterup. Wir glauben es kaum. Sie ist Stewardess. Sie fliegt durch die weite Welt und kann viel sehen und erleben. Ein großes Glück für sie! Papa meint, das ist der Lohn für ihre Tüchtigkeit. Viele träumen von diesem neuen Beruf. Aber wer schafft das? Und dann ist sie tot. Das Flugzeug stürzte ab. Sie war noch gar nicht lange dabei.
Sehr viele gehen zur Beerdigung. Auch von der amerikanischen Fluggesellschaft sind Leute gekommen. In der weiten Welt wartet nicht nur Sonnenschein. Es gibt auch Schatten.
Unsere Schulklasse fährt mit der Bahn nach Sylt. Ziel ist das Schullandheim Rantum. Die Sonne scheint. Es wird warm im Abteil. Jemand öffnet das Fenster. Frische Luft kommt mit einem Schwall herein. Das tut richtig gut und weht durch die Haare. Bodos Mütze fliegt davon. Sie lag im Gepäcknetz zwischen unseren Koffern. Wir sind auf dem Hindenburgdamm und schauen hinterher. Dort sind Schafe. Denen ist die Mütze mit dem Taschengeld egal. Das befindet sich in der kleinen Seitentasche mit Reißverschluss, ein schmerzlicher Verlust!
Das Schullandheim ist ein ehemaliger Kasernenkomplex mit mehreren großen Gebäuden. Viele Schulklassen sind schon hier. Der Speiseraum ist riesig. „Wir haben Hunger, Hunger, Hunger, haben Hunger, Hunger, Hunger, haben Durst..." schallt es über alle Tische. „Wo bleibt der Käse, Käse, Käse, bleibt der Käse, Käse, Käse, bleibt die Wurst?" Wir lernen es schnell und singen mit, ein schönes Zeremoniell. Alle setzen sich erst nach dem gemeinsamen Singen. Zulangen können wir ohne

Anleitung. Wir sind vom ersten Tag an immer hungrig. Den Strand erreichen wir auf einem Plankenweg, der über hohe Dünen führt. Der Sand ist wunderbar weich. Hier stören keine Steine wie an der Ostsee. Die Wellen sind höher als in der Flensburger Förde. Wir können uns richtig austoben. Sonnenbrand ist nicht zu vermeiden.
Damit wir das besser überstehen, legt Herr Grandt für uns Jungs einen Ausflug ins Rantumer Becken ein. Hier haben wir unsre Hemden an, waten im flachen Wasser durch Schlick und finden allerlei Eisenteile vom Krieg. Herr Grandt kommt auf eine Idee. Damit können wir Gewichte stemmen üben. Die Lust dazu lässt bald nach. Wir können uns nicht an das Getöse der tief fliegenden englischen Kampfflugzeuge gewöhnen.
Eine Wanderung über das Rote Kliff endet im Wolkenbruch. Wir sind alle völlig durchnässt. Auf einem Dachboden können wir unsere Kleider zum Trocknen aufhängen. Unser Quartier ist auf alles vorbereitet. Die nassen Schuhe stopfen wir mit Klopapier aus. Trotzdem wird am Abend inbrünstig gesungen:

„Wir lieben die Stürme, die brausenden Wogen
der eiskalten Winde raues Gesicht.
Wir sind schon der Meere so viele gezogen,
und dennoch sank unsere Fahne nicht.
Heijo, heijo, heijo, heijo, heijoho, heijo, heijoho, heijoho!
Heijo, heijo, heijoheijoheijoho, heijo, heijoho, heijoho!

Auf dem Gelände befindet sich ein kleiner Laden mit Naschzeug und Andenken. Die Verkäuferin des Ladens sieht aus wie unsere Frau Rittstieg mit ihrem Geschäft in Sterup-Schnabe. Es sind Schwestern!

Nach der wunderbaren Zeit in Rantum mit frischer Brise, Gesang, kleinen und größeren Abenteuern kommt der Schulalltag wieder.
Unser Schulrektor Herbert Selchow ist Berliner. Die ersten Monate kommt er täglich von Grundhof mit dem Fahrrad. Das Rad behält er natürlich auch, als er schon mit seiner Frau in Sterup wohnt. Nachdem er sich am Fuß verletzt hat und nicht laufen kann, erteilt er trotzdem Unterricht. Da wir zwei Schulen haben, die alte, in der er über Klassenräumen wohnt, und die Baracke, muss er den Weg durchs ganze Dorf zurücklegen. Er steht mit dem gesunden Fuß auf einem Fahrradpedal und lässt sich von Jungs schieben.
Ja, und dann die Mathematik! Damit führt sich Herbert bei uns ein. Als er noch täglich von Grundhof zu uns kommt, setzt er sich in verschiedene Klassen und verfolgt den Unterricht. Für unsere Lehrer kann das nicht angenehm sein. Sie wissen auch nicht, wann er kommt und ob überhaupt. Das Thema heute ist, eine Strecke im Verhältnis 1 : 2 : 3 aufzuteilen. Es dauert, wie es dauern soll, bis es erklärt ist. Ich habe es nicht ganz begriffen, als Herr Selchow fragt: „Wer hat das verstanden und möchte es erklären?“ Keiner meldet sich, auch Audi nicht. Aber wir sind gehemmt. Der neue Schulleiter geht an die Tafel. Er sagt, dass man es auch geometrisch lösen kann. „Seht her, von einem Endpunkt der Strecke zieht man eine zweite im beliebigen Winkel und nimmt einen beliebigen Abstand 1 vom Endpunkt, dann derselbe Abstand Mal 2 und auch Mal 3. Diesen Endpunkt verbindet man mit dem anderen. Mit Parallelverschiebung zieht man Schnittlinien durch die Punkte 1 und 2, fertig! Wer ist schwach in Rechnen?“ Unser Lehrer muss einen Kandidaten nennen. Der Klassenkamerad kann das genauso souverän erklären wie der Rektor! Wir ahnen, dass eine neue Dimension auf uns zukommt. Ist das ein Segen? Ja, für mich wird es einer. Aber nicht jeder Lehrer ist über die Kontrolle glücklich. Ich spüre, dass der

Rektor Widerstände überwinden muss, um seinen Stempel aufzudrücken. Diese Methode war mir fremd. Aber es ist seine Aufgabe, dafür zu sorgen, dass wir lernen, begreifen und behalten, was der Lehrer erklärt. Das Lernen fürs Leben zeigt erste Facetten des Berufslebens. Auch Lehrer können und müssen noch etwas dazulernen.

Herr Selchow ist Erfinder der siebenten Zensur. Zu eins bis sechs gibt es die DREI bis VIER. Wer das mittlere Klausurergebnis erreicht, erhält diese Note. Jeder soll wissen, wie seine Leistung in Relation zu seinen Klassenkameraden steht. Er erklärt uns und den Eltern, dass es sich aufs spätere Berufsleben übertragen lässt und auch auf das Leben im Allgemeinen. Wo stehe ich mit meiner Leistung? Habe ich eine beratende, führende oder ausführende Funktion innerhalb meiner Umgebung? Ja, unser Herbert ist ein weitblickender Mann.
Als die neue Schule gebaut wird, ist mit Baggern viel Erde abzutragen. Auf der Rechnung erkennt er, dass die Firma zu viele Kubikmeter angeführt hat. Er rechnet nach und liefert den Beweis. Eine überhöhte Forderung wird vermieden. Das erklärt er uns im Unterricht. Man soll nicht alles glauben, was auf der Rechnung steht, sondern kritisch prüfen.
In Physik und Chemie diktiert er Texte, die wir zu Hause sauber auf DIN A4 schreiben. Die Seiten rahmen wir mit einer Linie ein. Schönschrift ist Pflicht. Bilder und Schemata zeichnen wir auch. Schön eingerahmt ergänzen sie den Text. Diese Ordner können wir später nachlesen und unser verblasstes Wissen auffrischen. Es kommt nicht nur auf die saubere Dokumentation an. Wir sollen auch alles intus haben. Er fragt ab. Schon lange habe ich das Gefühl, dass er merkt, wer unsicher ist und nicht an die Tafel möchte. Heute ist die Dezimalwaage dran. Mein Durchblick ist lückenhaft. Hoffentlich werde ich nicht aufgerufen. Gerda Franzen kommt ran. Sie steht an der Tafel. Es ist mucksmäuschenstill. Ihr Handgelenk bewegt die Kreide hin und her. Mir stockt der Atem. Eine waagrechte Linie fließt auf die Tafel. Das Schema der Waage soll entstehen. Gerda tritt einen Schritt zurück. Die Kreide in der Hand pendelt auf Augenhöhe wieder hin und her, hin und her. Die Geduld von Herbert ist nicht typisch Selchow. Warum ist er heute nicht unwirsch? Hin und her geht die Kreide wie ein weißer Zeigefinger. Gerda macht den nötigen Schritt nach vorn. Eine zweite horizontale Linie liegt unterhalb der ersten. Wieder folgt ein Schritt zurück, wieder arbeitet das Handgelenk. Als wenn die Kreide beruhigt werden soll, damit sie keinen nervösen Fehler macht. Sie macht keinen Fehler. Die Abfolge Schritt zur Tafel, Linie ziehen, Schritt zurück, Pendeln, Schritt zur Tafel und wieder einen Strich ziehen, wiederholt sich etliche Mal. Waagerechte und senkrechte Linien bilden ein Schema. Es ist fertig! Folgt es dem Hebelgesetz der Physik? „Kraft Mal Kraftarm ist gleich Last Mal Lastarm". Jetzt erklärt Gerda. Wir hoffen und bangen für sie und schauen abwechselnd zu ihr und Herbert. Diese vielen Minuten voller Spannung enden, als Gerda die Kreide ablegt, sich umdreht und Herbert anschaut. Sie ist fertig. Er geht zur Tafel und beginnt ergänzend zu erklären, so wie es seine Art ist. Ich atme wieder normal. Gerda hat es geschafft. Das verdiente Lob bleibt aus. Etwas richtig machen ist für unseren Herbert selbstverständlich! Gerda geht zu ihrem Platz, so ruhig wie vorher auf dem Weg zur Tafel. Das wäre etwas für den Film „Das fliegende Klassenzimmer"!
In Physik erleben wir anschauliche Versuche. Der freie Fall wird vorbereitet. Wir wollen nachweisen, dass ein fallender Körper durch die Erdbeschleunigung von 9,81 Meter pro Quadratsekunde während des Falls gleichmäßig schneller wird. Das ist möglich, wenn man an einer Schur Schraubenmuttern in genau berechneten Positionen befestigt. Die Abstände werden zunehmend größer. Die Schnur reicht von

der Decke bis zum Fußboden. Wir berechnen die Zeit, die ein Freier Fall von oben bis zum Boden benötigt und ermitteln 0,80 Sekunden bei exakt 3,2 Metern Fallhöhe. Wir sind Zeugen eines historischen Ereignisses. Im Physikraum der Steruper Schule wird geprüft, ob die Formel von Galileo Galilei aus dem Jahre 1609 überhaupt richtig ist. Wenn die Muttern im Abstand 3,2; 1,8; 0,8; 0,2; und 0,0 Meter, jeweils von unten gemessen, im Takt von 0,2 Sekunden aufschlagen, dann stimmt die Galilei-Formel. Herbert steigt mutig auf Tisch und Stuhl. Der Versuch ist im Nu vorbei. 0,8 Sekunden sind weniger als eine Sekunde. Und eine Sekunde ist ruck zuck vergangen. Also noch einmal und ganz genau hinhören. Wumm, wumm, wumm, wumm, hören wir sehr schnell aufeinander. Ja, Galilei hat recht. Er kam nur nicht auf die geniale Idee mit der Kordel und laborierte umständlich mit schiefer Ebene und Zeiterfassung mithilfe von Wasserauslauf in einen Becher. Na ja, unsere Schule gab es noch nicht. So musste er sich selber etwas einfallen lassen. Im Bericht fügen wir die Fallhöhe von 5,0 Metern hinzu. Dafür ist unser Labor nicht hoch genug. Gern hätten wir am Schiefen Turm von Pisa experimentiert.
Im Chemieunterricht ist es auch spannend. Ein Versuch, weißen Phosphor zu mörsern, soll zeigen, dass man es besser nicht tut. Peng! Die Menge war wohl etwas zu groß. Niemand ist verletzt, obwohl Scherben bis in unsere Mitte fliegen.
Der logische Aufbau vieler Stoffe nach den Gesetzten der organischen Chemie gefällt mir besonders. Der Bammel vor diesem Fach ist bald überwunden.

An einem schönen Sommerabend kommt jemand und bittet Papa um Hilfe. Er soll möglichst noch einige zusätzliche Männer mitbringen. Papa meint, ich kann mitgehen und sehen, ob ich helfen kann. Am Schulneubau steht ein Lastwagen mit Anhänger. Dachziegel schauen über die Schotten der Ladefläche. Der Fahrer ist dabei, ein Seitenschott herunterzuklappen. Schön gleichmäßig aneinander gelehnt leuchten die Ziegel rot in der Spätsonne. Natürlich will ich helfen und darf auch. Mir werden immer sechs Pfannen angereicht, die ich zu einem Stapel schichte. Drei Stunden geht das so, bis beide Ladeflächen abgeräumt sind. Jetzt ist es beinahe dunkel. Ich lehne am Stapel und versuche von Plackerei auf Ruhe umzuschalten. Geschafft! Ich die Ziegel und die Ziegel mich!
Das Aufstehen am folgenden Morgen muss pünktlich sein trotz Müdigkeit. Wir haben Unterricht bei Herrn Selchow. Stotz berichte ich, dass ich Dachziegel abgeladen habe bis in die Nacht. Jetzt kann das Dach der neuen Schule gedeckt werden. „Das durftest du nicht! Das ist Arbeit für Erwachsene!“ Ich unterlasse den Versuch der Rechtfertigung. Notlagen erlauben Abweichung von der Regel. Ich würde es wieder machen! Wenn es nötig ist, bin ich erwachsen, ätsch!
Einmal im Jahr lässt sich Herr Selchow ablenken. Unsere Mädchen wissen, wann er Geburtstag hat. Er erzählt gern von Ruderbootstouren mit Kameraden während seiner Jugend. Er kann auch Ratschläge fürs Leben in den Unterricht einflechten, z. B. dass man Speisen gründlich kauen soll anstatt sie hinunterzuspülen.

Ingrid besucht ihre Klassenkameradin Annelene Thomsen für gemeinsame Schulaufgaben und was junge Damen sonst vorhaben. Manchmal fährt die Familie mit dem Auto hinaus ins schöne Angeln. Ingrid darf mit und berichtet dann freudig und auch stolz. Da kann ich nicht mitreden. Meine winterliche Tour mit Schuhmachermeister Vogt in einem Dreiradauto liegt weit zurück. Der Versuch, mit Kaufmann Hartwigsen von Sterup nach Dingholz zu fahren, schlug fehl.
Aber jetzt erlebe ich auch schöne Touren. Traudl ist Tochter der befreundeten Familie Tessmer. Sie ist mit ihrem Mann aus Lugano gekommen. Er ist Überseekaufmann. Das wollte ich gern wissen, denn sie haben einen Buick, einen

amerikanischen Straßenkreuzer. Traudl fährt gerne mit uns durch die Gegend. Ihr gefällt die liebliche Landschaft. Das ist ganz was anderes als die hohen Schweizer Berge, meint sie. Die Rosenterrasse in Glücksburg hat es ihr angetan. Also sitzen wir dort bei schönem Wetter draußen, schauen auf die Förde und scheuchen Wespen von der Torte.
Das Auto fällt auf. Leute bleiben stehen und winken. Traudl fährt langsam. Die Fenster sind offen. „Warum haben Sie den Winker nicht raus?", ruft jemand vorwurfsvoll beim Abbiegen. Traudl hält und erklärt freundlich, dass das Auto keine Winker hat. Es hat Blinklichter. „Schauen Sie, das Auto blinkt rechts." „Ob das Amerikanische hier erlaubt ist?"
Ingrid bekommt von Traudl mächtig dicke Hefte geschenkt. „Elegante Welt" heißen sie. Die Seiten glänzen. Kurze Berichte verstecken sich zwischen Bildern von Kleidern, Schuhen, Uhren, Schmuck und Autos in schöner Umgebung. Das ist Traudls Welt. Da passt sie hinein mit ihren schicken Kleidern, dem feinen Tüchlein, das sie beim Hüsteln vor den Mund hält und dazu noch Schmuck und das schicke Auto. Und die Schuhe darf ich hier nicht vergessen! Und die weißen Handschuhe für das Lenkrad.
Als sie das zweite Mal mit ihrem Mann angereist kommt, erhalte ich ein dickes Buch. „Industrieformgestaltung" mit Untertitel „Hässlichkeit verkauft sich schlecht" von Raymond Loewy, einem namhaften Industriedesigner. Das ist genau das Wissen, das ich brauche. Wenn man etwas bastelt oder baut, darf es gut aussehen, ja es sollte schön sein! Der in Amerika lebende Franzose hat schon vieles gestaltet und berichtet darüber. Interessant finde ich die neue Formgebung einer Maschinen-Nähnadel. Dafür hat er ein gutes Honorar bekommen. Das kleine Ding ist so interessant, dass es schön sein darf? Haushaltsgeräte werden täglich gebraucht. Wenn sie gut in der Hand liegen und gefällig aussehen, ist auch unser Leben etwas schöner. Er zeigt Beispiele von anderen Gestaltern, z. B. Häuser von Mies van der Rohe. Es kommt auf unseren kritischen Blick an. Ist dieser Gegenstand nur zweckmäßig? Könnte die nächste Generation besser aussehen? Neue Sachen sollten schön gestaltet sein und dem Benutzer gefallen. Dann werden sie auch gern gekauft. Das Buch fasziniert mich.
Eine Ansichtskarte von Traudl aus Lugano zeigt sanfte, goldene Wellen im Abendrot. Nur Wellen und so schön! Fotografen können uns zeigen, mit welchem Zauber sich die Natur präsentiert. Sie wecken unser Interesse zu genauem Hinschauen und Genießen.

Es gibt nicht nur Lebensfreude. Mord in Sterup! Kann das sein? Bevor es in der Quick steht mit einem Bild vom Fundort am Acker, hat es sich herumgesprochen. Eine Familientragödie nahm ihren Lauf. Das Leiden des mit einem Beil getöteten Mannes hatte ein Ende gefunden und auch die Belastung der Familie. Alles schien erledigt bis auf das schlechte Gewissen. Und jetzt öffentliche Aufregung, Prozess mit Urteil und Strafe.

Dann erschreckt uns ein Unfall. Ein Familienvater aus Sterup verliert in einer Söruper Firma sein Leben. Ein Wasserdruckkessel, der mit Luftpolster arbeitet, ist geborsten. Ich kenne die Kinder und auch die Eltern. Zu Hause sprechen wir über die Folgen für die Familie. Es sind nicht nur Trauer und ein leerer Platz am Tisch.

Unser Strand heißt Norgaardholz. Von uns sind es nur neun Kilometer, eine halbe Stunde mit dem Rad. Im Sommer fahre ich oft dorthin. Wir mieten vom Fischer das Ruderboot. Als wir in tiefem Wasser sind, albern wir herum und schaukeln das Boot.

Meine Idee ist das nicht. Ich möchte anschauen, was auf dem Grund liegt und unter dem Boot schwimmt. Mein Überbordfallen ist von meinen Begleitern gewollt. Sie sind sichere Schwimmer. Aber dass ich mitgezogen werde, ist gemein. Ich pruste und verhalte mich ungeschickt. Anstatt ganz ruhig zu schwimmen wie am Strand, wo ich immer noch Grund erreichen kann, ohne ihn wirklich zu brauchen, strample ich wie ein Ertrinkender. „Halt dich einfach am Boot fest!" Ja, natürlich. Ich begreife das und schwimme so, als wenn ich jederzeit auf Grund stehen könnte.
Eine richtige Badeanstalt entsteht. Schon im Frühjahr bauen Pioniere der Bundeswehr Laufstege. Das Ergebnis sieht gut aus und ist praktisch. Ein Steg führt gerade ins Wasser hinaus. Daran schließt sich ein symmetrisches U an, das zur Förde offen ist. Innerhalb kann man wunderbar hin und her schwimmen. Das Wasser hat eine Tiefe von etwa zwei Metern. Hier finden auch Prüfungen zum Frei-, Fahrten- und Rettungsschwimmer statt. Ausbilder und Prüfer ist Herr Bargfeld, der Vater von Jutta, die in meine Klasse geht. Er ist so gut wie immer da, ein perfekter Schwimmer und zur Abnahme der Prüfungen autorisiert. Ich mache bei ihm Frei- und Fahrtenschwimmerprüfung. Damit bin ich zufrieden. Ich traue mir das Tauchen nach weit auseinanderliegenden Tellern nicht zu. Ich denke an Bernhard, der in meine Klasse geht. Wie zum Spaß macht er das. Ich kann nur staunen und seine Leistung bewundern.
Auch ein Drei-Meter Sprungturm ist ziemlich weit draußen aufgebaut worden. Manchmal schwimme ich mit einer Gruppe dorthin. Aber nicht zum Springen.

Gerda aus meiner Klasse ist da und meint. „Lass uns rausschwimmen!" Los geht es, Gerda und zwei Jungs stürzen sich ins Wasser. „Ist das kalt!", rufe ich. Gerda ist bald am Turm und wartet. Um mitzuhalten, muss ich mich anstrengen. Schon ist Gerda oben. Wir Jungs klettern hinterher. Sie wird doch nicht etwa von hier oben springen? Und schon nimmt sie Anlauf und macht einen sauberen Kopfsprung. Und dann sehe ich den nächsten Köpper! Diese Situation erwischt mich unvorbereitet. Wenn ich jetzt die Leiter hinabsteige ... Ich muss auch springen! Nicht daran denken, befehle ich mir. Kopfüber traue ich mich nicht. Dann lande ich vielleicht auf dem Bauch und habe üble Schmerzen. Mit den Füssen zuerst geht es ohne Risiko. Dass ich auch so mit dem Kopf tief unter Wasser komme, wundert mich. Aber ein wenig tauchen musste ich schon bei der Fahrtenschwimmer-Prüfung. Dabei erfolgte ein Kopfsprung vom Steg mit anschließendem kurzem Schwimmen unter der Oberfläche, inzwischen meine ganz normale Methode, um ins Wasser zu gelangen. Aber an einen Köpper von drei Metern habe ich nie gedacht.

Die vielen Nachmittage am Strand sind ein Teil intensiver gemeinsamer und zwangloser Anstrengung. Der andere Teil ist das Bolzen während der großen Pause. Über den Fußweg sausen wir zum Sportplatz. Ein Fußball ist immer dabei. Und schon geht es los. Einer steht im Tor. Eine Hälfte von uns Jungs verteidigt, die andere greift an. Das ist so exakt nicht geregelt und auch nicht zu kontrollieren. Der Ball soll ins Tor! Wer zufällig eine gute Schussposition hat, nutzt seine Chance. Jedes schöne Tor wird bejubelt!
Ich spiele gern in der Gruppe der Angreifer. Durch das Knäuel vor dem Tor einen gezielten Schuss am Torwart vorbei ins Netz zu zirkeln, ist so gut wie unmöglich. Das erkenne ich nach vielen wilden Kämpfen. Wie kann die Wahrscheinlichkeit, ein Tor zu erzielen, gesteigert werden? Der Kopf ist gefragt. Die Idee, den Ball über das Gewimmel vor dem Tor zu schießen, ist auf einmal da. Dieser Gedanke paart sich mit einem bisher unbekannten Gespür für richtige Dosis der Schusskraft. Ich mag es kaum glauben. Wenn ich an den Ball komme, dribbele ich mich mit einigen Schritten

mit dem Rücken zum Tor frei. Dann mache eine Drehung und hebe ohne Kraftanstrengung den Ball sacht aber steil über alle hinweg ins Tor. Der Keeper kann mich nicht sehen und wundert sich, dass der Ball vom Himmel fällt und hinter ihm landet. Ich habe nicht immer Erfolg, aber beinahe regelmäßig. „Wer war das?“ Herr Ochs ist da. Seine Leidenschaft gilt dem TSV. Er sucht Nachwuchs und eröffnet mir die Chance, bei ihm zu trainieren. Ich bin nicht abgeneigt. Für Sterup gegen andere Vereine zu kämpfen, erscheint mir ehrenwert.
Ich spreche zu Hause darüber. Papa hat eine einfache logische Erklärung zum Ablehnen. „Wer Fußball spielt, ist zu faul, sich zu bücken!“ Also richte ich mein Augenmerk auf Handball. Mir fehlt das Talent, den Ball beim Lauf sicher anzunehmen, blitzschnell und genau weiterzugeben. Durch Training werde ich besser. Das schnelle Spiel mit ständigen Sprints bekommt mir. Danke, Papa!

Ich verliebe mich in lederne Turnschuhe, die es neuerdings gibt. Wir alle kennen nur welche aus Stoff. Leder ist nobel. Mein Geld reicht. Als Papa hört, dass ich acht Mark bezahlt habe, meint er, das sei unnötiger Luxus. Ich sollte bei so teuren Sachen besser vorher fragen. Und die würden auch nicht lange halten. Was, Leder ist nicht besser als Stoff? Bald gehe ich heimlich zum Schuster. Für Schuhmachermeister Gernhuber ist das eine Kleinigkeit. Die Sohle hat sich an einer Stelle vom Leder gelöst. Der Schaden wird behoben. Die Reparaturnaht ist kaum zu sehen. Und dann reißt der Schuh an einer anderen Stelle. Und auch der andere Schuh reißt. Die Methode Gernhuber kenne ich und wende sie selbst an, mindestens einmal wöchentlich. Zum Bolzen trage ich wieder die alten Stoffschuhe. Die Edlen werden künftig nur an Sonntagen genommen.

Dass ich gern fummelige Sachen schraube, weiß auch Frau Sommer. „Meine Uhr ist kaputt. Die kannst du mitnehmen.“ Gern mache ich das. Die Wanduhr hat ein rundes Gehäuse, gut dreißig Zentimeter im Durchmesser. Das gewölbte Glas ist unten rechts ausgebrochen. Es fällt nicht auf, obwohl der fehlende Teil zwei Finger breit ist. Das Zifferblatt ist mit schönen schwarzen arabischen Zahlen geschmückt und hat dazu passende Zeiger. Ich hänge das Pendel aus und stecke es in die Hosentasche. Die Uhr ist schlicht und schön. Wenn ich die wieder zum Leben erwecken kann, habe ich ein Schmuckstück für mein Zimmer.
Ich kann es kaum erwarten, sie zu untersuchen. Der Fehler scheint in der Feder zu liegen. Ich kann endlos aufziehen, ohne dass sich Spannung aufbaut. Also muss ich das geschlossene Federgehäuse öffnen. Das bedeutet die totale Zerlegung des Gangwerks. Nach dem Lösen der Schrauben, die vordere und hintere Platte zusammenhalten, liegen alle Zahnräder einzeln auf dem Tisch. Das bereitet mir keine Panik. Ich habe schon mehrere Wecker wieder zusammengebaut. Die Feder ist am inneren Ende dort abgebrochen, wo das Auge auf einem Haken fixiert war. Hm, was nun? Da muss ein Loch in das jetzige Federende. Ich probiere einiges ohne Erfolg. Papa weiß, dass das schwerlich in dem harten Stahl zu schaffen ist und auch, dass die Feder glühend im Wasser abgeschreckt wurde, um hart zu werden. Die Lösung könnte Glühen und langsames Abkühlen des Federendes sein. Und tatsächlich. Danach kann ich mit einem Dorn ein passendes Loch hineinschlagen. Die Uhr lebt wieder! Ich reguliere an der Rändelschraube des Perpendikels, bis sie minutengenau läuft. Das dauert Tage. Irgendwann fragt Frau Sommer, was aus der Uhr geworden ist. Auch sie freut sich, dass sie wieder läuft. Mein Schreck ist groß. Sie möchte ihre Uhr zurück! Das war nicht so gemeint. Sie hat mir die Uhr überlassen. Was sie wirklich meinte, weiß ich nicht. Nur was ich meinte! Sie erkennt, dass ihre Enttäuschung, ohne Uhr nach Hause zu gehen, kleiner ist als meine, wenn

sie die Uhr mitnimmt. Das Ergebnis ist fair. Sie hatte schon viele Jahre Freude damit und ich erwarte viele freudige Jahre! (Sie läuft noch, 68 Jahren nach der Reparatur!)

Herr Peter Brunkert ist unser Deutschlehrer und darüber hinaus Theaterliebhaber. Mit Professor Ivo Braak, der die niederdeutsche Sprache bewahren will, verbindet ihn Freundschaft. Es entsteht eine Laienspielwoche auf dem Scheersberg, die weit über Schleswig-Holstein hinaus bekannt ist. Das nur vorab, um die Leidenschaft von Herrn Brunkert zu erklären.
Wir sollen zu Feiertagen oder anderen Anlässen Schultheater bieten. Ein Herodes wird gesucht. Er sitzt auf dem Thron und spricht mit gebieterischer Stimme: „Hier sitze ich auf meinem Thron, niemand treibt mich davon!" Ich habe die Ehre und darf diese Worte sprechen. Würde der Ruhm des Steruper Imperiums über mich kommen, wenn ich Herodes überzeugend spiele? Der Himmel ist gnädig. Er hilft mit dünner Stimme. Sie kann eher einem Sklaven zugeordnet werden, aber keinem Herrscher. Meine Unlust an dieser Rolle ist offensichtlich. Eine zweite Textprobe bleibt mir erspart. Bernd Mohr wird den Herodes spielen. Allein schon seine Statur passt zur Rolle.
In einem anderen Stück soll Brigitte ein armes Mädchen spielen. Es ist eingeladen und hat kein Kleid für die feine Gesellschaft. Das findige Kind näht sich eins aus Papier und erscheint in prächtiger Garderobe. Ein Glück, dass gerade Brigitte diese Rolle hat. Sie entpuppt sich. Aus einem armen Mädchen wird eine echte Prinzessin. Herr Brunkert schickt Brigitte und mich nach Flensburg. Auf der Pädagogischen Hochschule sollen wir Kleider aussuchen. In der Kostümkammer sind so viele Sachen, dass ich mich nicht entscheiden könnte. Brigitte ist Modeexpertin und kommt mit dieser Aufgabe gut zurecht.
Das für Zuschauer lustige Stück „Fängt dein Liebster einen Vogel" zeigt ein junges Paar. Der Mann schiebt einen Kinderwagen und hascht immer wieder nach einem flatternden Vogel. Ich bin der Vogelhascher und Brigitte die Frau. Warum das Publikum lacht, wenn ich so richtig blöd vergeblich nach dem Vogel greife, verstehe ich nicht.
Das kurze Stück wird nicht über die Grenzen unseres Landes hinaus populär, erreicht aber ein Nachbardorf. Mit Brigitte auf dem Gepäckträger radle ich zum Ahnebyer Krug. Wir geben unser Bestes und fahren dann wieder zurück. Brigitte kann nicht nur aus Papier ein Kleid zaubern, sondern auch perfekt balancieren. Sie trägt einen Rock und wählt den Damensitz. Ohne sich an mir festzuhalten, schafft sie es bis nach Hause.

Eine ganz besondere Klassenreise wird geplant. Es soll mit Fahrrädern und Zelten in die Holsteinische Schweiz gehen. Auch kochen sollen wir selbst. Herr Selchow hat sorgfältig geplant und alles Nötige beschafft. Die Verteilung der Gemeinschaftsausrüstung ist gut möglich, denn die zwei Wehrmachtszelte bestehen aus vielen Dreieckstüchern, die man zusammen knöpft.
Es geht also los. Erstes Ziel ist Schloss Gottorf. Das historische Landesmuseum habe ich schon auf einer früheren Klassenfahrt gesehen. Aber jetzt sind wir mit dem Aufbauzug und überwiegend auswärtigen Schülern unterwegs. Auf der Schloss-Zufahrt gerät Brigitte mit ihrem Vorderrad an die Stoßstange eines VW-Käfers. Sie hat eine Schramme am Bein. Pflaster und Verband gehören auch zur Ausrüstung. Die Wunde wird sachkundig sterilisiert und verbunden. Brigitte erklärt, dass sie den Schmerz aushält. Es kann weiter gehen.
Nach der Besichtigung setzt sich unsere Karawane wieder in Bewegung. Wir wollen noch eine lange Strecke schaffen. Es geht auch ganz gut voran. Ich gehöre zum

Pannendienst, fahre hinten und kann helfen, wenn jemand ein technisches Problem hat. Da ist ein Kettenschutz, der schleift, ein Reifen benötigt mehr Luft, ein Gepäckträger wackelt oder das Gepäck hängt schief.
Ab und an machen wir Rast. Am frühen Nachmittag sind wir am Etappenziel. Auf einer Koppel errichten wir unser Lager. Das Aufbauen der zwei Zelte unter der Anleitung von Herrn Selchow ist eine schöne Gemeinschaftsarbeit. Wir suchen dann unser Plätzchen im Zelt und richten unsere Schlafstelle ein. Ich erhalte den Auftrag, bei Bauern nach Kartoffeln zu fragen. Das klappt auf Anhieb. Eine radelnde Schulklasse unterstützt man gern. Der Benzinbrenner tut, was er soll. Die Mahlzeit kündigt sich durch guten Geruch an. Wir haben Hunger. Das Wetter ist wie gewünscht. Wir können auf der Wiese liegen, ausruhen und verdauen. Bald sind wir munter und schauen uns um. Schaulustige tauchen auf. Warum nicht? Am Abend können wir noch Brot essen. Und singen können wir auch. Als der Tau zu fallen beginnt, gehen wir in die Zelte. Das ist lustig. Es gibt allerlei zu erzählen. Wehwehchen von der langen Tour melden sich. Der Austausch von gemeinsamem Leiden ist tröstlich. Dann ordnet Herr Selchow Ruhe an und Schlafen! Mir ist warm. Deshalb habe ich einen Arm unter der Plane nach draußen gesteckt. Herbert macht noch einen Rundgang und schiebt den Arm wortlos zurück ins Zelt. Er hat recht. Es könnten Mücken kommen.
Unser Ziel heißt Timmendorfer Strand. Die Strandwiese mit Bäumen ist ideal. Wir können über die Straße ans Wasser. Zur anderen Seite ist ein Zaun. Darauf trocknen unsere Badehosen. Waschräume und Toiletten sind natürlich auch da und an der Straße ein Kiosk. Es gibt verschiedene Süßigkeiten, Eis und Weintrauben. Die erlaube ich mir einige Male. Für uns ist das hier eine Wonne. Der Strand ist steinfrei, prima zum Bolzen und für Völkerball. Wir bauen Burgen und schmücken sie mit Muscheln. Auch im Wasser sind keine Steine. Wir können weit und schnell hineinlaufen, denn die Tiefe nimmt nur langsam zu. So werden wir schon vom Spritzwasser nass und ersparen uns den unangenehmen Moment, wenn man trocken eintaucht. Weiter draußen kann es durch eine Strömung gefährlich werden. Aber das wissen wir und bleiben im sicheren Bereich. Auch wer im Schwimmen unsicher ist, hat hier seine Freude im flachen Wasser. Am Abend kommt Lagerromantik auf. Es wird gesungen und gelacht. „Jenseits des Tales standen ihre Zelte ...“ Wir fühlen uns wohl.
Diesen schönen Strand schätzen auch wohlhabende Leute. In der Nähe unseres Lagers parkt ein Mercedes 190 SL. Otto und ich schauen uns das schöne Auto an. Mit meiner Billora mache ich ein Foto. Der Besitzer kommt. Unseren Gruß erwidert er freundlich. Wir sagen, dass wir mit der Schulklasse hier zelten. Das hätte er in seiner Jugend auch gern getan. Aber das Glück hatte er nicht. Wir loben sein schickes Auto. Er ist damit sehr zufrieden, sagt er. Das Kennzeichen haben wir richtig gedeutet. Bielefeld stimmt. Auf unsere Frage nach seinem Beruf sagt er, dass er eine Fahrradfabrik habe. Als er einsteigt, fragt Otto, ob er einen Kavalierstart machen könnte. Er lacht und tut es, fährt dann aber gemächlich davon. Sieh einer an. Der könnte sehr schnell fahren. Aber das muss er nicht. Jeder sieht doch, dass das Auto schnell ist. Der SL ist eine echte Überraschung.
Aber auch wir können uns gegenseitig überraschen. Gerda sitzt vor mir. Ich wühle ihre Haare auseinander. Dort soll eine Warze sein. Ja, da ist sie! Ich fummele daran herum und scheine nicht zu stören. Der Timmendorfer Strand lässt die Wand zwischen Jungs und Mädchen bröckeln.
Die schönen Tage hier mit viel Sonne sind leider zu Ende. Wir fahren zurück. Ich bin wieder Schlusslicht. Die lange Kolonne vor mir bildet nur dann eine gerade Linie an der rechten Straßenseite, wenn ein Auto kommt. Sonst verhält man sich leger. Es

gibt immer etwas zu erzählen. Wir kommen voran, nicht schnell, aber stetig radeln wir durch die schöne Landschaft.
Unsere letzte Rast zum Mittagessen ist ein besonderer Genuss. Wir biegen in einen Waldweg ein und machen es uns bequem. Herr Selchow hat den Kocher in Betrieb. Jetzt, als wir sitzen, meldet sich Hunger. Den hatten wir auf dem Fahrrad noch nicht. Was ist denn das? Ins siedende Wasser plumpsen dicke Würste! Die Reisekasse meint es immer noch gut mit uns! Zum Hunger gesellt sich Appetit. Jeder bekommt eine Wurst. Hier im Wald schmeckt sie besonders gut. Es ist ein wahrer Schmaus. Wir erreichen Sterup in guter Verfassung, sind glücklich und zufrieden, wie man so sagt. Die Zelttour war perfekt geplant, das Wetter spielte mit und unsere Lehrer waren Jungs und Mädchen wie wir. Ob sie auch eine behütete Jugend in lieblicher Umgebung und Frieden hatten? Ich habe in meinem jungen Dasein schon so viel erlebt, dass ich den Segen dieser friedlichen Jahre begreife. „Kein schöner Land in dieser Zeit!“ Das Volkslied kommt mir auch jetzt wieder in den Sinn.

Ich bin oft bei Audi. Er wohnt in der Nähe und hat Tauben, die ihm aus der Hand fressen. Sein Schlag ist groß und hat Tageslicht. Man kann sehen, ob die Tauben brüten oder die Jungen schon geschlüpft sind.
Mein Taubenschlag ist oben im Anbau und hat leider kaum Tageslicht. Kontakt mit ihnen habe ich nur, wenn ich sie zum Füttern rufe. Mein großer Täuber kennt sich im Dorf gut aus und kommt ab und zu an den Schulhof. Ob er mich sucht, glaube ich nicht so recht. Der treibt sich rum!
Aber ich bin jetzt wieder mit Audi zusammen. Er kommt manches Mal mit zum Angeln. Wir spielen auch bei schlechtem Wetter Mensch ärgere dich nicht und Halma. Audis älterer Bruder ist Elektriker. Er weiß viel Interessantes aus seinem Beruf zu erzählen. Dann kommt eine andere Epoche. Audi und sein Bruder spielen Schach. Dabei kann man mich nicht gebrauchen. Aber danach erklärt Audi mir die Regeln. Nicht der Würfel entscheidet über den Spielausgang, sondern der Grips! Das ist was für Audi. Er gewinnt immer. Aber das macht nichts. Er erklärt mir, mit welchen Winkelzügen er es schaffte.

Der Werkunterricht gefällt mir. Wir können eigene Ideen realisieren. Zuerst bekommen wir eine winzige Schatulle. Die können wir nach Fantasie bemalen. Dann schnitze ich einen Fisch und danach einen Pinguin. Einen Zweiten darf ich auch in Ton formen und zum Brennen abgeben. Dann wächst ein Gedanke. Die Basis ist Hannes Lindemann und ein Spruch von Herrn Selchow: „Manche Segeljachten sind zum Weinen schön!“ Ich beginne mich für Jachten zu interessieren. Tröpfchenweise sammle ich Informationen. Mein erster Schiffsrumpf entsteht. Er ist aus Lindenholz und nur 15 Zentimeter lang. Da ich keine Konstruktionszeichnung habe, schnitze ich den Rumpf so, wie ich ihn auf dem Foto einer schwimmenden Jacht sehe. Das macht richtig Spaß. Ich denke an Raimond Loewy und seine Formgestaltung. Mast und Segel vervollständigen mein Werk. Es ist mein Einstieg in die maritime Welt.

Tanzschule wird angeboten, also nichts für mich. Zu Hause sprechen wir darüber. Es ist kaum zu vermeiden wegen des Plakats am Bahnhofshotel. Alles, was da verkündet wird, ist ein besonderes Ereignis und wird besprochen. „Du wirst bald 18 und solltest tanzen lernen!“ Auch wenn ich keine Lust habe, Vernunft geht vor. Ich melde mich an. Bald findet die erste Tanzstunde statt. Klaviermusik gibt den Takt. Mit Marsch geht es los. Das ist tanzen, so einfach? Aber es gibt auch andere Tänze wie Foxtrott. Da verhaspeln sich die Füße. Das Dumme ist die Peinlichkeit, denn Fehler sind peinlich und besonders dann, wenn man jemandem auf den Fuß tritt. Und das

ist immer ein Mädchen. Aber es gibt auch so etwas wie Sonnenschein. Das ist Walzer.
Vor dem Tanz stehen sich Jungs und Mädchen gegenüber. Wenn die ersten Töne des Klaviers den Saal füllen, rennen wir Jungs los, um aufzufordern. Also vor der jungen Dame stehen bleiben und einen Diener machen. So gehört sich das. Wenn zwei Jungs dasselbe Ziel haben, können dämlichen Situationen entstehen.

Auch der Tanzunterricht ist eine Schule fürs Leben. Mama und Papa sind sich da einig. Aber auch für den Abschlussball? Das Ereignis bietet ungewohnt tolle Musik mehrerer Instrumente. Niemand sagt: „Und jetzt Foxtrott!" Das muss man selber herausfinden. Aber Walzer schaffe ich. Es war nicht alles vergeblich!

Vor der Abschlussprüfung müssen wir eine Jahresarbeit abgeben. In der Themenwahl sind wir völlig frei. Wir diskutieren untereinander. Auf diese Weise lernen wir erst jetzt unsere unterschiedlichen Neigungen kennen. Ich denke an eine Jacht und an den Mangel an Informationen. Das teile ich Herrn Selchow mit. Das Thema gefällt ihm. Er empfiehlt die Bücherei im Deutschen Haus. „Jachtbau von Artur Tiller" kann ich ausleihen, ein dickes Buch mit Konstruktionsplänen und allerlei Theorie. Ich blättere und blättere. „Ja zum Weinen schön sind die Formen!" Risse werden die Pläne genannt. Auf einem Blatt Papier kann man die exakte Form des Rumpfes an Spanten-, Decks- und Linienrissen erkennen ohne Abbildung.
Jetzt sitze ich zu Hause und grüble. Es juckt mich, so was Schönes zu bauen. Aber es ist nicht einfach. Ich brauche mehr Informationen. Mein Lehrer Kai Schneekloth erfährt von meinem Plan. Er hat eine kleine Jacht und lädt mich zur Besichtigung ein. Also am Sonntag nach Flensburg und mit der Straßenbahn bis Mürwik. Ich werde abgeholt. Mich interessieren die Beschläge. Seilrollen, Klampen, Wantenspanner usw. Es sind viele kleine Dinge, auf die es ankommt. Ich bekomme alles erklärt, auch wie man die Klampe mit dem Festmachertau belegt. Der Eingang zur Kajüte ist eine Kombination aus Doppelklapptür und Schiebedach. Kann ich das im Modell auch so bauen? Diese Frage stellt sich immer wieder bei allen Dingen, die ich sehe. Als ich mich verabschiede, ist meine Unsicherheit geschwunden. Es ist vom Schicksal gewollt, dass ich das Modell baue. Jetzt habe ich ein Schiff inspiziert, ein schlaues Buch gelesen und einen kompetenten Jachteigner gesprochen. Und noch einen Partner entdecke ich. Artur Tiller hat an solche Jungs wie mich gedacht und ein Buch für uns drucken lassen: Modelljachtbau.
Vieles ist zu bedenken. Welche Art der Beplankung? Klinker oder Krawel? Lieber Krawel, weil es besser aussieht. Aber bekomme ich das wasserdicht hin? Jede Planke ist an die andere anzupassen. Löten zum Anfertigen von Messingrollen und Beschlägen kann ich selbst. Wie gieße ich den Bleikiel? Wantenspanner und Mastbeschlag für den Großbaum sind ein schwieriges Problem. Immer mehr Fragen tauchen auf. Aber ich muss mich entscheiden. Je früher ich beginne, desto mehr Zeit habe ich zum Bau der kleinen Jacht.
Das wichtigste ist der Schiffskörper. Die Details der Ausrüstung kommen später. Wie groß soll es werden? Ich entscheide mich für einen Modellplan von Tiller. Woher bekomme ich Planken? Für Tischler Paul Knutzen ist das kein Problem. Leisten mit Querschnitt 20 x 3 und 5 x 5 mm kann er herstellen. Ich soll auf den großen Verschnitt durch die Breite des Sägeschnitts achten. Etwa die Hälfte des Holzes wird zu Sägemehl. Mahagoni, Sorte Grand Bassam für Planken, muss er bestellen. Limba für das Deck hat er und auch kaltverleimtes Sperrholz für Spanten. Das ist die Entscheidung. Zu Hause wird gerechnet. Der Schiffskörper wird 80 Zentimeter lang.

Mithilfe des Riss-Plans kann ich Anzahl der Planken und den Bedarf an Sperrholz bestimmen. Die Tischlerbestellung ist bald fertig.
Mahagoni ist da! Ich sehe das sechs Zentimeter dicke Brett mit Ehrfurcht, bevor es zu Leisten gesägt wird. Es kommt aus einem Urwald und hat den Weg zu mir gefunden. Dieses Holz wird die Seele meines Schiffes!
Bei Meesenburg in Flensburg erhalte ich kleine Messingschrauben zum Befestigen der Planken auf den Spanten. Ich finde auch eine Adresse für Modellbauzubehör. Es kann losgehen. Der Kiel wird geschnitzt. Die Nuten für die unteren Planken sind das schwierigste. Mit Laubsäge exakt in Form gebrachte Spanten schraube ich auf den Kiel. Das Herz lacht. Die Form des Schiffskörpers ist deutlich zu erkennen. Und jetzt wird die erste Planke eingepasst. Immer noch ein wenig schneiden, schaben und am Ende schleifen. Als beide unteren Planken eingepasst und befestigt sind, freue ich mich über das Ergebnis. Dann denke ich an die vielen anderen, die noch einzupassen sind und immer länger werden. Das kann mich einen Monat lang jeden Nachmittag beschäftigen. Nach einigen Tagen ist es schon eine lieb gewordene Arbeit. Auch wenn ich täglich nur eine Planke schaffe, wird der Schiffsrumpf zusehends schöner. Ich sitze da, habe das Gerippe auf dem Schoß und schnitze, schabe, schleife, bohre und schraube. Das passiert alles in meinem Zimmer. Auf dem Tisch liegt ein Gewirr von Leisten und Werkzeugen, Tabuzone! Nichts wird umgeräumt oder geputzt!
Nach der Beplankung wird das Deck gelegt. Das ist viel einfacher und geht schnell. Das Dach der Kajüte will ich nicht beplanken, sondern aus einem Block schnitzen. Die äußere Form ist bald geschafft. Aber ich möchte der Realität nahekommen und eine dünne Schale daraus machen. Bei allen Arbeiten wächst meine Hochachtung vor Schiffsbauern. Mit dem Cockpit wird der Holzrumpf vollendet. Es sieht richtig einladend aus. Ich möchte mich hineinsetzen.
Blei wird gebraucht, sehr viel für den Ballastkiel. Zu Hause finde ich einiges, aber nicht genug. Nachbarn erlauben mir, in ihrer Klüterkammer nachzuschauen. Dank dieser Hilfe kommt die notwendige Menge zusammen.
Zitat aus meiner Dokumentation vom 15 Januar 1957:
„Bevor der Bleikiel geformt werden kann, muss die Kielflosse aus einem Stück Kiefernholz angefertigt werden. Von der Flosse wird in einem Holzkasten eine Hohlform in Ton gedrückt. Dann sägt man das Stück der Flosse, das durch Blei ersetzt werden soll, ab und setzt die Flosse ohne den abgesägten Teil wieder in den Formkasten. Mit einem Sperrholzbrettchen, das je ein Guss- und Luftloch hat, deckt man die Form ab und lässt sie eine Woche an der Luft trocknen."
Jetzt wird es spannend. Die Glut im Waschkessel wird zum Bett für eine große Schöpfkelle, in der das Blei schmilzt. Vorsichtig balanciere ich die Kelle und gieße langsam das flüssige Metall in die Form, bis sie gestrichen gefüllt ist. Nur wenig bleibt übrig. Das gieße ich als Klecks auf den Betongehweg neben der Tür. Jetzt heißt es geduldig warten. Zu sehen ist nur der qualmende, zugedeckte Formkasten.
In meinem Zimmer kann ich mit Hilfe eines an den Tisch gespannten kleinen Schraubstocks Metallteile bearbeiten. Die Taurollen will ich selber herstellen. Dafür brauche ich Messingblech. Das Schicksal meint es wieder gut mit mir. Nie erteilte ich Nachhilfeunterricht. Aber seit einigen Wochen in Mathematik. Ausgerechnet jetzt, wo ich für mein Schiff Geld brauche, wird nach Mathe-Hilfe gefragt. Das allein ist schon ein warmer Regen. Bald gewinnen wir beide echte Freude an Mathe. Den netten Schüler muss ich nur mit Beispielen für den Modellbau überzeugen. Als er begreift, dass die trockenen Zahlen im Leben nützlich sind, wird sein Interesse wach. Wir plaudern mehr als dass wir rechnen. Seine Mutter freut sich über die gute Zensur der letzten Arbeit. Wir sollten die Nachhilfe fortsetzen. Also plaudern wir weiter und

rechnen nebenbei auch mal. Er sieht die Schiffsbaustelle und hört die Sorgen seines Mathegenies. Und dann das Wunder. Einige Tage später bringt er drei Stücke Messingblech in verschiedenen Stärken mit. Alle kann ich gut verwenden. Sein Papa arbeitet in der Kupfermühle! Gibt es einen besseren Zufall? Wenn der Zufall so genau ins Konzept passt, muss es Schicksal sein!
Aus dünnem Messingblech schneide, bohre und feile ich viele kleine Scheiben. Sie sind kleiner als ein Pfennig. Jeweils zwei Scheibchen werden an ein Messingrohr gelötet, das vier mm dick und drei lang ist. Schon ist die Rolle fertig. Ein Bügel kommt darum mit einem Loch durch beide Schenkel. Ein Stift, der durch das Röhrchen führt, wird an den Bügel gelötet und macht das Kleinod zu einer Seilrolle. Auch Deckbeschläge und weitere Teile der Takelage fummele ich zusammen. Aber Wantenspanner und den Mastbeschlag für die bewegliche Befestigung des Großbaums muss ich bestellen. Auch einen Anker und zwei Messingröhrchen, die genau ineinander passen, als Ruderschaft und Koker.
Kniffelige Arbeiten erfordern gründliche Planung. Das Bohren für den Ruderschaft ist ein gutes Beispiel. Das Loch muss durch das Deck und den Kiel genau mittig. Elfmeterkonzentration ist nötig! Ich will ein wasserdichtes, schwimmfähiges Schiff. Alles sollte der Realität großer Schiffe entsprechen.
Der konische Mast und die Takelage sind Feinarbeit. Das Segel wird genäht. Wir haben eine Nähmaschine mit Handkurbel. Die ist bestens geeignet. Auch die deutsche Flagge für den Achtersteven und ein Stander für den Masttop werden genäht. Mein Schiff soll den Namen „Falkenau" nach meinem Geburtsort und Kinderparadies in Ostpreußen bekommen. Ich möchte, dass die Schrift so aussieht, wie ich das erste Mal Falkenau geschrieben habe. Die Buchstaben stehen nebeneinander, ohne verbunden zu sein. Ich frage unseren Malermeister Herrn Wölfert. Mein Entwurf mit Bleistift auf Papier gefällt ihm. Wie mache ich das mit Pinsel und Farbe auf dem Heck? Da könnte ich lange üben, am besten eine Malerlehre absolvieren, um das hinzubekommen. Kann das sein? Ich baue Monate an dem Schiff, was nicht einfach ist und kann am Ende nicht den Namen auf den Spiegel des Hecks pinseln? Herr Wölfert hat die Lösung: „Bring das Boot her!"
Es ist alles fertig. Meine Jacht steht jetzt auf dem aufgeräumten Tisch. Sie hat in der Badewanne geschwommen. Die Eintauchtiefe liegt genau in der aufgemalten Linie, dem Wasserpass. Auch der Trimm stimmt. Träume von Weltmeeren und fernen Ländern kommen und gehen, weil sie unrealistisch sind. Oder doch nicht? Es gibt Berufe, die das ermöglichen.
Ich bin noch nicht fertig. Die Dokumentation fehlt. Ich frage im Fröbelhaus, wie man das am besten macht. Es ist eine technische Sache. Für Zeichnungen nimmt man Pergament und schreibt mit schwarzer Tinte. Dafür gibt es spezielle Füllfedern.
Als ich meine fertig zu sein, habe ich noch eine große Aufgabe zu bewältigen. Meiner Arbeit gebe ich den Titel „Der Bau einer rundspantigen, aufgeplankten Modelljacht". Die Schule lässt die Text- und Zeichnungsblätter einbinden. Im marmorierten Umschlag mit Umleimer am Rücken sieht der schriftliche Teil meiner Arbeit gut aus. Unsere Jahresarbeiten werden ausgestellt. Eltern und Schüler können sich unsere Erzeugnisse anschauen. Ruth hat Mode entworfen und genäht. Auch ein Hut ist dabei. Gerda hat einen Bericht verfasst mit dem Titel: „Das Angelner Rind in Afrika". Das ist die Sensation! Unsere braunen Kühe werden nach Afrika exportiert und dort weiter gezüchtet!

Auch wenn es noch so schön ist, Jugendlicher zu sein, muss man an einen Beruf denken. Nach der Schule beginnt der Ernst des Lebens, habe ich gehört. Könnte es auch Freude des Lebens sein? Ich müsste einen Beruf finden, der mir Freude

bereitet. Ich schaue zurück. Was machte Spaß? Woran hatte ich Freude? Ein großer Korb voller Freude wurde mir bereits geschenkt.
Ich bin gern unterwegs, stelle ich fest. Denn ich stromerte durch die Umgebung, ging querfeldein, zwängte mich durch das Gestrüpp der Knicks, angelte in Teichen und kletterte bis auf die oberen Äste hoher Buchen. Dann eroberte ich mit dem Fahrrad diese hügelige Landschaft, die sich mit kleinen Wäldern und einigen Seen schmückt. Förde und Schlei sind attraktive Grenzen.
Ich habe Interesse an schönen Bauwerken und Kulturen. Hier sind stattliche bäuerliche Anwesen Zeugnis ertragreicher Ernten. Kirchen wurden aus Felsen oder Backsteinen gebaut, daneben stehen uralte mächtige Eichen. Vieles vermittelt ein Gefühl von Tradition und Beständigkeit.
Es wächst Neugier auf Länder mit großer Vergangenheit. Wie sieht es aus, wo man auf eine bedeutende Kultur zurückblicken kann? In welchen Landschaften entwickelten sich Antike, lebten Pharaonen, Inka und Maya?
Ich habe so etwas wie Fernweh. Reisebeschreibungen aller Kontinente zaubern die weite Welt in meine Vorstellung. Unterschiedliche Klimazonen mit entsprechender Flora und Fauna von tropisch bis arktisch sehe ich vor mir. Wie fühlen sich feuchte Hitze und extreme Kälte an? Halte ich das aus? Meine Neugier ist Ansporn zu Aktivität. Das Helfen bei vielen Arbeiten auf Bauernhöfen und Feldern war mir eine liebe Beschäftigung. Wenn ich dafür Geld bekam, war ich anfangs erstaunt. Für mich war es eher sinnvolles Spielen. Im Dorf schaute ich den Handwerkern gern über die Schulter. Das Ziel war immer das Selbermachen. Das Bearbeiten von Holz war der Anfang. Aber auch mechanischen Herausforderungen konnte ich nicht widerstehen. Kaum ein Wecker entkam, ohne dass ich hinein schaute.
Was defekt unter meine Hände kam, funktionierte bald. Und dann wollte ich wissen, ob ich die schwimmfähige Modelljacht schaffe, mit beplankten Spanten, gegossenem Kiel aus Blei, funktionsfähiger Takelage und selbst gefertigten Beschlägen aus Messingblech. Damit habe ich ein hochgestecktes Ziel erreicht. Also kommt das Nächste. Und das ist der Beruf.
Unser Rektor, Herr Selchow, hat uns klar verständlich und kurzweilig Mathematik, Physik und Chemie gelehrt. Das und handwerkliches Geschick sollten als Basis für einen technischen Beruf ausreichen. Müssen Reiselust und Neugier auf andere Länder und Kulturen zurückstehen? Ich denke an Graf Luckner, der mir den Weltbürger erklärte, an Hannes Lindemann und Herrn Callsen unseren Steruper Kapitän. Aber Seefahrt und Technik? Das müsste gehen. Heutzutage segelt man nicht mehr, sondern man hat Dampfschiffe. Und tatsächlich: Es gibt den Beruf des Schiffsingenieurs. Mein geheimer Plan ist Wunschdenken. Welche Voraussetzungen sind zum Besuch der Schiffsingenieurschule zu erfüllen?
Unsere Schulklasse besucht eine Berufsausstellung in Flensburg. Dort erfahre ich schon einiges. Ich höre von einer weiteren Informationsquelle. Auf dem Südermarkt gibt es einen Stand, wo man sich über Seefahrt-Berufe erkundigen kann. Bald kenne ich die Hürden. Die erste ist eine Lehre auf einer Schiffswerft. Die zweite ist eine zweijährige Seefahrtzeit als Ingenieur-Assistent. Und die dritte ist eine Prüfung für die Zulassung zum Studium an der Ingenieurschule.
Wir Schüler unterhalten uns über berufliche Vorstellungen. Die Chancen sind mit unserem Abschluss gut. Ich staune über die Vielfalt der Berufswünsche. Wir hatten denselben Unterricht und wollen ganz verschiedene Berufe ergreifen! Es ist ein Segen für unsere Gesellschaft, dass nicht alle dasselbe wollen!
Wie man Bewerbungen schreibt, erfahren wir in der Schule. Als Ingrid sich damit befasste, merkte ich, dass es sehr sorgfältig erfolgen muss.

Die Aufnahmeprüfung bei Howaldtswerke Kiel schaffe ich. Der Lehrvertrag scheitert, weil ich keine Unterkunft nachweisen kann. Ich hatte auf ein Lehrlingsheim gehofft. Da war leider kein Platz frei.
Auch bei der Flensburger Schiffsbau Gesellschaft findet eine Aufnahmeprüfung statt. Meine Freude ist riesig. Ich habe eine Lehrstelle. Sie ist das Fundament zu meinem Plan. Wenn ich beharrlich bin und nichts schiefläuft, ist das „Patent C6“ nach 12 Jahren erreichbar. Das ist eine lange Zeit. Aber die Ausbildung selbst ist ein großer Anreiz. Als Belohnung winkt die Bestätigung zur Befähigung, alle Schiffantriebsarten unbegrenzter Leistung auf allen Fahrtgebieten weltweit zu leiten. Es ist das technische Kapitänspatent. Bald fängt es spannend an. Welch ein Geschenk erleben zu können, wie Frachtschiffe entstehen!

Die Abschlussprüfung für die Mittlere Reife empfinde ich wie Routine nach den beiden Prüfungen auf den Werften. Vor der Mündlichen habe ich Bammel. Falls eine Arbeit daneben gegangen sein sollte, könnte man mir auf den Zahn fühlen.
Die mündliche Prüfung kommt und irgendwann auch im Fach Deutsch. Falls ich geprüft werden sollte, hoffe ich lieber gleich aufgerufen zu werden. Nein, nicht mich ruft Herr Brunkert auf, sondern Brigitte. Da steht sie nun und wartet. Schulrat Kirchhoff und Regierungsrat Petersen sitzen vorne. Herr Petersen steht auf. Für einen Regierungsrat wirkt er recht sympathisch, denke ich. Der sieht so freundlich aus wie Bauer August Rasch. Ich höre das Wort einfältig. Und wieder: „Welche Bedeutung hat das Wort einfältig?“ Ich bin hellwach, als stünde ich vorne und lerne dazu. Brigitte spricht langsam und klar. Ihre Sätze könnte man genauso drucken. Zu meinem Erstaunen findet sie als Kern der Aussage die Falte. Mir kam spontan der Gedanke an einfallen und Einfaltspinsel. Einfältig sein ist gar nicht so doof, wie ich dachte.

Die Endgültigkeit meiner Schulzeit erreicht mich einige Tage nach der Entlassung. Ich sollte etwas abholen und durfte das Moped benutzen.
Auf dem Rückweg läuft mitten im Ort die Antriebskette ab. Das richte ich zu Hause, entscheide ich. Den kurzen Weg kann ich gehen. Ich erreiche die Schulbaracke. Mit Brille und wetterfester Kleidung kann mich niemand erkennen. Just jetzt beginnt die Pause. Die herausstürmende Horde verlangsamt meine Schritte. Jahre war ich mittendrin in diesem lebendigen Durcheinander aus Bewegung und schrillen Rufen. Nie empfand ich dieses Treiben so intensiv wie in diesem Moment als Zuschauer. Ist das die Seele meiner Schule? Ja, das muss sie sein! Nach Ansprachen und Zeugnisübergabe erhalte ich mit diesem quirligen Treiben auch noch einen Abschiedsgruß aller Schüler. Welch ein Glück!

Aufbauzug Sterup, Klasse M7, ab Ostern 1953

Jutta Bargfeld, Margarete Bartelt, Erika von Borziskowski, Jutta Brusch, Edith Czirr, Emma Eichelberger, Gerda Franzen, Ruth Hoertzsch, Gisela Jackstien, Edda Jacobsen, Brigitte Mainka, Christa Rehwitz, Erika Riethmüller, Christa Rosin Christa Petersen, Christel Schmidt, Gerda Schmidt, Luise Thomsen, Heinz Baumgart, Klaus Biethan, August Bressem, Bernhard Buhmann, Bruno Christiansen, Peter Jacobsen, Otto Henningsen, Hans-August Lassen, Bodo Quost, Michael Schimanski, Horst Schreiweiß

Lesen Sie auch die spannende Fortsetzung.
Erleben Sie schmunzelnd und mit Gänsehaut Schiffbau, Seefahrt und Abenteuer auf vier Kontinenten.

Heinz Richard Baumgart
Erinnerungen
1957 – 1968

Nordwind aus Flensburg

Schiffbau und christliche Seefahrt

Der Autor berichtet über den langen Weg zum C6-Patent.
Bei der Flensburger Schiffbau-Gesellschaft genießt er eine Maschinenschlosser-Lehre mit väterlichen Meistern, freundlichen Ausbildern und grandiosen Werftgrandis. Er kennt bald alle Winkel von Bau- und Ausrüstungswerft, erlebt die Probefahrt auf MS „Nordwind" und in diversen Abteilungen die Faszination der Entstehung großer Handelsschiffe.
Es folgen zwei Jahre „christliche Seefahrt" als Ingenieur-Assistent. Ein Wunder: Die „Nordwind" ist sein erstes Schiff. Auf „Großer Fahrt" geht es in die Ostsee und dreimal nach Brasilien, dort Küste runter, Küste rauf mit Karneval, Copacabana und Maracana-Stadion. Mit der „Ludwigsburg" fährt er „Levante", erlebt Orient, Griechenland und das Schwarze Meer. Mit der betagten und charmanten Dame „SS Breitenburg" läuft er mit Kesselschäden fünf Nothäfen in Nordafrika an, es folgen monatelanges Aufliegen im Hamburger Segelschiffhafen, Ruderausfall bei schwerer See und Einfrieren im Kattegat.
Der Besuch der „Staatlichen Schiffsingenieurschule" in Flensburg eröffnet die innere Welt der Kraftmaschinen. Mit Thermodynamik, Chemie, Mathe und viel mehr, wird der Autor fit gemacht für eigentlich alles, was man allein mit Bordmitteln nicht schafft. Zum Aufzählen der Unterrichtsfächer benötigt man die Finger von drei Händen.
Als Ingenieur erlebt er mit MS „Nordstern" Orkan im Nordatlantik und Hitler in Argentinien. Nach einer Afrikaumrundung wird das Schiff nach Südkorea verkauft. Er fährt als einziger Europäer als Supervisor-Ingenieur mit.
MS „Nordmeer" fährt nach USA, Indien, Süd- und Ostafrika, Hudson-Bay und St. Lorenz-Strom. Auf einem Riff im Lake Huron/USA, 175 Meter über dem Meeresspiegel, reißt es den Kiel auf. Vorschiff und Maschinenraum fluten innerhalb von Minuten.
MS „Nordwind" bringt im Winter Weizen aus Kanada über den wilden Nordatlantik nach England. Die Heimreise von Pakistan und Indien endet mit dem Erleben des Sechstagekriegs Israel gegen Ägypten. Der Autor bleibt zehn Wochen im Großen Bittersee an Bord gefangen. Die „Nordwind" ist nicht nur seine erste, sondern auch seine letzte Heuer. Das Schicksal wollte, dass er dreimal ohne Schiff heimkehrt.
Nahtlos schließt sich das C6-Studium in Flensburg an. Eine schöne Zeit mit Gründung einer Familie endet glücklich nach Absolvierung des letzten Semesters. Das Ziel ist erreicht!

ISBN für Softcover: 9789403631356, Hardcover: 9789403601090 und eBook: 9789403601151
Erhältlich: www.Heinz_Richard_Baumgart-Bookmundo Direct, Lieferung ohne Gebühr
und im Buchhandel oder über Amazon